AF630645

LÉONORA MIANO

SISTERHOOD

FÜR EINEN ANDEREN DIALOG ZWISCHEN DEN FRAUEN DER WELT

Aus dem Französischen von
Claudia Steinitz und
Uta Rüenauver

aufbau

Die Originalausgabe unter dem Titel
L'autre langue des femmes
erschien 2021 bei Éditions Grasset & Fasquelle, Paris.

MIX
Papier | Fördert gute Waldnutzung
FSC® C083411

ISBN 978-3-351-03993-6

Aufbau ist eine Marke der Aufbau Verlage GmbH & Co. KG

1. Auflage 2022
© Aufbau Verlage GmbH & Co. KG, Berlin 2022
© Éditions Grasset & Fasquelle, 2021
Einbandgestaltung zero-media.net, München
Satz LVD GmbH, Berlin
Druck und Binden CPI books GmbH, Leck, Germany
Printed in Germany

www.aufbau-verlage.de

Inhaltsverzeichnis

Einleitung 9
Machthaberinnen 42
Schöpferische Lust 65
Verstoßene Rebellin 86
Ruhmreiche Kindsmorde 91
Der Sitzplatz der Königin 112
Abgeschlagene Köpfe 141
Kastrierende Furie 156
Prinzessinnenromanze 163
Schwarze Pantherin 169
Pax africana 175
Weibliche Kollektive 186
Sitting on a man 192
Die berüchtigten Nana Benz 208
Klitoriskult 216
Schlussbemerkung 226
Literatur 245

»Die Frau ist das starke Geschlecht.
Die Frau ist die Krone der Schöpfung.«

Chantal Kingué Tanga (meine Mutter)

»I found god in myself, and I loved her.
I loved her fiercely.«

Ntozake Shange

Einleitung

Zwischen den Frauen der Welt

Die Frauen des afrikanischen Kontinents haben eine lange Geschichte. Sie sind die Urahninnen, der Ursprung der Menschheit. Sind sie dafür auch in die Geschichte eingegangen, haben sie einen Ehrenplatz im menschlichen Bewusstsein, in der Vorstellungswelt der Völker erhalten? Zweifel daran sind erlaubt, denn die Identifikation mit den Frauen der Subsahara, die uns hier interessieren werden, liegt bei null. Wir sprechen nicht von Frisuren oder Gewändern, die man ihnen abschaut, von punktueller und geringfügiger Aufmerksamkeit. Es geht auch nicht um das Interesse, das man an ihrer Musik finden kann, oder um das Vergnügen, die als exotisch wahrgenommenen literarischen Welten zu durchschreiten. Identifikation ist keine flüchtige, oberflächliche Angelegenheit. Sie ist vielmehr die Anerkennung eines Teils von sich selbst im Anderen, die Legitimation seiner Erfahrung als Quelle von Lehren, eine zumindest partielle Aneignung seiner Geschichte, weil ihr das Heimatrecht in einer universellen Erzählung zusteht. Und natürlich geht es um echte Empathie, nicht um jene Herablassung, mit der man die Frauen der Subsahara als gefährdete Menschen betrachtet, die zu retten man sich zur Pflicht macht, noch bevor sie um Hilfe gerufen haben. Natürlich rettet man sie vor nichts, das ist nicht das Ziel. Wie könnte man auch, da man in ihnen nicht das eigene Abbild sieht? Da die verschiedenen Rettungsunternehmungen – und die von Männern entschieden schlimmer als die anderen – meist darauf abzielen, sie von rückständigen Kulturen zu befreien, stutzt man ihnen nur die Flügel. Diese Frauen, denen ein wenig beneidenswerter Platz zugewiesen wird, die von drängenden Anweisungen bestürmt, von entwertenden Repräsentationen niedergedrückt werden, müssen sich fest in dem verankern, was sie ausmacht, um sich zu erheben und zu leuchten. Das ist nicht einfach, weil das Geschrei von außen die inneren Stimmen übertönt, weil die Bilder von außen den Blick auf sich selbst verstellen.

Der symbolische und epistemische Einfluss des Westens bleibt derart prägend, dass wir uns anscheinend nur durch Mimikry angemessen in unsere und mehr noch in die kommenden Zeiten einschreiben können. Oft erhalten wir jedoch nur der Form nach Zugang, das macht die Nachahmung unvollständig und ungeeignet, um die Vorbilder zu reproduzieren, denen wir entsprechen sollen. Das Entscheidende entgeht uns, aber nicht wegen einer absoluten Unmöglichkeit, es zu erfassen. Um es wirklich zu verstehen, müssten wir andere sein als wir sind. Es ist denkbar, dass wir diese Wahl bewusst treffen und beschließen, es sei die beste Lösung, eine andere zu werden. Darauf kommt es an, man muss sich ohne jede Art von Zwang dazu entschließen, muss das Für und Wider abwägen und dann vielleicht zu dem Schluss kommen, dass für sich zu sterben eine der radikalsten Arten des Überlebens sein könnte, wenn das das einzige Ziel wäre. Das Anderssein würde bleiben, die Verbreiter des hegemonialen Denkens wären nicht zufrieden mit ihrem Sieg und würden versuchen, ihn zu vervollkommnen.

Vorerst haben die Frauen der Subsahara, wie auch ihre männlichen Artgenossen, noch nicht die Werkzeuge geschmiedet, die diese willentliche, weil selbstbestimmte Metamorphose erlauben. Die neokolonialen Gesellschaften, hervorgegangen aus der bekannten Parade von Tragödien und Gleichgültigkeit, haben nicht den Versuch unternommen, neue Kulturen zu erfinden. Sie haben keine Systeme geschaffen, die die Konfrontation zwischen europäischen Einflüssen und altem Vermächtnis befrieden könnten. Der Begriff Hybridisierung bezeichnet nur ungenau das ungedachte, schlecht verkörperte Nebeneinander der einen und der anderen. Es gibt nur Wenige, die beide Kulturen, die europäische und die subsaharische, perfekt beherrschen. Grundsätzlich bestehen sie nicht gleichberechtigt nebeneinander und können sich deshalb nur schwer gegenseitig befruchten. Die vertrautere Kultur, die man am meisten bewohnt, vereinnahmt die andere, die ursprüngliche, die dann nur als Zierrat existiert. Diese andere kann die Erscheinung schmücken, die man sich gibt, den Gerichten, die man isst, Würze verleihen, aber es entsteht nichts aus ihr. Sie kann nichts begreifen, entwerfen, festschreiben. In den neokolonialen Gesellschaften besitzt der Erwerb von europäischen Techniken und europäischem Wissen den höchsten Wert, weil er gesellschaftliche Integration und Aufstieg erlaubt. Deshalb genießen diejenigen, die erfolgreich ein Studium absolviert haben, einen höheren Status. Weil ihre subsaharische Kultur im Beruf, der einen großen Teil ihrer Zeit einnimmt, keinen Platz findet, wird sie als überholt wahrgenommen. Sie formt nicht die Welt, bestimmt nicht mal die kleinsten Dinge des Alltags, am wenigsten in den städtischen Ballungsgebieten.

Das Problem liegt darin, dass das herrschende Gesellschaftsmodell woanders herkommt und fremd ist. Die Mehrheit der Bevölkerung kann es nur in der Weise begreifen, wie es den Raum strukturiert und den Menschen Verpflichtungen auferlegt, denen sie sich unterwerfen, um Sanktionen zu vermeiden. Das bedeutet nicht, dass die Menschen dieses Modell verstehen würden, es also bewusst annehmen oder ablehnen. Das bedeutet erst recht nicht, dass sie imstande wären, ihm ihren Stempel aufzudrücken, es zu verändern, daraus ein anderes entstehen zu lassen, weil sie es von Grund auf begriffen haben. So gibt es, um ein Beispiel zu nennen, in der aktuellen Verwaltung der meisten subsaharischen Städte nichts, was von der Organisation vorkolonialer Gesellschaften zeugt. Alles, was diese Metropolen sagen, ist, dass eines Tages andere gekommen sind und beschlossen haben, zu bleiben. Es gibt zwar nicht unbedingt einen inneren Konflikt, weil man sich an eine verderbliche Ordnung der Dinge gewöhnt hat, aber die Möglichkeit, eine neue Welt Wirklichkeit werden zu lassen, deren Schlüssel man selbst in der Hand hielte, wird dadurch sehr behindert. Da sich die Menschen der Subsahara auf das Überleben beschränkt haben, haben sie sich mit der Niederlage abgefunden, ohne sie hinreichend zu verarbeiten. Das importierte Modell wird identisch reproduziert. Alles, was ihm vorausging und was dem Verschwinden geweiht ist, wird auf seine folkloristische Dimension reduziert.

Die gegenwärtige Afrikanität erscheint so als endloser Epistemizid, als Auslöschung von Wissen, was gewiss eine Folge des kolonialen Einflusses ist, aber auch im Fehlen von Visionen und politischem Willen der subsaharischen Länder begründet liegt. Da sich die aus der Kolonialität* hervorgegangene Afrikanität an der Spitze der Staaten, an den Orten der Macht festgesetzt hat, ist es nicht erstaunlich, dass sie den Horizont verstellt. Wer sich etwas anderes vorstellen will als eine unter den Ruinen des Selbst verbrachte Existenz, muss trainiert und angeleitet werden. Beides geschieht nicht, und das ist nicht einzig und allein den transozeanischen Deportationen oder den zahlreichen Morden an subsaharischen Freiheitskämpfern zuzuschreiben, so traumatisierend diese auch gewesen sein mögen. Subsahara-Afrika besitzt einzigartige Vorkommen an Rohstoffen – mindestens zwei Drittel der für das Überleben der Industriestaaten notwendigen Ressourcen befinden sich allein auf diesem Kontinent – und stellt einen bedeutenden Markt dar. Deshalb kam es nie infrage, den Ländern freie Hand zu lassen, um ihre Wunden zu verarzten und sich in aller Souveränität neu zu definieren. Sie konnten sich dieses Recht auch nicht erkämpfen, und das hält sie in dem Zustand, in dem sie seit einem halben Jahrtausend verharren.

Abgesehen von den eben genannten Rohstoffen bietet Subsahara-Afrika den Mächtigen auch die wunderbare Illusion ihrer Überlegenheit. Das wird nicht hinreichend wahrgenommen. In einer sich wandelnden Welt mildert es den

* Siehe dazu: Léonora Miano, *Afropea. Utopie post-occidentale et post-raciste*, Grasset, Paris 2020.

Schmerz der Deklassierung, sich zu sagen, dass es immer irgendwo jemanden gibt, der kleiner ist als man selbst. Die Frauen der Subsahara verkörpern die Erde, die sie bewohnen. Ihr Status verschmilzt mit dem dieser Erde. Sie werden als Elende wahrgenommen, als die Unterdrückten schlechthin, die Opfer einer Geschichte, die ohne sie stattgefunden hat. Dabei ist es nicht ihr Land, das den Frauen gerade erst erlaubt hat, selbst Auto zu fahren, wurden nicht bei ihnen bis vor kurzem Mädchen systematisch getötet. Ironischerweise werden diese Frauen, mit denen sich niemand identifiziert, oft als Zukunft ihres Kontinents präsentiert. Natürlich nur dann, wenn sie sich so verhalten, wie es sich gehört, und die Vorschriften respektieren. Diese sind an ihre Repräsentationen gekoppelt, die außerhalb des Kontinents geschaffen werden, sich auf die gewünschte Nutzung dieses Kontinents und seiner Bewohner beziehen und sich je nach den Bedürfnissen derer ändern, die diese Vorschriften erlassen. In der allochthonen [gebietsfremden] Vorstellungswelt wandelten sich die Frauen der Subsahara von Wilden, die als solche unfähig waren, gute Mütter zu sein, in unvergleichliche, fast von Natur aus mütterliche Ammen.[1] Zwischen alternativer Geschichte und Utopie haben die Bilder, die man sich von den Frauen der Subsahara macht, immer das Ziel, die Ordnung der Gesellschaft, die solche Vorurteile hervorbringt, zu stabilisieren oder anzufechten. In jedem Fall können sich mit diesen Konstruktionen andere Frauen auf die Schultern derjenigen stellen, die sie herabwürdigen, und sich so erhöhen. Dies sei, so wird uns gesagt, die Zeit der Schwesternschaft. Kaum vorstellbar, was – vor allem auf politischer Ebene – die Fundamente dieser

Schwesternschaft sein sollten, wenn die einen sich weiterhin selbst verstümmeln, um den anderen zu gleichen, die das keineswegs stört. Bleichen der Haut, Glätten der Haare, Straffen der Augenlider oder Verlängern der Beine: Das alles hat durchaus eine Geschichte. Es erzählt sie unablässig und erinnert daran, dass der Kolonialismus hier geherrscht hat und dass Frauen davon profitierten, dass sie zu seiner Umsetzung beitrugen, dass sie die Menschenzoos besuchten, in denen andere Frauen ausgestellt waren, dass es ihnen nie in den Sinn gekommen wäre, diese Frauen zu umarmen, deren Behandlung als Tiere nicht nur ihre eigene Weiblichkeit, sondern vor allem ihre Menschlichkeit stärkte.

Seit Jahrzehnten versuchen die Frauen der Subsahara nach Kräften, die Bestimmungen aus dem Ausland zurückzuweisen und sich von den Programmen zu befreien, die andere für sie entwickelt haben. Sie rebellierten schon einige Jahre vor der Ersten Weltfrauenkonferenz, die 1975 in Mexiko stattfand, und der von 1976 im Wellesley College in Boston*, zwei wichtigen Ereignissen, bei denen die Frauen der Subsahara auf ihre Differenz hinwiesen. Diese ist in den Protokollen eines Kolloquiums festgehalten, das 1972 die Société Africaine de Culture (Afrikanische Gesell-

* *Women and Development. The Wellesley Conference*, Juni 1976. Nach diesem Treffen, bei dem die Afrikanerinnen den Eindruck hatten, die Frauen aus dem Westen wollten ihnen eine Agenda aufzwingen, die nichts mit ihren Prioritäten zu tun hatte, gründeten die afrikanischen Wissenschaftlerinnen Filomina Steady (Sierra Leone), Achola Pala (Kenia) und Fatima Mernissi (Marokko) die Association des femmes africaines pour la recherche et le développement (AFARD, Vereinigung afrikanischer Frauen für Forschung und Entwicklung). Ihre Weigerung, sich dem vorherrschenden Denken zu unterwerfen, war so radikal, dass die AFARD anfänglich keine nicht-afrikanischen Mitglieder zuließ.

schaft für Kultur) organisierte: »Die Zivilisation der Frau in der afrikanischen Tradition«. Man muss nur die Einleitung lesen, um zu erkennen, dass die aktuellen Diskussionen schon vor fünfzig Jahren geführt wurden:

> *Die feministischen Bewegungen wollen der Frau dieselben Rechte gewähren wie dem Mann. Das ist in Europa tatsächlich die beste Formel, die man gefunden hat, um die Frau von einer Reihe von Knechtschaften zu befreien, die aus dem Egoismus des Mannes und der kontinuierlichen Entwicklung seiner Zivilisation herrühren. An dem Tag, da die Frau die gleichen Freiheiten und die Vorteile genießt, die diese Freiheiten gewähren, wird es wohl in Europa keine gravierenden Probleme für die Frau mehr geben.*
>
> *Aber ist es in Schwarzafrika ebenso?*
>
> *(…) Man kann den Automatismus bedauern, mit dem die aus der Geschichte des Westens geborenen Probleme, Lösungen und Institutionen schlicht und einfach nach Afrika übertragen werden.*[2]

Auf diesem Kolloquium, bei dem sich vor allem frankophone und anglophone Frauen der Subsahara trafen, wollte niemand die Probleme leugnen. Die Teilnehmerinnen bemühten sich vielmehr um eine eigene Lesart, wollten den Beitrag der Frauen bei der Errichtung der Gesellschaft hervorheben, daran erinnern, dass sie nicht darauf gewartet hatten, bis ihnen der Feminismus verpasst wurde, um in vielen Bereichen ihre Talente zu entfalten und auf diese Weise zu Wohlstand und Macht, auch politischer Macht, zu gelangen. Die Frauen der Subsahara, die in der Wahrnehmung der Welt immer noch nicht vorkommen, hatten seit der Antike alle denkbaren Funktionen ausgeübt. Und im Gegensatz zu anderen gingen sie nicht nur in die Geschichte ein, weil sie Stimmen hörten oder die Favoritin eines Königs waren. Bei der Wanderung durch ihre Geschichte begegnen wir den außergewöhnlichen Persönlichkeiten, zu denen sie wurden, den Initiationsgesellschaften oder den Frauenbewegungen, die sie gründeten. Dabei lässt sich mühelos ein weibliches Erbe *[matrimoine]* erkennen, das genug Selbstvertrauen schenkt, um sich der Welt zu stellen. Zu diesem Spaziergang laden die folgenden Seiten ein. Sie wollen durch die Analyse ganz unterschiedlicher Lebenswege eine andere Sprache der Frauen offenbaren. Aus den Worten dieser Sprache spricht eine aktive Stimme, die Stimme von Frauen, die sich nicht durch negatives Einwirken anderer auf sie definieren und nicht auf Vorbilder warten, um ihr Leben zu erfinden.

Diese andere Sprache der Frauen entspringt einem Selbstbewusstsein, das sich durchsetzen kann, ohne dass die Männer erst mal die Güte besitzen müssen, sich zu reformieren. Viele Frauen der Subsahara haben über Jahrhunderte hinweg diese Sprache gesprochen. Nicht alle können in diesem Buch genannt werden, das nicht die Arbeit einer Historikerin präsentiert. Es wurde auf der Grundlage eines zwar dokumentierten, aber unvollständigen Wissens geschrieben, denn die mündliche Überlieferung bewahrt die Erinnerung an einige der vorgestellten Persönlichkeiten nur in Legenden. Diese Ahninnen, die ein Geschenk Afrikas an alle Frauen sind, ignorierten keineswegs die kulturellen Zwänge, behaupteten aber dennoch ihre Einzigartigkeit und bestanden Prüfungen, ohne deshalb gleich Theorien zu entwickeln. Sie verpassten der Geschichte ihren Stempel, indem sie sich erlaubten zu sein, indem sie ihr Schicksal in ihre Hände nahmen, aber auch, indem sie den Preis für die individuelle Freiheit zahlten, die oft durch die Gruppe und ihre Bräuche bedroht war. Von allen werden wir etwas lernen, auch wenn wir uns ihre Schwächen ansehen oder zwischen den Zeilen der Legenden lesen, in denen der Glanz zuweilen die eigentliche Botschaft überstrahlt. Dieser Essay untersucht nicht den Diskurs der Frauen der Vergangenheit, der nicht immer hinreichend bekannt ist. Ausgehend von Persönlichkeiten, die der Welt noch vorzustellen sind, wollen wir über das Leben der Frauen der Subsahara nachdenken.

Bevor wir in das Universum und die Erinnerung dieser Frauen eintauchen, sei klargestellt, dass die Kritik an der Kennzeichnung einiger Frauen als Feministinnen nicht darauf abzielt, diese abzuwerten. Wir wollen ihnen vielmehr ihre Wahrheit zurückgeben, indem wir sowohl den Anachronismus als auch die intellektuelle Unterwerfung zurückweisen. Warum sollten weibliche Erfahrungen nur dann wichtig werden, wenn sie in einem Haus, das von den Frauen einer Weltregion nach ihren Bedürfnissen errichtet wurde, das Dienstmädchenzimmer bewohnen. Nur wenn man ihre besonderen Lebenswege anerkennt und respektiert, können die Frauen der ganzen Welt in einen fruchtbaren Austausch treten. Nach fünfzig Jahren Streit muss es möglich sein, das zu verstehen. Für die Hoffnung, dass eine Art Fraueninternationale entsteht, wäre es nur angemessen, wenn Schwesternschaft nicht nur auf den Stigmata der Unterdrückung – eheliche Gewalt, sexuelle Aggression, Diskriminierung usw. – beruhen, sondern die Beteiligung der einen und der anderen an der Weltgeschichte der Frauen hervorheben würde. Es bleibt noch viel zu tun, um Gleichheit auf diesem Gebiet zu erreichen.

Viele Frauen beklagen sich über die Hegemonie der Männer, aber die Kritik sollte sich auch gegen die Asymmetrie in den Beziehungen zwischen menschlichen Räumen richten, die manchen Frauen eine Macht verleiht, mit der sie skrupellos den anderen ihr Modell aufzwingen. Natürlich ist das in der Beziehung der Frauen der Subsahara mit den Frauen aus dem Westen der Fall, aber auch mit denen, die islamischen Gesellschaften angehören. Frauen aus dem Westen und dem Osten erfreuen sich eines kolonialen Vorteils, den sie nicht infrage stellen. Sie sind nicht nur die Hehlerinnen der Früchte kolonialer Plünderung, ob materiell oder symbolisch, sondern verlangen, dass sich alle an ihnen orientieren, niemals andersherum. Die Kabelfernsehsender überfluten die Subsahara aus der Ferne mit den Bildern dieser Frauen, verbreiten ihre Ästhetik, ihre Weltsicht. In diesen ungleichen Beziehungen zwischen Frauen haben die aus dem Westen die Macht der Kolonialität, während die aus den islamischen Ländern den auch politischen Vorteil genießen, den die göttliche Offenbarung verschafft. Gott offenbarte sich den Menschen in ihrer Sprache, und er hat inzwischen keine andere gelernt.

Die Sprache Gottes zu sprechen ist kein schlechter Trumpf, da sind wir uns einig, vor allem in einem Rahmen, der den Glauben nicht zu einem, sondern zu *dem* Gesetz erhebt. Hinzu kommen seitens Marokkos oder der Monarchien am Persischen Golf, um nur diese zu nennen, finanzielle Macht, skandalöser Reichtum und ihre Ambitionen in Subsahara-Afrika. In der kolonialistischen Vorstellungswelt der Orientalen bleibt die Subsahara von der Sklaverei geprägt, und die systematische Afrophobie, die in diesen Staaten grassiert, wird bisher kaum bekämpft. In Europa engagieren sich Künstler wie der Afro-Iraner Saeid Shanbehzadeh für eine missachtete Kultur, die in ihren Heimatländern vom Verschwinden bedroht ist. Die Palästinenser subsaharischer Herkunft, weniger bekannt als ihre israelischen Nachbarn, werden trotz ihrer vollkommenen Identifikation mit Palästina diskriminiert. Das sind nur Beispiele, denn die orientalischen Gesellschaften sind alle von diesem Rassismus betroffen.

Die Frauen der Subsahara werden also genötigt, sich zwischen Okzident und Orient* zu entscheiden, da ihr eigenes Erbe von den ausländischen Eroberungen entwertet wurde. Angesichts dieser Situation muss man sich die Worte von Kwame Nkrumah, dem ersten Präsidenten Ghanas, ins Gedächtnis rufen: »*We face neither East nor West, we face forward.*« Dieser zu Zeiten des Kalten Kriegs ausgesprochene Satz verwies auf die beiden Blöcke, die sich damals gegenüberstanden und die ganze Erde zum Schauplatz ihres Konflikts machten. Die Afrikaner sollten sich auf die eigene Zukunft konzentrieren, auf das, was vor ihnen [*forward*] lag, anstatt ein Lager zu wählen. Heute besitzt der Satz in seiner Aussage, dass das Vorbild weder im Osten [*East*] noch im

* Dazu zähle ich auch den Maghreb, den westlichen Teil der arabischen Welt.

Westen [*West*] zu suchen ist, nach wie vor Gültigkeit. Das wäre nur vernünftig. Es ist kaum vorstellbar, Systeme zu übernehmen, die sich so sehr mit Zerstörung hervorgetan und sich Mühe gegeben haben, die subsaharischen Kulturen zu verachten. Das Eindringen des Orients in Subsahara-Afrika, in Gestalt von Anhängern der Sklaverei und Eroberern auf dem Gebiet der Religion, dauerte viele Jahrhunderte und schwächte die subsaharischen Gesellschaften, denen die westlichen Invasoren nur noch den Rest geben mussten.

Während die orientalische Vorherrschaft vor allem von religiösem Fanatismus angetrieben wurde – es ging mehr um die Besetzung der Köpfe als des Bodens –, wurde Europa, das seinen Glauben für imperialistische Zwecke instrumentalisierte, von Käuflichkeit gelenkt. Diese verhängnisvollen Mächte folgten aufeinander und zerstörten die Strukturen der subsaharischen Welt. Natürlich sind die Beziehungen dieser beiden Räume zum Afrika südlich der Sahara nach wie vor durch die Geschichte beeinflusst, aber auch dadurch, ob und wie sich jene zu dieser Geschichte bekennen. Dabei ist die westliche Ambivalenz hervorzuheben, das ständige Hand-in-Hand von Verachtung und Begehren, ja sogar eine – allerdings vergiftete – Form von Zuneigung. Diese unangenehme Umgebung hat immerhin eine Stimme hörbar gemacht, die im Orient unterdrückt wird. Davon zeugen zwei 2019 und 2020 verabschiedete Resolutionen des Europaparlaments.[3] Die Okzidentalität, das dunkle Gesicht von Euroamerika, wird von Anbeginn durch Kräfte in den Ländern bekämpft, denen sie entstammt. Obwohl diese Kräfte in der Minderheit sind und im Lauf der Geschichte oft besiegt wurden, unterscheiden sie den Okzident vom Orient, wo bis heute nichts dergleichen zu bemerken ist. Die schon lange währenden Beziehungen zwischen den Weltregionen wie auch die Identitätsveränderungen verbieten den Gedanken an eine Rückkehr zu unbekannten Zeitaltern und Lebensweisen. Die Aufgabe für Subsahara-Afrika besteht darin, ein gesellschaftliches, politisches und spirituelles Modell zu erarbeiten, das seine Bestrebungen, seine besondere Sprache zu transportieren vermag. Nur so wird es mit den anderen menschlichen Räumen in einen angemessenen Dialog treten und dem Gesicht der Welt auch seine kulturellen Züge verleihen können. Wir sprechen hier von Denkweisen, sozialen Praktiken, historischen Persönlichkeiten und Spiritualität, von Elementen, mit denen Subsahara-Afrika nicht nur in den Körper der Völker eindringen würde, unter denen es in Jahrhunderten gewaltsamer Unterwerfung lebte, sondern auch in ihren Geist. Elementen, die wir oftmals in den individuellen oder kollektiven Lebensgeschichten der Frauen wiederfinden werden, die wir hier untersuchen wollen.

Der Westen, Herr aller Dinge, hat in der ganzen Welt die Vorherrschaft des Habens über das Sein verbreitet. Was jedoch die Völker, welche auch immer, an Wesentlichem zu bieten haben, passt nicht in dieses Schema. Es gibt also keinen Grund, sich beeindrucken zu lassen. Unser Spaziergang in die Geschichte und die Erinnerung an Frauen der Subsahara will nicht die Vorstellung bestärken, die Zukunft des Kontinents liege einzig in seiner Vergangenheit. Was hier gezeigt werden soll, sind weibliche Lebenswege, die ihren Platz im Bewusstsein der Welt finden müssen, Mythen, die das universelle Denken befruchten und das künstlerische

Schaffen bereichern, sowie natürlich die Gründe, warum sich die Frauen der Subsahara nicht dem Befehl zum Feminismus* unterwerfen müssen. Es geht nicht darum, den Wert dieser Position zurückzuweisen, sondern darum, sie einzuordnen und daran zu erinnern, dass das Universelle nicht jenes Besondere ist, das sich durch die koloniale Brutalität verbreitet hat. Das Universelle ist das, was die Menschen durch ihr Menschsein in sich tragen. Alles andere ist das Besondere.

Der Feminismus als Forderung nach Gleichheit mit den Männern in einer bestimmten Gesellschaft ist nicht universell und soll es nicht sein. Er ist die Antwort der Frauen eines bestimmten Ortes auf die Fragen, die sich ihnen stellten. Der Frauen, die sich vor allem als Opfer männlicher Dominanz wahrnahmen und eine weibliche Opferontologie schufen. Das war ihre Entscheidung, und es gibt keinen guten Grund, weshalb jede mutige oder ehrgeizige Frau mit dem feministischen Etikett ausstaffiert werden muss. Es kommt durchaus vor, dass eine solche Frau kein Interesse am Schicksal ihrer Geschlechtsgenossinnen zeigt. Schlimmer noch, dass sie frauenfeindlich ist. Das wird aber selten

* Das Wort ist nicht zu stark. In seiner Rede auf dem Gipfel der Internationalen Organisation der Frankophonie 2018 in Eriwan erklärte der französische Staatspräsident: »Die Frankophonie muss feministisch sein, die Zukunft Afrikas wird feministisch, genauso wie in Europa und anderswo.« Emmanuel Macron erteilt den Frauen der Subsahara mit Vorliebe Belehrungen, hier bleibt er sich also treu. Es ist dennoch überraschend, von einem Mann seiner Generation solche drohenden Sätze zu hören, die Afrika zu verstehen geben, dass es außerhalb der abgesteckten Wege keine Zukunft hat.
Emmanuel Macron, Rede auf dem Gipfel der Frankophonie in Eriwan, 11. Oktober 2018, https://www.elysee.fr/emmanuelmacron/2018/10/12/discours-au-sommet-de-la-francophonie-aerevan

erwähnt. In ihrem Kampf für die Emanzipation vom Patriarchat fordern die Frauen der Subsahara keineswegs das Recht, zum Beispiel mehrere Männer zu heiraten. Einige Frauen genossen früher dieses Privileg. In Gesellschaften, die noch die Polygynie kennen, gehört diese Art von Gleichheit mit den Männern jedoch nicht zu ihren Erwartungen. Dabei ist es ein Recht, das den Männern per Gesetz zuerkannt wird, jenseits jedes religiösen Rahmens, auch wenn es manchmal möglich ist, sich für ein monogames matriarchalisches System zu entscheiden.* Die Frauen der Subsahara, die in Ländern leben, deren Gesetzgebung dem Mann das Recht auf Züchtigung von Frau und Kindern gibt, würden dieses Recht lieber abschaffen, als selbst in seinen Genuss zu kommen. Gleichheit im engen Sinne ist also nicht emanzipatorisch.

Wenn man sich für die Entfaltung der Frauen ausspricht, muss man es sich selbstverständlich zur Pflicht machen, ihre Stimmen zu hören und dafür zu sorgen, dass sie wahrgenommen werden. Ebenso selbstverständlich muss man ihre individuellen Entscheidungen respektieren. Zum Beispiel die, sich nicht mit anderen als Opfer zu identifizieren und ständig gegen diese Rolle anzukämpfen. Die Forderung nach Autonomie und Perspektiven zur Selbstverwirklichung schließt auch nicht ein, absolut alles zu tun, was die Männer tun. Sie sind kein anzustrebendes Ideal, und die Frauen einer bestimmten Gesellschaft könnten nach ihren Vorstellungen auch Rechte fordern, die sich von denen der

* Oft setzt sich der Wille der Männer auch in gesellschaftlichen Kontexten durch, in denen die Ehe der Frau Ansehen verschafft.

Männer unterscheiden. Die Macht der Frauen in früheren subsaharischen Gesellschaften beruhte oft darauf, dass ihnen besondere Vorrechte gewährt wurden. Der unverletzliche weibliche Raum bildete ein wesentliches Fundament der Gemeinschaft. Der Feminismus definiert sich sehr klar. Will man ihm jede weibliche Forderung aufladen, wird er seines Sinns beraubt, verliert er seine Schlagkraft und werden einzigartige Stimmen zum Schweigen gebracht.

Für die Frauen der Subsahara, für alle Frauen ist es wichtig, sich außerhalb des Vergleichs mit den Vertretern des männlichen Geschlechts zu erkennen und zu denken. Das tut der Feminismus, wie wir ihn kennen, aber nicht. Er ist besessen vom Bild des Mannes. Nötig wäre hingegen, dass die Frauen das weibliche Prinzip, das sie verkörpern, leben, stärken und lieben, ihm seine Souveränität garantieren, bevor sie sich für ihre möglichen Beziehungen zu der anderen Polarität interessieren, die sich außerhalb von ihnen manifestiert.* Abgesehen von der Frage der Rechte, die jedem Menschen zustehen, sollte Gleichheit mit den Männern kein Thema für die Frauen sein. Oft sind sie ihnen überlegen, auf allen denkbaren Gebieten, was jedes Mal anzuerkennen ist, wenn es vorkommt. Subsahara-Afrika hat dies getan. Wenn die Menschheit seit Jahrhunderten die Verheerungen einer schlecht kontrollierten männlichen Macht

* Das weibliche und das männliche Prinzip sind von den beiden Geschlechtern zu unterscheiden. Jeder Mensch trägt beide Prinzipien in sich, sie sind jedoch jeweils bei einem Geschlecht stärker ausgeprägt als beim anderen. So verkörpern die Frauen vor allem das weibliche Prinzip, obwohl sie es nicht allein besitzen. Und sie müssen der männlichen Energie, die nicht nur den Männern gehört, zuerst in sich selbst begegnen.

beklagt, werden wir das Problem nicht lösen, indem wir eine Gleichheit der Prinzipien postulieren. Wir müssen nicht nur die Notwendigkeit anerkennen, die als weiblich wahrgenommenen Werte zu rehabilitieren, sondern auch, so lange es nötig ist, ihre Vorherrschaft. Das ist etwas anderes, als das, was die Feministinnen sagen, aber da sie die Gunst der heutigen Zeit genießen, täten sie gut daran, andere Diskurse zu unterstützen und zu erhalten, wenn diese den Willen von Frauen manifestieren und ihrer Erhebung, wie sie sie verstehen, dienen.

Wir werden alle in eine Welt hineingeboren, die durch die Kolonialgeschichte, durch die Unterwerfung der einen durch die anderen geformt ist. Nichts zwingt uns, sie als solche hinzunehmen, an Positionen festzuhalten, die uns durch die Abwege des Männlichen auferlegt wurden. Doch genau das tun wir, wenn wir die Notwendigkeit verkennen, dass jede Frau die Welt ausgehend von ihrem Ort und in ihren eigenen Begriffen ausdrückt. Diese Feststellung gilt für die Frauen, deren Stimme sich durchsetzt, ebenso wie für diejenigen, die es akzeptieren, nicht so deutlich gehört zu werden. Wir würden gern glauben, dass alle sofort dieselbe Sprache sprechen müssen, um sich zu verstehen. So ist es nicht. Es kommt darauf an, die Sprache der anderen zu hören und zu erlernen. Sie zu kennen, um die Ähnlichkeiten und die Unterschiede herauszuhören. Ebenso kommt es darauf an, dass wir uns die Akzente der eigenen Sprache vergegenwärtigen, um zu vermeiden, dass wir sie verlernen und uns nur noch erbärmlich in der der anderen ausdrücken können. Seit mehreren Jahrzehnten ist den Frauen der Subsahara ihre Einzigartigkeit bewusst. Manchmal hat ihnen der Mut gefehlt, ihren eigenen Diskurs zu aktualisieren, haben sie sich darauf beschränkt, den der anderen grenzüberschreitend zu übernehmen oder ihm zu widersprechen. Die Gedanken, die sich als Alternative zum Feminismus präsentierten*, haben sich in dieser Selbstbehauptung gegen eine sich für universell haltende Rhetorik selbst entwertet.

Ohne diese ganz und gar westliche Anmaßung an den Tag zu legen, hätte es ausgereicht, wenn die Frauen ihre eigene Wahrheit ausgesprochen und sie in ihrer Heimatregion verbreitet hätten, dort, wo die andere Sprache der Frauen leiser geworden war. Das ist nicht geschehen. Ihre Theorien – vor allem aus der Feder von Anglophonen – wurden den Universitätskreisen überlassen, wo sie mehr in US-amerikanischen Seminaren für *African* oder *Gender Studies* gelesen wurden als im frankophonen Teil der Subsahara. Vor uns liegt die Aufgabe, uns selbst wiederzuerobern. Diese Rückeroberung hat bereits begonnen. Davon zeugen zahlreiche Publikationen über die Frauen in der Geschichte des afrikanischen Kontinents. Meistens handelt es sich um eine notwendige Selbstfeier, aber auch um eine Instrumentalisierung von Figuren der Vergangenheit, mit der man den eigenen Platz innerhalb des feministischen Hauses rechtfertigt. Wir wollen durch die Geschichte jener Frauen der Subsahara streifen, die häufig als Feministinnen *avant la lettre* angeführt werden, um zu zeigen, warum diese Sicht meistens falsch ist.

Die Frauen der Subsahara, die Mütter der Menschheit, haben es überhaupt nicht nötig, um ein Zimmer für sich in

* Man denke vor allem an *Motherism. The Afrocentric Alternative to Feminism* von Catherine Obianuju Acholunu, Afa Publications, 1995.

dem großen Haus zu betteln, das andere errichtet haben. Sie müssen sich nur ihre Geschichte zurückholen und ausgehend von ihrem weiblichen Erbe die Werkzeuge ihrer Selbstbestimmung schmieden. Wenn sie diese Selbstkenntnis zurückerobert und aktualisiert haben, werden sie sich des Reichtums bewusst werden, den sie mit allen Frauen teilen sollten. Diese Feier ist bereits im Gange, und wir werden uns erlauben, gegenüber unseren Ahninnen eine respektvolle Unehrerbietigkeit an den Tag zu legen. Da es sich besonders um Frauen mit Macht handelt, werden wir ihr Handeln auch kritisch betrachten, ihre Geltung als Vorbilder für die jüngeren Generationen hinterfragen. Wie wir sehen werden, sind auch die Beeindruckendsten, die Einzigartigsten nicht vor Kritik gefeit. Sie zu respektieren, sie sogar zu lieben heißt auch, in der Lage zu sein, sich mit den dunklen Seiten zu konfrontieren, die sie antrieben. Die Macht offenbart auch ihre Schatten: Da sie den Glanz des Lichtes kennt, kann sie auch mit jenen umgehen. Die Scham, die in einer bestimmten subsaharischen Wahrnehmung der Dinge nur allzu präsent ist, hat bei der Betrachtung der Geschichte nichts zu suchen und behindert die Fähigkeit, Lehren aus ihr zu ziehen. Die Frauen der Subsahara müssen weder den Blick noch das Urteil Dritter fürchten, es sei denn, man wollte nicht nur deren Herablassung, sondern auch ihre Neigung rechtfertigen, ungebetene Ratschläge zu erteilen und zwar auf allen Gebieten. Sich zum eigenen Anteil an der Finsternis, dem eigenen Anteil am universellen Verbrechen zu bekennen heißt, zur eigenen Menschlichkeit zu stehen. Wer sich selbst mustergültige Vorfahren erfindet, bekundet seine Unreife, seine Unfähigkeit, Teil der Welt von morgen zu sein, und bekräftigt den Verzicht auf Gerechtigkeit zugunsten des Erhalts eines künstlichen Bilds.

Die Frauen, über die wir sprechen werden, gehören zu verschiedenen Regionen des subsaharischen Raums und vertreten besondere Kulturen in einem bestimmten Moment ihrer Entwicklung. Wir haben uns bewusst entschieden, sie auf diesen Seiten zusammenzubringen. Ihre Lebenswege bilden ein Netz von Geschichten starker Frauen, die das weibliche Erbe des Kontinents prägen und im Erbe der Welt einen sichtbaren Platz finden sollten. Die Auswahl drückt auch den Wunsch aus, dass die subsaharischen Völker ihr Erbe bald mischen, sich gegenseitig befruchten mögen. Um ihre Situation zu verbessern, könnten die Frauen zunächst auf dem eigenen Kontinent Ressourcen auftun, und erst, wenn sie dort nichts gefunden haben, auf anderen Erdteilen suchen. Aber das geschieht selten. Subsahara-Afrika ist vielfältig, das gilt auch für die Erfahrungen der Frauen. Sie sahen und sehen sich jedoch mit regionalen Ausprägungen männlicher Hegemonie konfrontiert, die es überall gibt, wo Menschen leben. Dieses Phänomen ist universell, obwohl es sich je nach kulturellem Kontext unterschiedlich darstellt und nicht erfasst werden kann, ohne die (geo-)politischen Bedingungen der Betroffenen zu berücksichtigen. Die sehr seltenen matriarchalischen Gesellschaften, die es gab, haben den Lauf der Welt nicht beeinflusst. Das konnten sie aufgrund ihrer Struktur auch nicht.

Die Macht der Frauen im Matriarchat ist von ganz anderer Art als die spätere Macht der Männer: Sie wird in einer egalitären Gesellschaft ausgeübt, die keine staatliche Institution

> *kennt. Die Macht ist nicht in den Händen einer begrenzten Gruppe konzentriert und Privateigentum ist unbekannt (…). Nur die Blutsbande oder solche, die man dafür hält, bestimmen die sozialen Beziehungen: Aus diesem Grund haben die Frauen durch ihre Fähigkeit zur Fortpflanzung Anerkennung erlangt. (…) Die Frauen haben die Menschheit geboren, aber sie haben sich dennoch nicht von der Natur gelöst. Das Matriarchat ist ebenso wie die Mutterschaft ein Naturzustand, der überwunden werden musste, um der Kultur Platz zu machen.*[4]

Das Matriarchat, das oft mit der in Subsahara-Afrika häufigen Matrilinearität verwechselt wird, gehört also zu einer Ordnung, die man als primitiv bezeichnen kann, und es konnte nur in akephalen, also führerlosen Gesellschaften auftreten. Sobald sich ein Volk politisch zur Bildung einer Nation hin ausgerichtet hat, wie es in der Vergangenheit in Subsahara-Afrika geschah, gibt es keinen Platz mehr für das Matriarchat. Und wenn manche Anhängerinnen der *girl power* vom Matriarchat träumen, dann verkennen sie sein Wesen, die Tatsache, dass es mehr mit der Mutterschaft zusammenhängt als mit der politischen Macht der Frauen, die ihm nachgesagt wird, die es aber nicht beinhaltet. Die Lebenswege der Frauen an der Macht, die in diesem Buch vorgestellt werden, haben nichts mit dem Matriarchat zu tun. Es hat keinen Sinn, anhand ihrer Geschichten auf die Existenz dieser Organisationsform in Subsahara-Afrika zu schließen. Das lässt sich auch heute feststellen: Wenn Frauen in Staatsangelegenheiten mitreden oder sogar regieren heißt das nicht, dass wir uns in einer matriarchalischen Situation befinden. Im Matriarchat ist die Frau mit der Natur verbunden, wird von ihr gelenkt und definiert. So wird man es zumindest ausdrücken, wenn man die Geschichte durch ein westliches Prisma liest.

In Subsahara-Afrika wird die Verbindung der Frauen mit der Natur als Zusammenwirken mit der göttlichen Kraft, der Schöpferin jedes Seins, gesehen. Sie ist also ein unvergleichliches Privileg. Dem Mann obliegt es, Nationen zu errichten, Zivilisationen in ihrer materiellen Form zu gründen. Denn er kann im Gegensatz zur Frau, die das Geheimnis des Lebens in sich trägt, seinen Beitrag zum Werk der Schöpfung leisten, indem er außerhalb des Hauses tätig wird. Und wer das Leben der Frauen in einer solchen Umgebung als Eingesperrtsein wahrnimmt, dem die Männer entkommen, dem fehlt es an Urteilskraft. Die Beschränkung gilt für die einen wie die anderen, nur die Räume – also die Zuständigkeitsbereiche – unterscheiden sich. Jeder und jede ist auf sich selbst begrenzt, auf seine und ihre Rolle, seine und ihre symbolische Bedeutung in der Ordnung der Dinge. Zu bedauern, dass die Frauen vor allem im privaten Bereich leben, entwertet die Aufgaben, die sie dort erfüllen, und verleiht den sogenannten männlichen Tätigkeiten größeres Ansehen.

Die Frauen in Subsahara-Afrika waren außerdem nie auf Hausarbeiten beschränkt, sie bestellten die Felder, betrieben Medizin, Handel und Kunsthandwerk, kümmerten sich um spirituelle Angelegenheiten oder beteiligten sich am politischen Leben. Die ganze Menschheit hat immer Frauen erlebt, die sich auf vielfältigen Gebieten auszeichneten, was schon bei einer oberflächlichen Betrachtung von Frauenleben überall in der Welt deutlich wird. Im Frankreich des

Grand Siècle zum Beispiel, dem 17. Jahrhundert, in dem das Leben der Frauen aus unzähligen Zwängen bestand, trotzten einige von ihnen dennoch den Ozeanen und reisten zu den Inseln, um ihren Horizont zu erweitern. Man brauchte Frauen in den Kolonien und ermunterte sie, sich dort niederzulassen. Man suchte wohlhabende Witwen, die ihr Vermögen in das koloniale Unternehmen stecken konnten. Aber »man stellte [auch] Frauen ein, damit sie bestimmte speziell weibliche Berufe ausübten«.[5] Diese gab es also, und es waren oft handwerkliche Tätigkeiten. Die Hausarbeiten erledigten die Sklaven. Es wäre abwegig, das Matriarchat, um darauf zurückzukommen, mit der Vorstellung einer Hierarchie zu verbinden. Matriarchalische Gesellschaften waren insofern egalitär, als in ihnen die Autorität jedes Geschlechts anerkannt war und nicht das eine Macht über das andere ausübte. Da sich jedoch die Autorität der Frauen aus ihrem Status als (potenzielle) Mütter ergab, versteht sich von selbst, dass wir es nicht mit Gleichheit zu tun hatten, wie sie heutzutage gefordert wird. Das Matriarchat war antifeministisch und bedeutete auch nicht die Übermacht der Frauen. Genau betrachtet, vor allem, wenn man sich für seine metaphysische Dimension interessiert, hatte das Matriarchat nichts mit der Gynaikokratie [Frauenherrschaft nicht nur in der Familie, sondern auch im Staat] zu tun, die manche darin vermuten.

Seit unvordenklichen Zeiten kennt Subsahara-Afrika wie die anderen Regionen der Welt Nationen im politischen Sinn des Wortes, also Formationen, die oft durch die Eroberung von Gebieten und Völkern entstanden. Lange vor den europäischen Invasionen wurden Staaten errichtet, manche waren sehr zentralisiert. In der überwältigenden Mehrheit sind die subsaharischen Gesellschaften also vom Gesetz des Männlichen geprägt, weil die öffentliche Dimension des gesellschaftlichen Lebens durch seine Gerichtsbarkeit bestimmt wird. Wenn die Frauen sich in dieser Sphäre bewegen, verrichten sie das Werk des Männlichen, was keinerlei Problem darstellt: Diese Kraft gibt es auch in ihnen, es ist normal, dass sie sie nutzen und ebenso wie die Männer unserer Respektlosigkeit ausgesetzt sind. Die subsaharischen Gesellschaften haben immer Frauen an der Macht erlebt, unter ihnen früher viele Königinmütter. So bezeichnete man oft Frauen in reifem Alter, ohne dass sie wirklich Mütter von Königen waren. Das Alter der Menopause verlieh ihnen in vielen Gesellschaften einen neuen Status. Frauen, die diesen Lebensabschnitt erreichten, ergriffen das Wort, ob sie zu den Regierenden gehörten oder nicht. Es gab bekanntlich Kriegerinnen in Hülle und Fülle oder Frauen, die ihr Leben der Politik widmeten, auch wenn sie keinen Zugang zu ihr haben sollten. Ein Beispiel ist die Zulu-Prinzessin Mkabayi kaJama, die im 18. und 19. Jahrhundert an der Regierung des Königreichs beteiligt war. Sie wurde um 1750 als Tochter von König Jama kaNdaba geboren und war die ältere Schwester von Senzangakhona kaJama. Dieser war später der Vater von Shaka, dem Eroberer, der den Namen der Zulu, die vor ihm nur ein kleiner Bantu-Stamm im südlichen Afrika waren, weltweit bekanntmachte. Die Fernsehserie *Shaka Zulu* (1986) war in Subsahara-Afrika ein riesiger Erfolg und erlangte später weltweit Kultstatus. Sie zeigt Mkabayi als Mitglied des Rates von König Jama und später ihres Bruders. Die Serie erzählt nicht, dass Mkabayi für ihren Vater die Frau umwarb, die ihm den ersehnten Sohn schenken sollte. Er hatte in seiner ersten Ehe nur Töchter gehabt, obendrein Zwillinge, die nach alter Sitte getötet werden mussten. Mkabayi und ihre Zwillingsschwester Mmama werden als Monster wahrgenommen, aber der Monarch verschont sie. Als er stirbt, ist Senzangakhona, der dank Mkabayis kluger Wahl geborene Prinz, zu jung, um zu herrschen. Die Prinzessin setzt sich daraufhin als Regentin durch, was den Sitten widerspricht. Das Volk, das sie anfänglich schätzt, weil sie die Geburt eines Sohnes im königlichen *Kraal* ermöglicht hat, entzieht ihr seine Zuneigung, sobald sie den Thron bestiegen hat. Dennoch hält sie sich mehrere Jahre an der Macht. Diese Frau verkörpert eine Übertretung, die notwendige Auflehnung der Unberührbaren: Sie soll weder leben noch regieren. Auch nach der Inthronisierung ihres Bruders bleibt sie im Rat. Er erweist sich als oberflächlicher Mensch und erbärmlicher König.

Mkabayi überlebt ihren jüngeren Bruder. Als dessen Sohn Shaka die Macht übernimmt und seine Getreuen um sich schart, behält er auch sie bei sich, doch im Grunde hört er auf niemanden. Angesichts des mörderischen Wahnsinns ihres Neffen schließt sie sich den Verschwörern an, die ihn ermorden. Mkabayi heiratet nicht, hat keine Kinder und widmet ihr Leben dem Erhalt des Königreichs und des königlichen Geschlechts. Sie kommandiert auch ihre eigene Militäreinheit, eine ausschließlich weibliche Truppe. Auch das unterschlägt die Serie, die sie in Gestalt der unvergesslichen südafrikanischen Schauspielerin Gugu Nxumalo auferstehen lässt, von der sie als Persönlichkeit dargestellt wird, die man verabscheut und zugleich für ihre Intelligenz und ihr imposantes Auftreten bewundert. Heutzutage wird ihr der Mord an Shaka angelastet, aber ihre Entscheidung kann aus der von ihr empfundenen Notwendigkeit heraus verstanden werden, die Königsfamilie zu schützen. Das tat sie schon unter der Herrschaft von Senzangakhona, und im Gegensatz zu anderen setzte sie große Hoffnungen in Shakas Herrschaft, bevor sie ihn in einem für viele Herrscher typischen Wahn versinken sah. Mkabayi war noch eine angesehene Frau, als sie 1843 mit 93 Jahren starb. Man kann vermuten, dass sie wegen des Zwillingstabus weder Mann noch Nachkommen hatte. Aber sie gab ihrem Leben einen Sinn und prägte die Geschichte der Zulu.

Die Frauen der Subsahara, deren Vitalität und Autorität bekannt sind, empfanden in vorkolonialen Zeiten also keine Notwendigkeit, sich offen gegen die männliche Ordnung zu erheben, weil sie imstande waren, die Macht zu übernehmen, selbst wenn sie ihnen verweigert wurde. Zumeist nahm ihnen die Art der über sie ausgeübten Herrschaft auch nicht alle Möglichkeiten, sondern ließ ihnen Freiräume von Autonomie oder gar Souveränität, so dass sich ihre Qualitäten gegen ausgrenzende Sitten durchsetzen konnten. So war es auch bei Königin Labotsibeni aus Swasiland, die nach den Sitten ihres Landes nicht hätte herrschen dürfen, aber wegen ihrer Intelligenz und ihren vielfältigen Begabungen dennoch dazu auserwählt wurde. Labotsibeni wurde 1858 geboren, bestieg 1890 den Thron und regierte bis 1921. Sie erhielt den Namen Gwamile, was »die Unbezähmbare« heißt, und beteiligte sich an den Aktivitäten des South African Native National Congress (SANNC). Sie war Mitbegründerin und Geldgeberin von *Abantu-Batho*, der

Zeitschrift des SANNC. Dieser wurde später unter dem Namen African National Congress (ANC) bekannt, den Nelson Mandela und seine Kampfgefährten berühmt machten. Patriarchalische Gesellschaften zollten starken Frauen Anerkennung und unterstellten sich ihrer Autorität. Deshalb setzen die Frauen der Subsahara seit langer Zeit der Forderung nach Gleichheit den komplexen Begriff der Komplementarität entgegen. Er ist komplex, weil sich Männer und Frauen in extrem phallokratischen Milieus, an denen es auf dem Kontinent nicht mangelt, keineswegs gegenseitig ergänzen. So unangenehm es ist, das zuzugeben, in den Systemen, in denen das ursprüngliche Gleichgewicht zerstört ist, ist die Frau die Ergänzung des Mannes. Sie ist ein Attribut seiner Macht, sein Anhang.

In diesen wahrlich verbesserungsbedürftigen Gesellschaften gab es jedoch Frauen mit einem bemerkenswerten Leben, von dem wir berichten wollen, egal, ob sie nun wirklich existiert haben oder Legenden sind. Die Mythen, die sich Völker schaffen und über die sie sich definieren, sind kein Produkt des Zufalls. Der Platz, den weibliche Gestalten oder das weibliche Prinzip in vielen Mythen und Legenden in Subsahara-Afrika einnehmen, rechtfertigt die Selbstermächtigung der Frauen der Subsahara, autonom über ihre Erfahrung nachzudenken. Dann hinterfragen sie den Einfluss eines Denkens, das aus Gegenden stammt, die schon sehr früh die Erinnerung an die weibliche Kraft und das weibliche Gesicht der Göttlichkeit verloren haben und in denen die Frauen manchmal besonders stark unterdrückt wurden. Es ist kein Geheimnis, dass die Frauen der Subsahara früher nicht gezwungen waren, sich von Kopf bis Fuß zu bedecken, um das Gefängnis des heimischen Klosters überallhin mitzunehmen. Nicht in Subsahara-Afrika wurden Kindermorde an Mädchen begangen, die heute das Geschlechtergleichgewicht der Gesellschaft und ihre demografische Zukunft gefährden. Nicht in Subsahara-Afrika mussten Frauen wie die Schwurjungfrauen auf ihre Weiblichkeit verzichten, wenn sie kein Leben in Unterwerfung führen wollten. Nicht in Subsahara-Afrika wurden Frauen, die noch Zwiesprache mit der Natur hielten, verfolgt und auf Scheiterhaufen verbrannt. In den vorkolonialen subsaharischen Gesellschaften gehörte die Heilerin zur sozialen Elite. Bei zahlreichen subsaharischen Kulten üben Frauen bis heute das Amt der Priesterin aus, während sie es anderswo verloren und nur selten wiedererlangt haben. Vermutlich besinnen sich die Frauen der Subsahara auf dieses Erbe, wenn sie sich jetzt in den Freikirchen, die den Kontinent überschwemmen, als Pastorinnen betätigen. Sie suchen eine neue Ausdrucksform für die Stimme, die in ihrem tiefsten Innern ruft, die Stimme der Prophetin, der Predigerin, der menschlichen Vertreterin der Göttin der Schöpfung. Die Douala aus Kamerun kennen diese unter dem Namen Inyi. Nach den *Masomandala*, dem Schöpfungsmythos in der oralen Tradition dieses Küstenvolkes, ist Inyi, die weibliche Repräsentation des Höchsten Wesens Nyambe, die vom Göttlichen gewählte Form*, sich zu erkennen zu geben.

* Es gibt noch mehrere andere: Ina Konsi und Naselele zum Beispiel. Die (im Französischen und im Deutschen) verwendete männliche Form, um Gott zu bezeichnen, darf nicht in die Irre führen. Die Gottheit, die das Universum geschaffen hat, ist androgyn, was übrigens nichts Neues ist und ziemlich vernünftig erscheint.

Sie entspringt dem Wasser und beschließt, ein Wesen nach ihrem Bild zu schaffen. So offenbart sich Gott in weiblicher Gestalt, um eine Frau in die Welt zu setzen. Zuerst sie.

Ekwa Mwato, Urfrau und erstes menschliches Geschöpf, ist die Verkörperung der weiblichen Prinzipien. Ihr Name, der nur in rituellem Rahmen ausgesprochen wird, bedeutet »Frauenköcher«[6], was ihr kriegerisches Potenzial hervorhebt. Sie ist auch der göttliche Schlauch, der die Geheimnisse des Lebens aufnimmt. Mit ihr wird das Geschlecht der Frauen geboren, denen die Bewahrung der Schöpfung obliegt. Darin besteht die Rolle der Frauen in der Vorstellung der alten Küstenbewohner Kameruns. Betrachtet man das Wort *Ekwa* allein, bezeichnet es nicht nur einen Köcher, sondern auch einen Beutel mit heiligen Objekten darin. *Mwato* bedeutet »Frau« und bezeichnet im Rahmen der Initiation Personen, die den sechsten Grad der Erhebung* erreicht haben. Um die Urfrau und ihre Schutzmission darzustellen, ist Ekwa Mwato der Name, der bei bestimmten Zeremonien derjenigen gegeben wird, der es obliegt, auf die Taschen der Initiierten aufzupassen. Sie ist also die Beschützerin der in diesen Taschen enthaltenen Kräfte, die Verwahrerin der Mysterien. Die Kosmogonie der Küstenbewohner Kameruns, einer heute tragischerweise evangelisierten ethnischen Gruppe, ist von weiblichen Figuren bevölkert. Unter ihnen ist Edibi Njolo, Mutter der guten Geister des Wassers und Wächterin der heiligen Feuerstelle, oder Eyato**,

* Darüber kann man unmöglich mehr sagen, nur, dass es sich um einen hohen Grad handelt.

** Der Kameruner Anthropologe Prinz Dika Akwa nya Bonambela stellt sie als eine Gestalt der ägyptischen Göttin Hathor dar.

Göttin der Sexualität, die als heilige, die Menschheit zeugende Handlung verstanden wird, wobei die Zeugung zuvorderst die des Bewusstseins ist.

Ähnlich dem, was sich bei den Küstenbewohnern Kameruns beobachten lässt, gibt es im Pantheon der Fon in Benin, wie auch bei anderen Ethnien in ganz Subsahara-Afrika, zahlreiche weibliche Urgottheiten, ohne deren Wirken es die Welt oder die Menschheit nicht gäbe. Die Erste ist natürlich Mawu, Tochter von Nana Buluku*, die sich mit Lisa, ihrem männlichen Alter Ego, verbindet. Mawu erscheint vor Lisa, das weibliche Prinzip kommt immer zuerst. Das hat man auch anderswo gesehen, zum Beispiel bei den alten Griechen, in deren Theogonie Gaia, die Erde, allein einen Teil der Natur erschafft und dann Uranos gebiert, den Himmel, mit dem sie sich vereint. Nachdem Gaia Uranos zur Welt gebracht hat, bleibt sie eine Urgottheit, weil es unmöglich ist, ihr ihre Verdienste zu rauben, aber sie erscheint nur noch als ziemlich untätige Göttin, die oft auf die männlichen Kräfte zurückgreift, um ihre Pläne auszuführen. Gaia, die als Erste aus Chaos** geboren wird, der der Erschaffung der Welt vorausgeht, hat eine Schwester, Nyx, die Nacht, die ebenfalls imstande ist, allein zu zeugen. In der Theogonie des Hesiod besitzen nur die weiblichen Urgottheiten diese Fähigkeit.

Im Gegensatz zu den heutigen Griechen, die ihre heid-

* Höchstes Wesen, weiblich und männlich, das die Struktur des Universums erschafft und dann Mawu-Lisa beauftragt, das Werk fortzusetzen.

** Nichterschaffene Gottheit, als männlich dargestellt, aus der Gaia (Erde), Nyx (Nacht) und Erebos (Finsternis) hervorgehen. Gaia vereint sich später mit Uranos, ihrer Schöpfung. Nyx bekommt manchmal Kinder mit Erebos, »ihrem Bruder«.

nischen Götter nicht mehr anbeten, sind Mawu und Lisa bei den Fon weiterhin wirksame Kräfte. Gemeinsam sind sie Gott, so werden sie wahrgenommen und im Rahmen einer lebendigen Spiritualität verehrt. Bei den Douala ist, wie wir gesehen haben, Inyi das erste Gesicht der sich zu erkennen gebenden Göttlichkeit. Die Göttin ist im Ursprung allein. Sie bringt Be̲le̲ hervor, das männliche Prinzip, der ihr Partner wird. Die Demiurgen bilden monogame Paare, was nicht uninteressant ist, da die Menschen im Prinzip dem göttlichen Vorbild folgen müssen, das, was unten ist, muss wiederholen, was oben ist. Begeben wir uns ins alte Ägypten, das den kulturellen Nationalisten unserer Tage so am Herzen liegt, zu dem Mythos von Aset und Ausar, so erscheint Nebhet als Gebieterin, die Anupe* zur Welt bringt, einen als außerehelich angesehenen Sohn. Nebhet ist nicht die zweite Gemahlin von Ausar, er hat nur eine. Wie man weiß, haben die subsaharischen Gesellschaften mehr als einmal gegen diese Regel verstoßen. Es sei jedoch darauf hingewiesen, dass die Dinge nicht immer so klar voneinander getrennt sind, wie sie erscheinen. Bei den alten Küstenbewohnern in Kamerun gibt es zum Beispiel vierundzwanzig Heiratsmodalitäten, die monogame Verbindung gehört dazu.

Die subsaharischen spirituellen Überzeugungen sind spannend, aber sie sind nicht unser Thema. Man kann jedoch hervorheben, dass sich von Subsahara-Afrika, dem vergangenen wie dem gegenwärtigen, nicht erzählen lässt, ohne

* Diese Gottheiten der ägyptischen Neunheit tragen folgende griechische Namen: Isis, Osiris, Nephtys und Anubis.

die Frauen oder das weibliche Prinzip zu erwähnen. Erst der koloniale Einfluss – aus dem Orient und aus dem Okzident – hat deren Bedeutung geschmälert, weil er eine Welt durchgesetzt hat, die vom aus dem Gleichgewicht geratenen Männlichen vereinnahmt wurde. Wenn die Frauen der Subsahara heute die Probleme lösen müssen, vor die sie eine durch den Kolonialismus destrukturierte Gesellschaft oder vermeintliche misogyne Traditionen stellen, tun sie gut daran, sich den wahren Ausgangspunkt ihres Daseins auf Erden in Erinnerung zu rufen und die Verwerfungen der Gegenwart von diesem, ihrem Ort ausgehend zu korrigieren. Die verkannte Geschichte der Frauen der Subsahara verdient mehr Beachtung. Es ist die Aufgabe dieser Frauen, ihrer Geschichte Geltung zu verschaffen, ohne die Verwerfungen zu unterschlagen. Afrika, die Wiege der Menschheit und ihrer ersten Errungenschaften, war logischerweise der Ort, an dem sich die ersten Tragödien abspielten. Die Frauen waren natürlich daran beteiligt. Ihre Geschichten spiegeln das Leid der menschlichen Existenz.

Machthaberinnen

Der Gang durch die vorkoloniale Geschichte von Subsahara-Afrika und die Entdeckung unbekannter, doch überaus schillernder Frauenfiguren ist ein erstaunliches Abenteuer. Erst recht, wenn man von den Afrikanerinnen nur ein Elendsbild vor Augen hat. Da man sie sich selten als subsaharische Herrscherinnen vorstellt, beginnen wir unsere Erkundungstour mit eben diesen. Die Namen dieser Frauen fanden Eingang in die Annalen, weil sie hochrangige Persönlichkeiten waren, auch wenn sich die Details ihrer Geschichten verloren haben. Aber genau diese Geschichten, von denen manchmal nur schwache Abdrücke übrig sind, weil sie zu alt sind, nur mündlich existierten und immer wieder neu interpretiert wurden, werden nicht einmal in Afrika angemessen verbreitet. Deswegen müssen wir diese Geschichten weitergeben. Zuvor warnen wir noch vor einer besonderen Art der Aneignung dieser Gesichter von früher, davor, sie zu Totems oder Emblemen einer guten Sache zu erheben. Einige sind zu Musen des Kampfes der Frauen für ihre Emanzipation geworden, der Beweis der Geschichte, dass es im alten Afrika einen Protofeminismus gab. Mit dem, was wir von ihnen wissen, können wir sie allerdings nur selten auf diese Weise sehen. Ganz im Gegenteil. Sie waren Ausnahmefrauen, was schon genug ist. Manchmal waren sie herrisch, und nicht nur wegen ihres hohen Titels. Wir werden uns nicht für sie interessieren, um die historische Präsenz von Frauen in der Subsahara auf diese Persönlichkeiten zu reduzieren, sondern dessentwegen, was sie über die weiblichen Potenziale aussagen, im Guten wie im Schlechten. Wir wollen keine Sympathie wecken, sondern die Darstellerinnen der Geschichte zeigen. Frauen, die sich nicht als Vertreterinnen eines schwachen Geschlechts sahen und manchmal Wert darauf legten, durch die Art ihrer Machtausübung den Beweis dafür zu erbringen.

Wir stellen uns Macht stets nur vertikal, von einer schlecht beherrschten männlichen Kraft ausgehend vor. Auch in der Sprache und im Blick der Frauen. Aus diesem Grund wurden Frauen, die Macht besaßen, gerühmt, vor allem Kriegerinnen, die bewiesen, dass sie den Männern ebenbürtig waren. Ein wenig so, als rechtfertigte allein die Kriegskompetenz einiger Frauen die Forderungen aller nach Gleichheit. Als wäre der Mann letztlich das Maß aller Dinge. Als wäre es schon ein Verdienst, sich von der sozialen Rolle normaler Frauen zu befreien, und verhieße einen bedeutenderen Beitrag für die Gesellschaft. Als wäre es nicht offensichtlich, dass der Körper, der dazu geschaffen ist, Kinder auszutragen und zur Welt zu bringen, auch kämpfen konnte, wenn es sein musste, auch mit der Waffe in der Hand. Jagen Löwinnen nicht seit dem ersten Morgen der Welt? Das wissen die Frauen der Subsahara, sie haben es immer gewusst. Und die Mutterschaft wird in unseren Ländern keineswegs verehrt, um die Frauen auf diese Rolle zu beschränken: Die Frauen der Subsahara waren immer aktiv. Die Mutterschaft wird auf spiritueller Ebene als Zeugnis der

Verbundenheit mit der Schöpfergottheit angesehen. Das Leben entsteht aus der Vereinigung der beiden Geschlechter, aber die Frau ist auserwählt, Gottes Mysterium in sich zu tragen. In ihrem Schoß nimmt es Gestalt an, im Leib der Frauen formt Gott seine Geschöpfe. Der Bauch der Frau ist die Schmiede Gottes. Die Heiligkeit des Titels der Mutter, seine Bedeutung innerhalb der weiblichen Initiationszirkel findet darin ihren Ursprung. Die Kleinlichkeit der Menschen macht aus der Mutterschaft entweder eine Last – was im traditionellen Afrika, wo sich die ganze Gemeinschaft um die Kinder kümmert, abwegig ist – oder einen Grund zur Unterwerfung, weil man die Frauen erniedrigen muss, um sich ihre Macht anzueignen.

In den intellektuellen, verwestlichten Milieus – sogar und vor allem bei den Kulturnationalisten – besteht das Bedürfnis, die Könige und Königinnen der Vergangenheit aufzulisten. Das wäre überhaupt kein Problem, ginge es vor allem darum, die eigene Geschichte zu kennen, dazu beizutragen, dass sich die Jugend des Kontinents in einer ehrenden Erinnerung, im Bewusstsein seiner Größe verankert. Leider müssen wir feststellen, dass es um ein anderes Bedürfnis geht. Zwar will man Geschichten ausgraben, die mehr oder weniger tief verschüttet waren, aber in erster Linie, um sich mit dem Westen zu vergleichen. Ihm zu zeigen, dass man einerseits auch eine Aristokratie hatte und dass man andererseits von Feministinnen *avant la lettre* abstammt. Abgesehen davon, dass eine von offenkundigen Dominanzvertretern und glühenden Sklavenhaltern geerbte Art von Größe ernsthaft zu hinterfragen ist, ist es auch unverständlich, Personen mit dem Etikett Feministin ausstaffieren zu wollen, die lange vor der Erfindung des Wortes und weit weg vom Ort seines Entstehens gelebt haben. Der Begriff ist nicht nur wegen seiner fernen Herkunft problematisch, denn die kulturelle Durchmischung ist für das Subsahara-Afrika unserer Zeit konstitutiv. Es ist auch nicht nur der Anachronismus, der uns stört, auch wenn die erste Schwierigkeit im Hinblick auf den Sinn darin liegt.

Nein, was wir bedauern und weshalb wir Alarm schlagen müssen, ist die freiwillige epistemologische Unterwerfung, die Autokolonisierung. Tatsächlich zeugt der Rückgriff auf den Feminismus als Bezeichnung für alles, was das weibliche Erleben überall auf der Welt betrifft, von der Unfähigkeit, die eigene Realität zu benennen, für sich selbst Konzepte zu erarbeiten und sie im Gespräch mit den anderen ins Feld zu führen. Was können wir denen, deren Vorfahren die Notwendigkeit verspürten, den Feminismus zu erfinden, anderes vermitteln als das Geständnis, dass unsere eigenen Ahninnen über ihr Schicksal geschwiegen haben oder dass wir nichts von ihnen wissen? Liegt in dieser Haltung nicht vielleicht auch eine gewisse Trägheit angesichts der Aufgabe, sich selbst zu erfinden, gepaart mit der Assimilation an ein vorherrschendes Modell, das man allerdings nur übernehmen kann, wenn man es umstürzt? Daher rühren die vielfältigen Beinamen oder Präfixe, die dem Wort Feminismus aufgepfropft werden, von dem man am Ende gar nicht mehr weiß, was es bedeutet.

Es gibt inzwischen diverse Feminismen, manche rivalisieren miteinander, manche sind aus Widerstand oder gar Opposition gegen den ursprünglichen Feminismus entstanden, dessen Namen sie beibehalten, aber noch durch eine zusätzliche Bestimmung ergänzen. Mittlerweile gibt es zahllose Glaubensrichtungen, so dass man nicht mehr weiß, wie diese Vielfalt einer Idee dienen soll, die sie eher disqualifiziert. In vielen Fällen steht das Wort Feminismus nicht mehr für die Forderung nach gleichen Rechten für Frauen und Männer in der Gesellschaft, auch nicht für den Wunsch der Frauen, selbst zu entscheiden, ob sie Kinder bekommen oder nicht, frei ihre Sexualität auszuleben. Es gibt sogar einen sogenannten rechten Feminismus, der die klassische Aufgabenteilung akzeptiert, wenn die Frauen sie wollen, und mehr von (Wahl-)Freiheit spricht als von zum Dogma erhobener Gleichheit.

Seit den Jahren nach Erlangung der Unabhängigkeit in Subsahara-Afrika gibt es einen sogenannten afrikanischen Feminismus. Er entstand in den evangelisierten oder früher schon islamisierten Gesellschaften, die vom Kolonialismus ihrer Strukturen beraubt waren und in denen die Rollen der Geschlechter nicht mehr das einstige Gleichgewicht respektierten. Dieser sogenannte afrikanische Feminismus forderte die Anerkennung des Beitrags und des Platzes der Frauen in der Gesellschaft, ohne sich auf den Begriff Gleichheit zu stützen. Die Stimme der Frauen, die im alten Afrika auch in den patriarchalischen Gesellschaften keineswegs überall erstickt war, wurde während der Kolonialzeit systematisch in den Hintergrund gedrängt. Die neue post- und neokoloniale Welt verbietet den Frauen, einen Beruf auszuüben oder ohne Zustimmung des Vaters oder Ehemanns zu reisen. Diese Herren dürfen ihre Frauen, die finanziell von ihnen abhängig sind, in einigen Ländern mit gesetzlicher Billigung züchtigen. In manchen Ländern entscheidet nur der Mann über den Wohnort des Paars, und wenn die Frau die eheliche Wohnstätte verlassen will, braucht sie die Genehmigung eines Richters. An die Stelle der früher existierenden Bildung für Mädchen ist keine Pflicht zur Ausbildung getreten, die ihnen ein angemessener Platz in der neuen Gesellschaft sichert, um den sich nur aufgeklärte Familien für ihre Töchter kümmern. Das Eherecht erlaubt zwar häufig noch die früher übliche Polygynie, doch bestimmte Freiheiten, die Frauen früher bei dieser Form des Zusammenlebens genossen, gelten jetzt als Straftaten.

Nehmen wir das Beispiel der Bassa-Gesellschaft in Kamerun, in der die verheiratete Frau einen Liebhaber haben durfte, den ihr Ehemann kannte. Die Rolle des Liebhabers bestand nur darin, die Frau zu verwöhnen und ihr Vergnügen zu bereiten, er war nicht der Rivale des Ehemanns. Er überschüttete seine Schöne mit Geschenken, brachte ihr seine Jagdbeute, baute ihr ein aus Respekt für den Ehemann etwas abseits gelegenes Liebesnest. Der Liebhaber besaß keinerlei Autorität über die Frau und durfte ihr auf keinen Fall Gewalt antun. Werewere Liking, die das Volk, dem sie angehört, gut kennt und dessen traditionelle Unterweisung sie erhielt, erklärt:

Die aus diesen Beziehungen hervorgegangenen Kinder gehören in jedem Fall zum Haushalt des Ehemanns. Ein Liebhaber kann kein Vater sein. Er hat kein Recht und schuldet nur Liebe und Lust. Die Vaterschaft wurde ausschließlich als Verantwortung des Ehemanns angesehen, der gegenüber der Gesellschaft als Familienoberhaupt galt. In den matriarchalischen Tradi-

tionen kam diese Rolle dem Bruder der Mutter zu, und kein Liebhaber konnte beanspruchen, was selbst dem offiziellen Ehemann verwehrt war, da der Bruder als der Einzige angesehen wurde, dessen Blutsverwandtschaft mit der Mutter garantiert war.*[7]

Was hier beschrieben wird, ist in der neokolonialen christlichen Gesellschaft und mehr noch in einer islamisierten Umgebung undenkbar. Nach der neuen, von Europa übernommenen Gesetzgebung handelt es sich um Ehebruch. Und was ist mit der in mehreren subsaharischen Gesellschaften akzeptierten Polyandrie [Vielmännerei]? Ferdinand Ezémbé erinnert an einige Fälle und verweist vor allem auf die Lele im Kongo, bei denen eine Frau ausgewählt werden oder sich selbst anbieten konnte, die Frau für ungefähr fünfzehn Männer zu sein, mit denen sie abwechselnd schlief. Das ging so lange, bis die Frau nach einem festgesetzten Zeitraum diejenigen auswählte, denen sie treu bleiben würde. Sie wurden dann ihre ständigen Ehemänner. Die Lele wollten auf diese Weise sicherstellen, dass die jungen Männer in einem Umfeld, in dem es wahrscheinlich nur wenige Frauen gab, nicht ohne Sexualleben blieben. Für die junge Frau hatte dieses Prinzip zumindest den Vorteil, dass sie entdecken, ausprobieren, ihre Wahl treffen und der sexuellen

* Es handelt sich eher um Matrilinearität, ein Prinzip, nach dem die Frau den Namen (die Identität), den Besitz und manchmal die Macht weitergibt, ohne diese jedoch selbst auszuüben. Das Familienoberhaupt ist ein Mann ihrer Nachkommenschaft. Die väterliche Autorität über die Kinder übt ihr Bruder aus. Eine Frau kann in der matrilinearen Gesellschaft große Befugnisse haben, und wie in anderen (subsaharischen) Gesellschaftsformen können die Umstände dazu führen, dass sie herrscht. Das ist allerdings keineswegs die Regel.

Routine entgehen konnte, weil sie mehrere Partner behielt. Die Kinder, die aus ihrer Vereinigung mit diesen Männern hervorgingen, gehörten in dieser matrilinearen Gesellschaft zu ihrer Familie.[8] Es ließen sich noch andere Beispiele dieser Art anführen, die zeigen, dass die Frauen in einigen Regionen des Kontinents weder Jungfrauen bleiben noch sich auf einen einzigen Sexualpartner beschränken mussten. In repressiven Systemen, von denen sie sich bis heute nicht befreit haben, erlagen die Männer der Subsahara der sich bietenden Verlockung, Macht über die Frauen auszuüben.

In dieser Hinsicht unterscheidet sich deren Situation von Männern der afrikanischen Diaspora, die sich nicht die geringste Hoffnung machen können, dass die Gesellschaft ihnen Macht verleiht. Die Männer der Subsahara wurden enteignet und entmännlicht, um ihren Unterdrückern nicht gleichberechtigt zu sein, aber man speiste sie mit einem Trostpflaster ab. Man hatte ihnen fast alles geraubt, aber sie würden nach Belieben über die Frauen verfügen können und erhielten dafür neue Unterdrückungsinstrumente. Die neokoloniale Gesellschaft weckte unweigerlich den Widerstand der Frauen gegen die Ungerechtigkeit der geltenden Ordnung. Unter denen, die studiert hatten, bezeichneten sich viele als Feministinnen. Wie wir später sehen werden, tritt das feministische Denken meistens in den Hintergrund, wenn sich die Kolonisierten zum politischen Kampf erheben, vor allem, wenn sie zu den einfachen Volksschichten gehören. Die Situation der subsaharischen Feministinnen ist nicht einfach. Von Anfang an hatten sie Konflikte mit den westlichen Frauen, geißelten ihre Arroganz und ihre Versuche, in einem besonderen kulturellen

Umfeld ungeeignete Methoden durchzusetzen, die nicht den im Moment dringlichen Fragen entsprachen. Fatou Sow, eine Pionierin der Bewegung im frankophonen subsaharischen Afrika, erklärt dazu in einem Interview:

> *Der Anspruch der afrikanischen Frauen bestand aus zwei Punkten. Der erste war die Forderung nach dem Rederecht [droit à la parole]. Die westlichen Feministinnen hatten den Diskurs über »die anderen und den Rest der Welt«, also über die Afrikanerinnen als Objekte der Ethnologie und Anthropologie, in Beschlag genommen, und die Afrikanerinnen protestierten nachdrücklich gegen diese als »dominant« empfundene Haltung. Ähnlich reagierten auch die asiatischen und lateinamerikanischen Feministinnen auf dieses dominante, imperialistische anglosächsische Format. Der zweite Punkt bestand in der Bewusstwerdung der Unterschiede bei den Bedürfnissen und Prioritäten. Die Afrikanerinnen sagten immer wieder, dass sie in anderen Kontexten lebten und ihre Ziele nicht unbedingt dieselben seien.*[9]

In dem Interview fügt Fatou Sow noch hinzu, dass die Beseitigung der ungerechten internationalen Arbeitsteilung für die Frauen der Subsahara wichtiger sei als der Kampf gegen das Patriarchat. Natürlich sind die Frauen der ganzen Welt Opfer der gleichen Übel wie ehelicher Gewalt, sexueller Aggression, Diskriminierung in Unternehmen, Alltagssexismus. Die Unterschiede sind allerdings oft so groß, vor allem bei den Verfahren der Konfliktlösung, dass man sich fragt, warum der Begriff »Feminismus« übernommen wurde. Rederecht zu verlangen, wie es die Frauen früher besaßen und durch die Beteiligung am Unabhängigkeitskampf – auch am militärischen – erworben hatten, heißt nicht, Gleichberechtigung nach westlichem Muster zu verlangen. Deshalb lehnen es viele Frauen der Subsahara ab, sich Feministinnen zu nennen, obwohl sie sich engagieren, um die Situation der Frauen in den neokolonialen Gesellschaften zu verbessern. Diese Ablehnung ist nur verständlich, denn die Haltung der westlichen Frauen ihnen gegenüber zeigt, dass sich der von ihnen entworfene Feminismus nicht an unterschiedliche Gesellschaftsformen anpassen soll: Du akzeptierst ihn ganz oder gar nicht. Der von ihnen präsentierte Feminismus ist nicht nur ein Ansatz, um die Ungleichheit zwischen Frauen und Männern zu beenden, die überall existiert, bei den Frauen der Subsahara vor allem im privaten und familiären Bereich. Er ist auch die Übernahme einer Denkweise, einer Weltsicht.

Das aber lehnen die Frauen der Subsahara ab, manchmal intuitiv, einfach um ihre Eigenart zu bewahren. Sie weisen zurück, was sie als weitere Form der Dominanz empfinden. Das lässt sich sogar innerhalb politischer Bewegungen beobachten, die ein feministisches Programm haben oder diese Ideologie nutzen, um die Frauen auf ihre Seite zu ziehen. Während des langen Unabhängigkeitskrieges Eritreas gegen das benachbarte Äthiopien (1971–1991) waren vierzig Prozent der Mitglieder der Eritreischen Volksbefreiungsfront Frauen. Befragt nach dem Grund für ihre Beteiligung am bewaffneten Kampf, nannten sie ihren Hass auf die äthiopischen Unterdrücker, den Wunsch, ihre Identität zu verteidigen, die Zugehörigkeit zu einer Gemeinschaft. Fabienne Le Houérou, aus deren Untersuchung diese Informationen stammen, gibt an, dass nach dem Widerstand gegen die äthiopische militärische Besatzung private Motive wie familiäre Brüche, Zwangsheiraten oder Scheidungen die Hauptgründe waren, die die Frauen für ihr Engagement nannten. Allerdings betrachteten sie diese Probleme nicht aus einem feministischen Blickwinkel. Er war jedoch möglich und in gewisser Weise auch passend.

Zwar liebäugelte die Eritreische Volksbefreiungsfront mit der feministischen Ideologie, aber nur wenige ihrer weiblichen Mitglieder nannten diese als Grund ihres Kampfes.[10] Später forderten sie unter Berufung auf ihre konkrete Beteiligung am Krieg das Recht, auch im politischen Leben ihres Landes einen Platz in vorderster Reihe einzunehmen. Gleichheit mit den Männern war kein Prinzip, sondern Ergebnis ihres Einsatzes an der Front, der Todesgefahr, des vergossenen Blutes. In diesem Fall erfolgten gesellschaftliche Veränderungen, weil die Frauen für die Befreiung ihres Landes ihr Leben riskiert hatten. Diese Haltung, die die Verdienste der Kämpferinnen würdigt, war geradezu antifeministisch, da sie Geschlechtergleichheit nicht zu einer Vorbedingung machte, sondern zu einem Recht, das sich aus einer erbrachten Leistung ergab. Die bloße Tatsache zu existieren rechtfertigte sie nicht. Die eritreischen Frauen, die im Unabhängigkeitskrieg einen großen Teil der *freedom fighters*[*] ausmachten, sind nur in ihrem eigenen Land Iko-

[*] Die Frauen, die sich im Zweiten Weltkrieg in den Forces françaises libres engagierten, waren im Gegensatz zu den Eritreerinnen auf Hilfsarbeiten im medizinischen Bereich, für den Transport oder die Nachrichtenübertragung (Kommunikation) beschränkt. Heute besteht das französische Militär, alle Bereiche zusammengenommen, zu fünfzehn Prozent aus Frauen.

nen. Die subsaharischen Feministinnen unserer Tage, die beflissen noch die ältesten Leichen ausgraben, um sich auf protofeministische Ahnherrinnen berufen zu können, haben zum Mut dieser Frauen nichts zu sagen und erwähnen sie nie. Auch der ständig proklamierte Universalismus kennt sie nicht, seine Sprache hat ihre besondere Erfahrung nicht einbezogen, sie ignoriert die Akzente dieser anderen Sprache, in der die Frauen ihre Potenziale kennen.

Eigentlich ist es nicht ungewöhnlich, dass die Frauen, die den Feminismus erfunden haben, seine Lehren bei allen verbreiten wollen. Wer ein Haus baut, darf auch den Schlüssel besitzen, das ist legitim. Wird der Feminismus als politische Doktrin verstanden, enthält er große Prinzipien, die sich durch die Geografie nicht ändern werden. Der Fehler bestand nicht darin, sich gegen die Ungerechtigkeiten des Feminismus aufzulehnen, sondern die Doktrin umgestalten zu wollen, um sie an die eigene Umgebung zu akklimatisieren, anstatt den eigenen Begriffen zu folgen. Gewiss war es nicht einfach, sich wieder eine eigene Sprache zu geben, nachdem schon die Kolonisierung fremde Sprachen durchgesetzt hatte, die ebenfalls eine bestimmte Weltsicht vermittelten und vor allem in akademischen Kreisen das Denken prägten. Was aber vor fünfzig Jahren sehr schwierig war, ist heute machbar. Es genügt der Entschluss, es umzusetzen. Die Hegemonie des Westens auf epistemologischem Gebiet verbreitet das Denken aus diesem Raum, macht es hörbarer als andere Denkweisen, ist aber dennoch außerstande, ihm einen universellen Charakter zu verleihen.

Die Unzufriedenheit und die Frustration über diese Situation führen dazu, dass der Begriff Feminismus im Süden der Sahara noch heute abgelehnt wird und, was viel schlimmer ist, dass schädliche Praktiken kulturalistische Anerkennung erfahren. Die Frauen dort wollen sich von den westlichen Frauen abgrenzen, aber nicht, weil es wirklich nichts zu teilen gäbe, sondern weil diese nicht zuhören und die Besonderheiten missachten. Wie wir wissen, bekennen sich die Unterdrückten machtvoll zu den Aspekten ihrer Kultur, die von den Unterdrückern verunglimpft werden, ungeachtet der Gefahr, dass aus identitären Auswüchsen neue Theorien entstehen. Alles hätte sich anders entwickelt, wenn die Frauen der Welt von Anfang an nur das Leiden unter der Phallokratie zu ihrer Gemeinsamkeit erklärt hätten. Nur das und nicht die politischen Verhältnisse, die für die einen wie für die anderen aus der Geschichte entstanden sind. Jede Frau steht anderen gegenüber, hinter sich ihren Mann und ihre Vorfahren, das, was sich zwischen ihnen abgespielt hat. Jede kommt aus ihrem Kontinent auf die anderen zu, mit dem Platz, den dieser Kontinent infolge der Geschichte einnimmt, die zwischen den Völkern stattgefunden hat. So sind es nicht mehr die Frauen, die sich gegenüberstehen. Wäre dies der Fall, könnten sie sich leicht finden, könnten sie ihre gemeinsamen Gegner benennen und miteinander vereinbaren, wie sie zu besiegen wären. Der Sieg wäre gewiss, wenn es möglich wäre, dass alle Frauen der Welt sich die Hand geben, wenn ihre Verbindung nicht die von Reiterin und Stute wäre, wenn der vorgebliche Universalismus eines Teils von ihnen nicht erneut zu Dominanz führen würde.

Wie kann man sich gegen ein System auflehnen und behaupten, es zerstören zu wollen, wenn man nur einen Begriff ethnisiert, der den Frauen erlauben soll, nicht das System zu überwinden, sondern darin denselben Platz einzunehmen wie die Männer? Das ist ein wenig das Problem, vor dem die Feministinnen des afrikanischen Kontinents letztlich stehen. Diese Schwierigkeit wollte Clenora Hudson-Weems beseitigen, als sie den *Africana Womanism* vorschlug:

> *Feminismus ist ein von Weißen Frauen geprägter und übernommener Begriff, dessen Agenda für die Bedürfnisse und Forderungen eben dieser Gruppe bestimmt ist (…). Es ist jedoch problematisch, die Geschichte aller Frauen der Geschichte der Weißen Frauen unterzuordnen, die damit die entscheidende Position einnehmen. Tatsächlich zeigt dies den Gipfel rassistischer Arroganz und Dominanz, denn es legt nahe, dass die einzig wahre weibliche Aktion bei den Weißen Frauen liegt.*[11]

Clenora Hudson-Weems äußert sich aus ihrer historischen und sozialen Position heraus, als afrodeszendente Frau in den USA, wo die Geschichte des Feminismus, wie sie in dem zitierten Werk darlegt, mit der des Rassismus verbunden ist. Für sie sind die USA auch ein Land, in dem diejenigen Schwarzen Frauen, die das Konzept übernommen haben, dies nur wegen ihrer Ausgrenzung in der Gesellschaft taten. Durch den Bezug auf diesen Begriff, vor allem in den universitären Einrichtungen, hätten sie eine gewisse Legitimität erlangen können.[12] Das Projekt des *Africana Womanism*, wie sie es versteht, ist keine Alternative zum Feminismus. Es handelt sich um eine völlig andere Theorie, die die afrodeszendenten Frauen zunächst in einer Abstammung, einer Identität, einem geschichtlichen Werdegang und in der Verteidigung der Familie verankert und dann, als Erweiterung, in der afroamerikanischen Gesellschaft. Die *africana womanist*, die die gleiche Unterdrückung erlebt wie ihr Partner, stellt sich diesem nicht entgegen. Es ist also eine Theorie, die den Zusammenhalt einer unterdrückten Gruppe bewahren und den Frauen ihren Platz und ihre Kompetenzen in dem Kampf aufzeigen soll.

Angesichts des Ortes, von dem aus Clenora Hudson-Weems spricht und den sie verteidigen will, haben wir es nicht mit einem Kampf um die Macht als solche zu tun, der nur ein Streben nach Dominanz wäre. Wenn hier nach Macht gestrebt wird, dann nach der Macht, sich selbst zu bestimmen, wie man an den Prinzipien sieht, die die Theoretikerin von *Africana Womanism* vorschlägt. Ihre Theorie ist eine Überlebenspraxis in einem feindlichen Territorium, dem man nicht entkommen kann, denn es ist inzwischen ein Land der Vorfahren, der Ort einer identitären Verankerung. Im Grunde gleicht *Africana Womanism* dem, was viele Frauen der Subsahara suchen: ein Instrument, um ihr Frausein in all seinen Dimensionen auszuleben. Die Möglichkeit, sich so zu verwirklichen, wie man es im Augenblick möchte. Eine aktive Spiritualität. Eine Verbindung mit dem Mann, der der bevorzugte Partner ist, mit dem man eine Familie gründet, mit dem man eine Gesellschaft aufbaut oder gar eine Nation. *Africana Womanism* ist eine Art und Weise, modern zu sein, ohne seine Wurzeln in der Tradition zu kappen, eine Lebensweise, die es den Frauen erlaubt, die Beschützerinnen zu bleiben, die sie nach einem Konzept, das früher viele Völker der Subsahara teilten, immer waren und sind. Hier Frau zu sein heißt Hathor, die Verführerische, die Mütterliche zu repräsentieren. Das heißt auch Sekhmet zu sein, das andere Gesicht der Göttin, das Gesicht der erbarmungslosen Kriegerin. Aber in der Rolle von Sekhmet, der Gottheit, deren Name »die Mächtige« bedeutet, steckt auch die Heilerin. Wie stark sie auch sein mag, in ihr dominiert das Weibliche.

Der Feminismus tritt häufig in einen Konflikt mit dem Weiblichen, auf das er herabzusehen scheint. Er ist vor allem die Suche nach Gleichberechtigung zwischen Frauen und Männern in einer Umgebung, aus der diese Doktrin hervorgegangen ist: einem imperialistischen und kapitalistischen Milieu. Bevor die diversen Richtungen entstanden, die wir heute kennen und die sämtliche Farben der politischen Palette abbilden, bevor die verschiedenen Wellen aufeinanderfolgten, deren nächste sicher nicht lange auf sich warten lässt, hat der Feminismus den Frauen erlaubt, in der Raubtiergesellschaft selbst munter um Vorherrschaft zu kämpfen. Sicher, es ging um das Wahlrecht, das Recht auf Arbeit, das Recht, alles studieren zu können, das Recht, nicht schwanger zu sein, um Karriere machen zu können, und so weiter. Aber vor allem ist es das Recht, sich zu rüsten, um in den kapitalistischen Wettbewerb einzusteigen, dem Nachbarn Steine in den Weg zu legen, um zu unterwerfen, auszubeuten, zu plündern. Das alles kann man von einem Schreibtisch aus machen, man muss nur die Möglichkeit haben, dort zu sitzen, in den Verwaltungsrat internationaler Konzerne gewählt zu werden, die aus fernen Ländern Rohstofflieferanten, große Märkte und Müllhalden machen.

Die Frauen, die den Feminismus entworfen haben, sehen nicht ein, warum ihnen all diese Spiele versagt sein sollen. Sie fordern nicht das Ende der Okzidentalität*, dessen Juwel sie sind: Die Schätze, die man den eroberten Welten entriss, wurden ihnen zu Füßen gelegt, deren Völker dienten ihrem Komfort, ihrer Eitelkeit und ihren Launen. Die Frauen, die den Feminismus erfanden, wurden zum Modell der Weiblichkeit erhoben. Sie wollen am zivilisatorischen Werk teilhaben, in den Annalen der Größe erwähnt werden, denn die Quintessenz dessen, was sich in einer nicht auf Dominanz verzichtenden Gesellschaft entwickelte und konkretisierte, soll fortbestehen. Die meisten politisch engagierten Frauen des Westens, die heutzutage aktiv am Erhalt des Imperialismus, des Kapitalismus und des daraus entstehenden Rassismus mitwirken, nennen sich Feministinnen, ohne die Grundlagen des Systems infrage zu stellen. Wenn es bekämpft wird, dann vielleicht von Männern, und die Frauen, die sich einem Gegenprojekt anschließen, tun es zunächst als Individuen. Ganz normale westliche Frauen, die nicht Politikerinnen sind oder Konzerne leiten, durchstreifen genau wie die Männer, denen sie gleich sein wollen, die Länder des globalen Südens, um sich den Freuden des Sextourismus hinzugeben. Dank dem symbolischen und materiellen Kapital, über das sie dank der Geschichte verfügen, können sie folglich bestätigen, dass die Männer, denen sie gleichen wollten, die ihrer unmittelbaren Umgebung sind. Die Elenden, die sie bezahlen, sind andere, sind

* Siehe Léonora Miano, *Afropea. Utopie post-occidentale et post-raciste*, Grasset, Paris 2020.

Sohn, Bruder und oft Ehemann von Frauen, die keine Schwestern sind und auf keinen Fall als solche angesehen werden dürfen.

Niemand denkt an sie, an diese Frauen im Schatten von Männern, die als Lustobjekte dienen. Die Frauen, denen diese Männer Gewalt antun werden, um sich durch diesen Handel nicht gänzlich entwertet zu fühlen. Die Frauen, von denen diese Männer sich nur abwenden können. Die Frauen, die diese Männer verachten, die diese Männer verlassen werden. Da preist niemand die Schwesternschaft zwischen den Frauen der Welt. Tatsächlich wird sie nur erwähnt, wenn manche Frauen die Sklaverei, die Kolonialisierung und die Asymmetrie in den Beziehungen zwischen den Regionen der Welt und deren Auswirkungen auf sie selbst anführen. Es wäre nicht schwesterlich, das Thema von *They Were Her Property* anzusprechen. In diesem Buch über die weibliche Seite der kolonialen Sklaverei zeigt die Wissenschaftlerin Stephanie E. Jones-Rogers, dass die Amerikanerinnen europäischer Abstammung, die oft vom Grundbesitz ausgeschlossen waren, als wichtigstes Kapital ihre Sklaven beiderlei Geschlechts besaßen.[13] Das eifrige Beschwören der Schwesternschaft in unseren Tagen ist oft nur ein Trick, damit die Ungleichheit zwischen Frauen – auch die soziale innerhalb eines Landes – ebenso wenig analysiert wird wie die absolute Dominanz der Siegerinnen einer Geschichte, die die anderen herabgesetzt und arm gemacht hat.

Doch was von Schweigen verdeckt wird, kann nicht überwunden werden. Ganz im Gegenteil, es hält sich, findet vielfältige Ausdrucksformen und verfestigt sich. Es wird zur geltenden Regel, zu einer Norm, so dass es gar nicht mehr wahrgenommen wird. Was von diesem Schweigen zugedeckt wird, ist klar: die Tatsache, dass die Okzidentalität als System nicht anders kann, als Frauen, die aus der Subsahara stammen, in einem subalternen Status gefangen zu halten. Nur als Erniedrigte tragen sie zum Funktionieren des Systems bei. Doch wo kann dann der Reiz dieses Feminismus liegen, der doch aufgrund seiner Grundlagen und des politischen Ortes seines Entstehens außerstande ist, die Frauen einander näher zu bringen? Er kann sich vielen Fragen nicht stellen, ohne zu zerfallen und bestenfalls eine noch fruchtbarere Form hervorzubringen. Deren Ausgangspunkt, die konkrete Übersetzung einer anderen Sprache, wäre die Beziehung zwischen Frauen in allen ihren Aspekten. Das hieße nicht, eine zusätzliche Ideologie, einen weiteren »ismus« zu entwickeln, sondern eine Praxis zu etablieren, die getragen ist von Respekt, Empathie, vom Willen, die andere zu würdigen, deren Erfahrung als Quelle des eigenen Lernens anzunehmen. Ein solcher Ansatz würde voraussetzen, dass als vorrangiges Ziel die Gleichheit unter Frauen gesetzt wäre, zunächst im Denken und in den Repräsentationen. Das bedeutet für die Frauen, deren Stimmen sich durchsetzen, weil sie aus einem Raum stammen, dem ihre Männer zur Dominanz verholfen haben, jede überlegene Haltung aufzugeben, es bedeutet Dezentrierung und bei dem zu entwickelnden Projekt die Frage nach der Gültigkeit für alle Frauen. Für die Frauen, deren Stimme erstickt war und ist, bedeutet es, die eigene Sprache und ihr Selbstbewusstsein zurückzuerobern, um ihr Wissen und ihre Besonderheiten geltend zu machen, es bedeutet, einen legitimen Platz in der Vorstellungswelt und im Bewusstsein der Völker zu beanspruchen. Wenn es den Frauen nicht gelingt, das Ungleichgewicht untereinander zu beheben, scheint es aussichtslos, andere Ziele zu verfolgen.

Durch die Korrektur des Verhältnisses der Frauen untereinander, durch die Suche nach heilenden Maßnahmen – im Hinblick auf die Verbrechen der Geschichte und der allgemeinen Ungleichheit – sowie durch konkrete Solidarität hätten die Frauen der Welt die besten Chancen, die Unterdrückungsstrukturen zu zerstören, indem sie zuerst ihre eigene Kraft stärken und nicht die Eroberung männlicher Bastionen als wichtigsten Grundsatz postulieren. Diese Sicht gilt im Übrigen für jede herabgesetzte Kategorie und selbstverständlich für die Nationen und die Weltregionen, die vom Finanzimperialismus bedrängt werden. Ein universeller Feminismus wäre wünschenswert, aber ein von der Okzidentalität gelenktes Umfeld kann nichts hervorbringen, was für alle von Vorteil ist. Deshalb ist die Voraussetzung für jede positive Entwicklung die Zerstörung der Okzidentalität, also der Anfang vom Ende einer Welt, die nur Sextouristinnen hervorgebracht hat, die in ihren Ländern immer noch nicht dieselben Löhne bekommen wie die Männer, aber sehr zufrieden mit den Ausgleichsmöglichkeiten sind, die ihnen das System anbietet. Die Okzidentalität hat ihnen in der Geschichte die allzu leicht ergriffene Gelegenheit geboten, selbst Unterdrücker zu sein. Das war der größte Kampferfolg der westlichen Frauen, wenn man sich ihren Platz in der globalen weiblichen Arena anschaut. Schlägt man ein französisches Wörterbuch auf, um eine Grunddefinition des Begriffs *feminisme* zu suchen, wie es ein junges Mädchen tun könnte, findet man zwei Erklärungen. Die erste entspricht der deutschen Bedeutung: soziale Bewegung, die die Emanzipation der Frau, die Erweiterung ihrer Rechte im Hinblick auf die Gleichstellung mit dem Mann zum Ziel hat, vor allem juristisch, politisch und wirtschaftlich; dazugehörige Doktrin, Ideologie. Die zweite, biologische Definition lautet: Das Vorhandensein weiblicher sekundärer Geschlechtsmerkmale bei einem Individuum männlichen Geschlechts.

Die zweite Bedeutung ist inzwischen in Vergessenheit geraten. Die erste verweist auf den Ausgangspunkt des Feminismus. Das Wörterbuch erklärt nicht, wo er herkommt, weil es sich vor allem auf eben diesen Ausgangsort bezieht. In dieser Definition gibt es nichts, dem man von vornherein widersprechen wollte. Aber die Frauen, die sich für dieses Vorhaben engagieren, verlangen nicht, dass eine alte Ordnung wiederhergestellt oder aktualisiert wird, die ihnen erlaubte, einen bedeutenden Platz in der Gesellschaft einzunehmen. Sie wollen Autonomie erlangen, Rechte, die ihnen noch nie gewährt wurden. Die Art männlicher Herrschaft, die über sie ausgeübt wird, ist nicht genau dieselbe, wie die, unter der andere Frauen leiden, die Frauen der Subsahara zum Beispiel, deren Erfahrungen uns hier interessieren. Auch sie leben in patriarchalischen Umgebungen, aber diese sind vielfältig und oft sehr unterschiedlich. Seit der Antike gab es in allen Gegenden des vorkolonialen Subsahara-Afrika jede Menge Herrscherinnen und Kriegerinnen und auch Matrilinearität, die in manchen Ausprägungen den Frauen etwa das Recht gab, den Kindern ihren Namen zu geben, was den Französinnen erst am Ende des 20. Jahrhunderts gewährt wurde.

Zahlreiche subsaharische Gesellschaften, auch solche, die manchmal besonders brutal gegenüber den Frauen waren, erlaubten ihnen, eine Tätigkeit mit einem Einkommen auszuüben, das sie ganz für sich behalten durften. Um dieses Recht zu verteidigen, widersetzten die Frauen sich häufig den ihnen auferlegten Kolonialsteuern, etwa in Nigeria, Kamerun, Ghana oder Togo, um nur einige Länder zu nennen. Es gab viele Frauenzirkel, geheim oder nicht, einige davon besaßen durchaus Macht. Was sie sagten, hatte in der Gemeinschaft Gewicht. Nicht wenige vorkoloniale Bantu-Gesellschaften gewährten den Frauen die gleiche sexuelle Freiheit wie den Männern, sogar nach der Hochzeit. Mein Vater hat mir davon erzählt und auch erklärt, dass es in meiner Gemeinschaft gern gesehen wurde, wenn eine junge Frau ein Kind bekam, bevor sie heiratete. Das bedeutete, dass sie eine richtige Frau war, die die Lust kannte.

Natürlich vergewisserte man sich so auch ihrer Fruchtbarkeit, und wahrscheinlich machte diese alte Sitte die Dehnungsstreifen zu einer Zierde auf dem Körper der Frau. Sie können in der Pubertät auftreten, häufiger aber nach einer Entbindung. Wichtig ist hier, dass eine unverheiratete Mutter keineswegs abgewertet wurde. Das Neugeborene als Produkt einer Jugendliebe wurde »Kind der Spaziergänge« genannt und galt nicht als Schande. Noch einmal, wir wollen nicht das alleinige Argument der Kultur anführen, um die Unangemessenheit des Feminismus für den subsaharischen Kontext zu belegen. Es geht vielmehr darum, deutlich zu machen, dass sich trotz der Gemeinsamkeiten, die niemand leugnet, die weiblichen Erfahrungen und Erinnerungen, der Blick der einen auf die anderen, mehr noch der

Status der einen und der anderen unterscheiden, weshalb eine eigene Sprache, eigens dafür geschaffene Systeme für den Kontinent nötig sind. Ausgehend von subsaharischen Geschichten eine andere Sprache zu entwickeln, ist ein erster Schritt hin zu diesem Ziel. Diese Geschichten wollen wir hier mit anderen teilen, sie sollen auch zum Nachdenken anregen und verschiedene Themen ansprechen, die mit dem Erleben von Frauen zu tun haben.

Schöpferische Lust

Im Unterschied zu der Zulu-Prinzessin Mkabayi und der Swasi-Königin Labotsibeni, die wir erwähnt haben, hat die Frau, an die wir nun erinnern wollen, keinen Namen. Das mag seltsam anmuten, verleiht ihr der Mythos doch königlichen Rang. Man kann den Mythos aber auch anders lesen und jeder Frau die Macht dieser einen übertragen, die keinen Namen trägt, weil sie uns alle einschließt. Vor langer Zeit, als die Welt noch nicht vollendet war, weil sich sonst nicht hätte ereignen können, was wir erzählen wollen, trug sich Folgendes zu: In einem Land im Osten von Subsahara-Afrika, das viel später Ruanda werden sollte, sehnte sich die Königin nach ihrem Gemahl, der, wie damals so oft, ausgezogen war, um sich als Krieger hervorzutun. Man weiß nicht, ob eine Schwester, eine Freundin oder eine Dienerin Ausschau halten sollte, um Bescheid zu geben, wenn der Mann zurückkäme. Auf jeden Fall begnügte sich die Einsamkeit nicht damit, den Geist der verlassenen Gattin zu martern, sie piesackte auch ihre Sinne. Und anders als jene gern behaupten, die reden, ohne zu wissen, ist das Fleisch keineswegs schwach, sondern eine despotische Macht. Die Herrscherin musste sich den gellenden Rufen ihres Körpers beugen. Sie musste ein Mittel finden, um das Feuer zu löschen, das nur noch eine ausgebrannte Hülle von ihr übrig zu lassen drohte, wo es doch so wichtig war, frisch und munter zu bleiben, um jederzeit den ruhebedürftigen Kriegergemahl zu empfangen. Sie folgte also nur ihrer Pflicht, wählte einen ihrer Leibwächter und gebot ihm, wie es sich für eine Königin ziemt, sie auf der Stelle zu erleichtern. Es ist nicht überliefert, aber die Vermutung liegt nahe, dass ihre Wahl auf einen Mann von angenehmem Äußeren fiel. Sie hatte genug Zeit gehabt, ihre Wachen zu begutachten, jung und kräftig waren sie, mit gestähltem Körper, ausdauernd und von jener Gelassenheit, die ein heißblütiges Temperament verbirgt.

Über den Wunsch einer Königin diskutiert man nicht, der Auserwählte musste zu ihr gehen und sich unterwerfen. Das war nicht ganz ungefährlich. Und wenn er sie nicht befriedigen könnte? Sie war eine Frau, aber nicht irgendeine. Welches Schicksal wäre ihm bestimmt, wenn er nicht ihren Erwartungen entspräche? Schließlich war es das erste Mal, dass ein Mann seines Standes zu dieser Aufgabe berufen wurde. Und was würde der König sagen, der jederzeit zurückkehren konnte? Sein Leben hing am seidenen Faden … Viele Fragen quälten den jungen Mann, der es nicht schaffte, seinen immerhin steifen Penis in die dazu bestimmte Öffnung einzuführen. Von seinen Vorahnungen geplagt, konnte er das Zittern seiner Hand nicht beruhigen und tätschelte ungewollt die Vulva der Frau, die geschwollene Klitoris und auch die »kleinen Lippen«, so benannt von denen, die im weiblichen Geschlecht einen Mund sehen, der bereit ist, sie zu verschlingen. Die unfreiwilligen Liebkosungen des jungen Mannes blieben nicht ohne Wirkung. Die Königin quoll über vor Lust, und aus dem Strom ihrer Säfte entstand der Kivusee. Natürlich ließ sich dieses Ereignis nicht geheim halten. Alle Frauen der Umgebung wollten die gleiche Glückseligkeit erfahren. Sie genießen sie bis zum heutigen Tag.

Wenn man heute von Ruanda spricht, wird diese sexuelle Praxis oft erwähnt. Die Veränderungen des weiblichen Körpers – *Gukuna** –, die daraus entstanden, sind auch in vielen anderen Ländern vom Westen bis Osten des subsaharischen Raums und im südlichen Afrika bekannt.** Besondere Aufmerksamkeit genießt aber die ruandische Art. Der Mythos ist ebenso amüsant wie rätselhaft. Wir würden gern diese gedehnten kleinen Schamlippen und die geschwollene Klitoris sehen, die massiert wird, um die Lust der Frauen hervorbrechen zu lassen. Wir würden uns gern in die Schlafzimmer schleichen, die Handgriffe beobachten, die geeignete Technik, mit der die Frauen die Spitze des erigierten Glieds zwischen Zeige- und Mittelfinger halten. Aber was will uns der Mythos eigentlich sagen? Die Zusammenarbeit der Frauen mit der Schöpfergottheit beschränkt sich nicht auf die Mutterschaft. Ihre Zufriedenheit verschönt die Welt, die durch sie erst existiert. Der Mythos besagt auch, und das verdient besondere Beachtung, dass der stärkste weibliche Orgasmus nicht unbedingt durch Penetration erreicht wird. Was bedeutet dieses Wissen in einer Gesellschaft, in der alle Macht dem Mann gehört? Man weiß nicht, wie es zu der

* Dehnung der kleinen Schamlippen, Reibung der Klitoris, um sie anschwellen zu lassen.

** Die »Hottentottenschürze« wurde hinreichend beschrieben. Es gibt Kupferstiche von Charles Lesueur in der Zentralbibliothek des Muséum national d'Histoire naturelle in Paris. Diese Makronymphie kann natürliche Ursachen haben und nach einer Entbindung auftreten.

unbestimmten Epoche des Anfangs darum stand. In der ruandischen Gesellschaft, wie wir sie kennen, einer patriarchalischen, patrilinearen und patrilokalen Gesellschaft darf die Frau die Lust nicht um ihrer selbst willen suchen. Wenn es so wäre, wäre die Sexualität der Frauen ebenso frei wie die der Königin in der Legende, die sich Lust erlaubte, ohne die Rückkehr ihres Gatten abzuwarten. Wer in ihre Fußstapfen treten will, sollte nicht als »leichtes Mädchen« angesehen werden, das außerstande ist, seine Sinne in Zaum zu halten.

*Kunyaza**, die Stimulierung der Klitoris und der Vulva durch den Mann, ist vorgeschrieben, um den Fluss der Vaginalsekrete zu fördern. Damit glaubt man, die Entbindung zu erleichtern und das Neugeborene zu stärken. Man kann sich ohne Weiteres vorstellen, dass die Frauen, vielleicht sogar Hebammen, dieses Märchen über die Leichtigkeit des Gebärens in die Welt gesetzt haben. So hatten sie ihren Frieden. Die jungen Mädchen, die jungfräulich in die Ehe gehen sollten, entdeckten miteinander ihre Körper und ihre Lust durch Massagen, die sie auf den Geschlechtsakt vorbereiteten. So übten sie untereinander die Handgriffe der Liebe. Die Befriedigung des Mannes war zwar das erklärte Ziel dieses Unterrichts, die der Frauen kam aber zuerst. *Gukuna* wurde von der Kirche bekämpft, sie sah darin eine Form der Selbstbefriedigung, gegen die Sitten verstoßende Onanie. Für das Christentum war der Körper gleichbedeutend mit Sünde, und viele evangelisierte Ruanderinnen schämten sich, nachdem sie, wie es ihre Tradition vorsah, die Rituale vollzogen hatten, die sie zu Frauen machten.

* In Uganda heißt es *Kachabali* und in Kivu (DR Kongo) *Lunganga*.

Und natürlich schämten sie sich auch, weil sie eine Lust genossen hatten, die nicht der Fortpflanzung diente. Was eine von Männern beherrschte und noch dazu evangelisierte Gesellschaft aus diesem Mythos machte, ist nicht verwunderlich. Der Ursprung dieser Legende muss vor der gesellschaftlichen Ordnung liegen, die die Frauen strengen Zwängen unterwarf. Sie wurde unermüdlich weitergegeben und schließlich mit der Mutterschaft verbunden. Das war die Garantie für ihr Fortdauern im Gedächtnis der Frauen. Natürlich ist das reine Spekulation, aber der mündliche Text lädt zu dieser Deutung ein. Die Lust der Königin kommt nicht von ihrem Mann und führt nicht zur Zeugung von Nachwuchs. Es ist eine auf verschiedenen Ebenen transgressive Lust: Sie wird nicht in einer erlaubten Beziehung bereitet, sie ist nicht durch Liebesgefühle gerechtfertigt, sie betrifft nur die Frau, nicht den Partner, der mit seinen Sorgen beschäftigt war und von dessen Spaß nicht die Rede ist. Was die Frau zur Welt bringt, ist von anderer Art als ein Kind. Niemand kann es in Besitz nehmen, es dem menschlichen Willen unterwerfen, seine eigene Nachkommenschaft darin sehen. Der aus der Ejakulation der Frau geborene See gehört nur sich selbst, gehorcht nur den Gesetzen seiner Natur. Es gibt verschiedene interessante Elemente in dieser Geschichte, in der die weibliche Lust eine souveräne Macht in Form eines Wasserlaufs hervorbringt. Das Wasser taucht in vielen Initiationsritualen weltweit als universelles Symbol des Lebens, der Fruchtbarkeit, aber auch der Erneuerung auf. In Subsahara-Afrika wurden Wasserläufe oft als zweitrangige Gottheiten angesehen, als Vertreter des höchsten Wesens in der sichtbaren Welt. Der ruandische Mythos erinnert vor allem daran, dass Subsahara-Afrika die weibliche Lust zu würdigen wusste. Genitalverstümmelung und der zuweilen anzutreffende Abscheu vor den weiblichen Sexualsekreten* verdecken eher die Tatsache, dass sexuelle Lust an vielen Orten der Subsahara auch für Frauen ein Recht ist. Jene Frauen der Subsahara, die in einer Umgebung sozialisiert wurden, in der die als männliches Organ geltende Klitoris** entfernt werden muss, brauchen sich also nur ihren Nachbarinnen zuzuwenden, um eine ganz andere Version der Geschichte zu hören. In manchen subsaharischen Gemeinschaften wird die Klitoris regelrecht vergöttert. Obwohl der ruandische Mythos wie auch die daraus entstandene Praxis den Mann einbezieht, wissen die Frauen natürlich, dass sie sich auch allein Lust verschaffen können, ohne so weit zu gehen, sich die kleinen Schamlippen zu dehnen. Heute, da Subsahara-Afrika von

* Dieser Abscheu vor Vaginalsekreten führt zwar nicht direkt zur Verstümmelung, jedoch dazu, dass die Frauen meist pflanzliche Mittel verwenden, damit die Schleimhäute austrocknen und sich manchmal auch die Vulva verengt. Auf diese Weise soll die Lust des Mannes gesteigert und ihm das Gefühl der ewigen Jungfräulichkeit der Frau vermittelt werden. Früher dienten diese Praktiken dazu, die Untreue der Frauen während der Abwesenheit ihres Gemahls zu verschleiern. In den Gemeinschaften, in denen sie heute noch zu finden sind, sollen sie die Lust der Frauen einschränken und für ihren guten Ruf sorgen. In diesen Völkern gelten Frauen mit starkem Ausfluss von – nicht-menstruellen – Sexualsekreten als leichtfertig und schnell zu erregen.

** Die Vorhaut wird demnach als weibliches Element angesehen, das man ebenfalls entfernen muss. Es wird wenig darüber gesprochen, aber auch die männliche Beschneidung wird von manchen als Verstümmelung empfunden. In beiden Fällen kann man die Grundlagen dieser Praktiken hinterfragen, wenn sie dem Ziel dienen, Mann und Frau einem klar definierten Geschlecht zuzuordnen. Viele Völker der Subsahara haben androgyne Gottheiten. Deshalb ist es verwunderlich, dass ein sichtbares Zeichen der Androgynie bei den Menschen als problematisch erscheint.

allen denkbaren Formen des religiösen Fundamentalismus vergiftet ist und ein Ethnozentrismus um sich greift, der die vermeintlichen »afrikanischen Werte« hochhält, die mit immer mehr Einschränkungen verbunden sind, ist es gut, dass wir uns die Geschichte dieser ursprünglichen Geysir-Frau in Erinnerung rufen, sie uns nicht nur erzählen, sondern aneignen, ja in uns aufnehmen, sie zu einem wertvollen Besitz machen, um im Bewusstsein unserer Bedürfnisse, unserer Rechte und unserer Macht durchs Leben zu gehen.

Die andere Sprache der Frauen, wie wir sie ins Auge fassen sollten, führt zuerst zur Kenntnis von uns selbst, zur Zufriedenheit darüber, wir selbst zu sein. Dazu bedarf es keiner äußeren Bezugspunkte, es geht nicht darum, sich mit dem Mann zu vergleichen. Vergleichen heißt schnell hierarchisieren. Dann definieren sich die Frauen, die sich im Verhältnis zu einem Individuum männlichen Geschlechts wahrnehmen, durch etwas Fehlendes oder durch Beschränkungen. In einer Perspektive, die man als *gynile** bezeichnen könnte, kann sich die Frau durch diesen Mythos ihrer Kompetenz bewusst werden, ihre Bedürfnisse und die eigene Macht über ihr Schicksal ermessen. Diese zeigt sich darin, dass die Frau sexuelle Frustration ablehnt und selbst die Initiative ergreift. Man könnte meinen, das sei selbstverständlich, aber das stimmt nicht ganz, man muss nur die Frauen

* Ich übernehme diesen Begriff von Louky Bersianik, um die Besonderheit des Weiblichen zu betonen, ohne deshalb das ganze Konzept der *Gynilité* zu übernehmen. Aus meiner Sicht gibt es zwar eine Spezifik des Weiblichen, aber die Frauen tragen in sich beide Pole, und das Weibliche erweist sich auch bei manchen Männern als dominant. In einem heterosexuellen Paar ist das männliche Element nicht immer der Mann. [AdÜ: Louky Bersianik versteht unter *Gynilité* eine anerkannte, akzeptierte und kreative Weiblichkeit.]

selbst fragen. Erlauben sie sich, mehrere Partner zu haben, seufzen sie oft: Wenn eine Frau das tut, ist sie eine Schlampe, aber bei einem Mann …

Die Frau aus unserem Mythos schert sich nicht darum, was die Gesellschaft erlaubt oder verbietet, und ebenso wenig darum, was die Leute sagen werden, die sich immer und überall gern ihren Teil denken. Diese Frau kümmert sich um sich, tut, was gut für sie ist, ohne ihren Ehemann zu »betrügen«, da sie ihm nicht schaden will. Sie ist frei, sieht sich nicht als Vertreterin einer Kategorie von Opfern der männlichen Dominanz. Sie triumphiert, indem sie sich der Wertung entzieht. Man mag einwenden, das sei einfach, wenn man Königin ist. Das stimmt, und einige subsaharische Gesellschaften haben den Frauen des Adels eine sexuelle Freiheit zugestanden, die einfache Frauen nicht hatten. Sie konnten dank ihrem sozialen Status die Anstandsregeln übertreten. Aber selbst in diesem Fall war es, wie wir noch sehen werden, möglich, dass diese Großzügigkeit gegen sie verwendet wurde. Heute fordern wir die Frauen jeder sozialen wie lokalen Herkunft dazu auf, mehr auf sich zu hören, sich um sich selbst zu kümmern. Im Hinblick auf ihre Sexualität taten das auch die ärmsten Frauen der Subsahara. Daran erinnert der togolesische Schriftsteller Samin Tchak:

> *Die importierten Religionen, der Islam und das Christentum, haben sogar den Gesellschaften, in denen weibliche Untreue geduldet, ja sogar dazu ermutigt wurde, neue sexuelle Normen aufgezwungen. Aber die Frauen sind nie zu dem geworden, was die Religionen und die Männer aus ihnen machen wollten.*[14]

Natürlich ist die Sexualität nicht das einzige Feld, auf dem wir für die volle Souveränität der Frauen und ihr Recht auf Entfaltung plädieren müssen. Aus verschiedenen Gründen ist es jedoch wichtig, damit anzufangen. Gerade in diesem Bereich ihres Lebens unterliegen Frauen sehr oft großen Zwängen. Zwar können sie, wenn sie studiert oder ein Unternehmen gegründet haben, einen sozialen Aufstieg schaffen, aber in ihrem Intimleben sollen sie trotzdem ihre Bedürfnisse unterdrücken, um ihren guten Ruf zu wahren und den ihrer Familie, ja ihrer Gemeinschaft nicht zu gefährden. Den Frauen, die den Eindruck machen, sie führten ein freies Sexualleben, geht es manchmal nur darum, den Männern zu gefallen und sie an sich zu binden, so dass auch ihre sexuellen Praktiken durch die männliche Lust diktiert werden. Zudem ist gerade auf diesem Gebiet der Konkurrenzkampf zwischen Frauen besonders erbittert, und die Triebfedern der männlichen Hegemonie liegen vor allem in der Art und Weise, wie sie einander wahrnehmen und behandeln.

Viele Männer, die sich bei den politischen und sozialen Rechten, also den Menschenrechten für Geschlechtergleichheit aussprechen, haben es in der Kunst der emotionalen Unterdrückung zu wahrer Meisterschaft gebracht, was in einer Umgebung, die der Rivalität zwischen Frauen Vorschub leistet, nicht schwer ist. Doch die Gewalt gegen Frauen beschränkt sich nicht darauf, dass man sie schlägt oder in einer subalternen sozialen Stellung festhält. Wie sie auf Herabsetzung reagieren, hängt zum großen Teil von ihrer Freiheit und der Bedeutung ihres Intimlebens ab. Die gesellschaftlichen Rollen, die den Geschlechtern zugewiesen werden, ergeben sich daraus, wie ihre Befugnisse und

Rechte im privaten Bereich wahrgenommen und verstanden werden. Das ist jedem klar. Diese gesellschaftlichen Rollen festigen sich und blockieren die Mechanik des Intimlebens, in dem eher ungleiche als komplementäre Beziehungen entstehen. Wahre Komplementarität würde doch bedeuten, dass ein ursprüngliches Gleichgewicht garantiert ist, etwa so, wie es für matriarchalische Gesellschaften beschrieben wird. Ein solches Gleichgewicht kennen wir aber nicht, welcher Ethnie wir auch entstammen mögen. Das Matriarchat, das nicht weibliche Dominanz meint, gehört zu längst vergangenen Zeiten, zu Epochen, in denen die organische Nation noch nicht den Staat hervorgebracht hatte und nicht unbedingt Herrscher einsetzte.

Es ist sehr unwahrscheinlich, dass die Menschheit den Weg ihrer Geschichte zurückgeht. Das heißt allerdings nicht, dass sie sich dafür entscheidet, die aktuellen Strukturen zu verewigen, und den Nationalstaat als bevorzugte Form der politischen Organisation festschreibt. Viele Argumente sprechen gegen ihn, angefangen bei der Tatsache, dass er sich zu großen Teilen auf einer a priori negativen Alterisierung des Fremden und mehr auf der Notwendigkeit, sich gegen dieses Fremde zu verteidigen, gründet, als sich in ihm zu erkennen, sich mit ihm zu verbinden. Der Nationalstaat ist oft durch Eroberung entstanden und wird auf unterschiedliche Art und Weise durch Kriege stabilisiert. Er ist eine archaische Form, die von Konflikten und Konkurrenz profitiert. Diese Konkurrenz ist seine zivile Manifestation, was sich auch in den sozialen und intimen Beziehungen beobachten lässt.

In seiner Ursprungsform erscheint der Nationalstaat während der neolithischen Revolution. Diese weit zurückliegende Periode (zehntausend Jahre vor unserer Zeit) ist für die Wissenschaftler die Zeit der Entwertung der Frauen und der Geburt der Ungleichheit zwischen den Geschlechtern. Für den Anthropologen Tamás Dávid-Barrett (Oxford) ermöglicht die Sesshaftwerdung der Menschen die Entwicklung bislang unbekannter Techniken, führt aber auch zur Verschlechterung der Ernährung (für die Frauen), zu Krieg, Hierarchisierung der Gesellschaft und männlicher Dominanz.[15] Die neolithische Revolution wäre demnach die Matrix der gegenwärtigen Welt. Obwohl andere Gesellschaftsformen weiterbestehen, wird das in dieser Epoche aufkommende Modell vorherrschend. Der Nationalstaat ist seinem Wesen nach eine Schöpfung der pervertierten männlichen Kraft. Er wird von Männern errichtet, die sich weigern, wie zuvor die Ressourcen zu teilen, und so die Frauen schwächen. Er wird auch von Männern gegründet, die nun von einem Territorium Besitz ergreifen und es verteidigen müssen, während sie vorher eine Einheit mit der Natur bildeten und je nach Jahreszeit und Bedürfnissen umherzogen. Für Jean-Paul Demoule, Professor für Frühgeschichte an der Universität Paris 1 Panthéon-Sorbonne, existiert Gewalt zwar seit Urzeiten, gibt es jedoch vor dem Neolithikum keine Spuren bewaffneter Konflikte:

> *Das frühste nachgewiesene Massaker fand 11 000 vor unserer Zeitrechnung auf dem Territorium des heutigen Sudan, am Rand des Niltals statt. Dort wurden etwa sechzig Körper exhumiert, von denen die Hälfte von Pfeilen durchbohrt waren. Diese Grabstätte zeigt, dass eine Gruppe angegriffen worden war (...).*[16]

Die Sesshaftigkeit, durch die die Landwirtschaft und eine andere Art zu wohnen und zu bauen entstand, fällt also mit dem Aufkommen von Kriegen zusammen, wie sie die Menschheit zuvor nicht kannte. Sie bindet auch die Frauen an den Boden, also an den neuen Raum, der die Heimstatt, das Zuhause wird. Die Forschungen in diesem Bereich bestätigen, dass Ungleichheit zwischen Frauen und Männern nicht natürlich, sondern durch historische Entwicklungen entstanden ist. Wir können auch annehmen, dass die menschlichen Gesellschaften eine Vorliebe für die Rollenverteilung hatten, wie wir sie heute noch kennen, und dass die Frauen damit einverstanden waren. Ließ man sich in einer noch feindlichen Welt dauerhaft auf einem Territorium nieder, drohten Gefahren, die von der Natur oder von anderen Menschen ausgingen. Dann wurde vielleicht beschlossen, die körperliche Verteidigung des neuen Wohnsitzes zur Aufgabe der Männer zu erklären, die entsprechend zu ernähren waren und so weiter. Darüber äußern sich die Wissenschaftler noch nicht, aber wir geben zu bedenken, dass sich die Deregulierung des Männlichen vielleicht nicht allein aus einer Entscheidung der Männer ergab, sondern eine kollektive Entscheidung war, deren Folgen sich für die Frauen nicht absehen ließen.

Die Verherrlichung der als männlich wahrgenommenen Werte hat allerdings in den meisten Gesellschaften auch den Männern einiges Leid beschert. Sie dürfen nicht ihre Gefühle äußern und müssen kämpfen, erobern und herrschen. Opfer gibt es also auf beiden Seiten. Wenn man den Experten für diese fernen Zeiten glaubt, waren die Frauen zu Beginn des Neolithikums übrigens keine kleinen, zarten Geschöpfe. Sie warfen zum Beispiel den Speer und gingen auf die Jagd. Sie hätten sich also den Männern widersetzen, ihre Unterordnung ablehnen können, wenn sie sie als solche empfunden hätten. Allerdings geht die aktuelle Forschung, die den Platz der Frauen in den Gesellschaften vor dem Neolithikum rehabilitiert, nicht so weit zu behaupten, dass der weibliche Körper ebenso viel Testosteron produzierte wie der männliche, nämlich sechs bis sieben Mal so viel wie heute. In unseren Tagen unterscheidet aber gerade diese Testosteronproduktion die männlichen von den weiblichen Körpern, vor allem beim Sport. Man postuliert die rechtliche Gleichheit, erkennt aber die Ungleichheit auf anderen Gebieten an.

Die dem Neolithikum angelasteten Fehler verleiten nicht dazu, das Matriarchat vorzuziehen, ein System, in dem die Frauen nicht als sie selbst geschätzt wurden, sondern als Gebärende. Die in Subsahara-Afrika weit verbreiteten matrilinearen Gesellschaften behielten davon die Sakralisierung der Mutterfigur bei, stellten aber die Frauen teilweise unter die Vormundschaft der Männer, die die Macht ausübten, die die Frauen ihnen übertrugen, und das Land besaßen, das die Frauen bestellten. Hier müssen wir verstehen, dass die Vertreter beider Geschlechter ihre soziale Rolle ausgehend von dem erhalten, was sie zunächst in der Privatsphäre* sind, dass der private und der öffentliche Raum sich

* Wo die Frau zum Beispiel nur die Nutznießung des Bodens, nicht aber seinen Besitz beanspruchen kann, liegt das daran, dass sie heiraten wird und ihr Hab und Gut dann an den Mann fällt. Ihr Privatleben bestimmt also ihre gesellschaftlichen Rechte, beide Aspekte sind eng miteinander verflochten. Die Möglichkeit einer Heirat beraubt sie dessen, was dem Mann zusteht, der überdies mehrfach heiraten kann. In einigen Gesellschaftsmodellen geht das Haus an die Frau, weil sie Mutter sein wird.

gegenseitig beeinflussen und die Intimbeziehungen unter der gesellschaftlichen Ordnung leiden, wenn diese aus dem Gleichgewicht gerät. Wird etwa nicht die Weiblichkeit sakralisiert, sondern die Mutterschaft, die nur eine Eventualität ist, komplizieren sich in unserer Zeit die Beziehungen zwischen Mann und Frau. Da die Frau auf symbolischer Ebene vor allem Mutter ist, wird von ihr eine geradezu übernatürliche Fähigkeit erwartet, die Seitensprünge des Mannes zu ertragen, der im Grunde nur ein Kind sein kann. Das weibliche Prinzip befindet sich am Ursprung des männlichen, dem es vorausgegangen ist und das es aus eigenem Willen hervorgebracht hat. Die Frau ist – nach dem Vorbild Ekwa Mwatos – die Hüterin der Schöpfung und obendrein die konkrete oder spirituelle Zuflucht des Mannes. Was kann sie also schon von diesem erwarten?

Der strahlend helle Platz, der dem Weiblichen in vielen subsaharischen Kosmogonien zukommt, kann für die Frauen unserer Zeit zur Falle werden, wenn sie eine Beziehung mit bestimmten Männern eingehen, wie die Gegenwart sie ihnen bietet. Sprechen wir es ruhig aus: Es ist schwer, ein göttliches Paar mit einem von der Geschichte übel zugerichteten Partner zu bilden, der alle Souveränität über die Bereiche verloren hat, die ihm einst oblagen. Er ist nicht mehr jenes Alter Ego, das seinen Status erwarb, indem es seine Rolle als Zivilisator und Gestalter wahrnahm, sondern ist zu einem Unmündigen geworden. Er ist kein Erbauer mehr und macht aus seiner Gefährtin bestenfalls eine Amme, schlimmstenfalls eine Friedhofswärterin. Dieser Mann ist nicht mehr das menschliche Abbild des Gottes Ausar, er erwartet nur allzu oft, dass die Frau ihn, wie einst

Aset, in jeder Hinsicht neu zusammensetzt. Erinnern wir uns: Als Aset die Leichenteile ihres Gatten findet, die Seth in alle Himmelsrichtungen verstreut hat, fehlt eines. Die Genitalien Ausars sind verschwunden, und der Gott wird ohne sie wieder zum Leben erweckt. Heru, der Sohn des göttlichen Paars, mit dem er die später in andere Mythen übernommene Dreifaltigkeit bildet, wird Seth herausfordern und ihn entmannen.

Wenn sich der subsaharische Mann mit Ausar identifiziert, akzeptiert er seine Verletzlichkeit und Verstümmelung, die ihm ein Feind im Kampf zugefügt hat. Dann glaubt er an seine Auferstehung, die nur durch das weibliche Handeln möglich ist, das er also geschehen lassen muss. Dann akzeptiert er auch die Vorstellung, verloren zu haben, was die Genitalien symbolisieren, und die Macht in jeder Form teilen zu müssen. Identifiziert er sich mit Heru, den andere unter dem Namen Horus kennen, macht er es sich zur Pflicht, den Vater zu rächen. Dann erinnert er sich auch daran, dass dieser Gott allein aus dem Willen seiner Mutter geboren wurde. Da das Geschlecht ihres Mannes verschwunden ist, bringt die Göttin Aset ihren Sohn durch die Macht ihres eigenen Denkens zur Welt.* Es liegt bei den subsaharischen Männern, daraus Schlussfolgerungen zu ziehen und entsprechend zu handeln. Der gesunde Menschenverstand würde dazu raten, ein Gleichgewicht zu suchen, bei dem die Macht des einen die des anderen unterstützt, der eine im anderen

* Wegen dieser Empfängnis ohne Geschlechtsverkehr bringen manche Aset mit der Jungfrau Maria in Verbindung. Es gibt jedoch einen schwerwiegenden Unterschied: Die afrikanische Göttin wird durch die Macht ihres eigenen Geistes befruchtet.

Halt sucht. Wenn die Frau Aset gleichen soll, kann ihr Tun sich nicht darauf beschränken, nächtliche Ratschläge zu geben, damit der Mann allein die Ernte des Tages einfährt. Sie muss bei Nacht wie bei Tag handeln, anders geht es nicht. Gegen Angriffe von außen wird es manchmal vernünftiger sein, die Frau mit dem Handeln bei Tag zu betrauen. Das muss ohne unnötige Konfrontation geschehen, da das Ziel aller nur sein kann, den Kontinent neu zu beleben und seinen Platz in der Welt wiederherzustellen. Die subsaharischen Gesellschaften würden nichts gewinnen, wenn sie den Geschlechterkampf importierten, der anderswo herrscht, zum Beispiel in der afroamerikanischen Gemeinschaft. Dort gibt es Frauen, die die Solidarität mit den Männern aufkündigen, weil diese allzu lange die Hauptrolle gespielt hätten. Das geht so weit, dass sie die Teilnahme an den Demonstrationen nach dem Tod eines jungen Mannes mit der Begründung ablehnten, sie müssten ihre mentale Energie für die Frauen reservieren, von denen nicht gesprochen würde, wenn sie Opfer der Polizeigewalt würden.[17] Das haben wir nach dem Tod von Eric Garner erlebt und auch als George Floyd ermordet wurde, was bekanntlich weltweit für große Empörung sorgte. Die Aufrufe afroamerikanischer Frauen an ihre Schwestern, sich nicht an den Protesten zu beteiligen, fanden kaum Beachtung. Das Handeln von Gruppen afroamerikanischer Frauen, die sehr lautstark sind, wenn Männer ihrer Gemeinschaft sterben, sich aber gern von ihnen distanzieren, solange sie am Leben sind, wurde bisher selten hinterfragt.

Man kann alle möglichen Theorien aufstellen, um die Gründe für diese Haltung zu erklären. Auf jeden Fall zeigt sie ebenso wie viele andere Tatsachen, dass wir es mit einer langfristig gespaltenen, also geschwächten Gemeinschaft inmitten dieser nicht sehr freundlichen Umgebung zu tun haben. Dass diese Distanzierung im Fall Eric Garner Gegenstand der Kolumne einer bekennenden intersektionellen Feministin war, beunruhigt auch im Hinblick auf die absehbare Ausrichtung der Beziehungen zu den Männern der Community innerhalb einer Gesellschaft, in der die Unterdrückung beide Geschlechter gleichermaßen trifft. Die Polizeigewalt fordert Opfer bei beiden Geschlechtern, sogar bei Kindern, sie trifft aber weit häufiger Männer, wie Statistiken zeigen. Alle Toten sind zu betrauern, aber jedes Jahr werden durchschnittlich zweihundert Schwarze Männer und bis zu zehn Schwarze Frauen von der Polizei getötet.

Was wird aus einer Gruppe von Menschen, wenn die Frauen vergessen, dass sie auch die Jungen zur Welt bringen? Auch wenn die Männer keine Gefährten mehr sind, so bleiben sie doch Söhne, Brüder, Väter. Was wird aus einem Volk, in dem die Männer so viel Argwohn bei den Frauen wecken, dass sie sich nicht einmal mehr die Trauer und vor allem die Forderung nach Gerechtigkeit teilen? Wollen wir uns von einer afroamerikanischen Community des 21. Jahrhunderts inspirieren lassen, in der die Frauen verkünden, Schwarze heterosexuelle Männer seien Vertreter der *Whiteness*? Wir sagen, dass man diese Männer auch lieben muss, wenn sie am Leben sind, und nicht nur die Faust heben soll, wenn sie sterben, dass man sich nicht von ihrer Leiche und den Frauen ihrer Familien abwenden darf, nur um selbst im Licht zu stehen. Die Männer wiederum reagieren mit Ablehnung und sprechen zum Beispiel von *Black Gynarchy*.

Das alles ist zum Verzweifeln, und es ist der sicherste Weg in eine kollektive Niederlage. Auch wenn man darin nur eine Etappe auf dem Weg dieser Gruppe sieht, ist sie gefährlich und kann viel zerstören. Diese Frauen, deren Einfluss aus verschiedenen Gründen beträchtlich ist, möchte man an die Worte der Dichterin und afroamerikanischen Aktivistin Audre Lorde erinnern:

> *Um unsere alltägliche Unterdrückung zu beenden und eine tragfähige Zukunft für uns alle zu ermöglichen, sollten wir als Schwarze unbedingt zusammenarbeiten. In diesem Zusammenhang ist es unbedacht zu glauben, dass in einer von weißen, männlichen Privilegien beherrschten Gesellschaft allein der Schwarze Mann für die oben beschriebene Situation verantwortlich zu machen wäre. Dennoch – damit er erkennt, dass Sexismus und Frauenhass seiner Befreiung in keiner Weise zuträglich sind, muss sein Bewusstsein dafür geschärft werden.*[18]

Audre Lorde, bekennende Lesbe und Feministin, verstand, wie wichtig Zusammenhalt für Minderheitengruppen ist, vor allem für ihre Community, obwohl diese ihre sexuelle Orientierung ablehnte. Unermüdlich eröffnete sie mit ihren Büchern und ihren Vorträgen neue Dialogräume. Sie war überzeugt, dass Schweigen stärker trennt als Unterschiede, deshalb tat sie alles, um es zu brechen. Was sie für die afroamerikanische Community empfahl, behält auch über diese Gruppe und die intergeschlechtlichen Missverständnisse hinaus seine Gültigkeit. Im Grunde gilt es für alle Probleme, die die Menschheit insgesamt spalten. Eine Situation wie die der afroamerikanischen Bevölkerung im 21. Jahrhundert wäre in den Ländern der Subsahara katastrophal, denn sie müssen ihre Moderne noch aufbauen, ihre künftige Geschichte noch schreiben. Die Frauen der Subsahara wissen, was manche Afroamerikanerinnen aus dem Auge verloren haben: Nirgendwo auf der Welt, und erst recht nicht in den von der Geschichte misshandelten Gruppen werden sich die Frauen dadurch erheben, dass sie die Männer herabsetzen. Aber auch in Subsahara-Afrika können die Frauen beklagen, dass sich die Männer viele Positionen angeeignet haben. Ihr Wille ist, den Platz wiederzuerlangen, den sie früher im gesellschaftlichen Leben einnahmen, die Stimme, die sie hatten. Sie wollen, dass ihnen der Anteil an der Macht gewährt wird, der ihnen zusteht, wenn sie bereit sind, die Rollen von Ekwa Mwato und Aset einzunehmen. Die Männer sollten diese Forderung vorwegnehmen, nicht die Frustration wachsen lassen, die blinde Vorbehalte nähren würde.

Derzeit spielen die Männer der Subsahara ein gefährliches, manchmal verheerendes Spiel, weil sie den Anschein politischer Macht und militärischer Stärke wahren und damit häufiger ihrem Volk Gewalt antun, als sich gegen Aggressionen von außen zu wehren. In diesem Kontext, in dem die Männlichkeit zur unheilbaren Krankheit geworden ist, weil die Männer nicht das vollständige Eigentumsrecht über das von ausländischen Interessen okkupierte Land zurückgewonnen haben, soll die Mutterschaft – als edelster Ausdruck des weiblichen Charakters – als regulative Kraft wirken. Das geschieht durch Einschränkung der weiblichen Lust, durch Unterwerfung der Bedürfnisse der Frauen unter die der Männer, jener Kinder, von denen die Mutter alles hinnehmen soll. Denn die Gemeinschaft, deren tugendhaftes und würdevolles Bild man durch die den Frauen auferlegte Zurückhaltung bewahren muss, droht keineswegs unterzugehen, wenn die Männer auf Abwege geraten. Die Gemeinschaft geht nicht zugrunde, wenn die Männer von anderen Männern besiegt werden, die sich ihr Land aneignen, ihren Glauben mit Füßen treten, die alten Sprachen zum Verstummen bringen, ihr Referenzuniversum plündern. Aber wehe ihr, wenn die Frauen unverhohlen sexuelle Lust empfänden.

Der ruandische Mythos besagt, dass diese Sichtweise in die Irre führt. Die Frau ist kein Eigentum des Mannes, die weibliche Lust ist per se fruchtbar, sie bedarf keiner besonderen Kontrolle, und es ist das Recht der Frauen, sie empfinden zu wollen. Nicht, um so frei zu sein wie die Männer, deren Verständnis und Ausübung von Freiheit man oft hinterfragen kann, sondern weil Frauen souveräne Individuen sind. Es ist zu hoffen, dass diese Einsicht heutzutage für die meisten von ihnen keine neue Entdeckung ist. Und es ist wichtig, dass Subsahara-Afrika, das als so rückständig gilt, der Welt schon vor langer Zeit genau diese Botschaft überbracht hat. Der Mythos unterschätzt nicht die deregulierte Hegemonie des Männlichen und ihre verheerenden Folgen. Ebenso jedoch wie zum Beispiel die Praxis des rituellen Hymen-Durchstoßens durch die älteren Frauen, um das junge Mädchen in die Gruppe der Frauen aufzunehmen[19] und zum geschlechtlichen Wesen zu erklären, das ein Sexualleben haben darf, gibt die Legende den Frauen die volle Verfügungsmacht über ihren Körper zurück und erinnert daran, dass er nicht allein zur Fortpflanzung bestimmt ist, dass seine Fruchtbarkeit noch andere Gesichter hat und dass sein Anteil an der Schönheit des Lebens nicht von der üblichen Vereinigung mit einem Mann abhängt. In der hier erzählten Geschichte ist die Königin eine begehrende Frau. Als solche und nicht als Mutter hinterlässt sie ihre Spuren in der Welt.

Verstoßene Rebellin

Die Frau, die uns nun interessiert, verdient es, als Revolutionärin angesehen zu werden. Im Gegensatz zu anderen, die berühmter sind und besonders beweihräuchert werden, beschränkte sich ihr Handeln nicht darauf, sich den Männern ebenbürtig zu zeigen oder ihnen ins Gehege zu kommen. Sie war keine jener Herrscherinnen, die nur lebten, um andere zu unterwerfen und herabzuwürdigen. Sie liebte ihre eigene Freiheit und wollte die Frauen des Volkes von der Knechtschaft befreien, unter der sie litten. Tassi Hangbe regierte Anfang des 18. Jahrhunderts in Dahomey (heute Benin). Sie war Schwester und Tochter von Königen. Als ihr Zwillingsbruder zum König ernannt wurde, vollzog man die Rituale auch für sie, da gemeinsam geborene Menschen als zwei Hälften einer Einheit galten. Nach dem Tod ihres Bruders König Akaba besteigt Tassi Hangbe den Thron, weil der Kronprinz noch zu jung zum Regieren ist. Als Zwillingsschwester des Verstorbenen ist sie gewissermaßen sein Double und verdrängt Dossou, ihren nach dem Thron schielenden jüngeren Bruder. So nimmt eine Frau in einer patriarchalischen Gesellschaft das höchste Amt ein. Hätte man ihr dieses Recht verweigert, wäre eine Weltsicht, wäre der Glaube eines ganzen Volkes infrage gestellt worden.

Als Regentin, nicht als Königin – wir wollen ja nicht übertreiben – gründet Tassi Hangbe die *Agoodjie*, das erste ausschließlich weibliche Korps. Die Europäer nannten diese Frauen »Amazonen von Dahomey« und stellten sie als Mannweiber dar, bei denen allein der Busen das Geschlecht verriet. Die *Agoodjie* bilden die Leibgarde von Tassi Hangbe, die ihnen mehr vertraut als den Männern. Es heißt, die Herrscherin habe in ihnen Töchter und Schwestern gesehen. An der Spitze ihrer Armee vertreibt sie erfolgreich die Angreifer des Königreichs und gewinnt den vor dem Tod ihres Zwillingsbruders begonnenen Krieg. Tassi Hangbe ist auch dafür bekannt, dass sie die Frauen emanzipierte, indem sie ihnen erlaubte, Berufe – meist handwerkliche – zu erlernen, die bisher den Männern vorbehalten waren. Unter ihrer Regentschaft erhielt das Volk auch Zugang zu Trinkwasser. Aber sie ist Frau in einer im Prinzip von Männern beherrschten Gesellschaft.

Ihr jüngerer Bruder Dossou, der später unter dem Namen Agadja regieren wird, zettelt ein Komplott gegen sie an. Tassi Hangbe wird der sexuellen Sittenlosigkeit bezichtigt. Sie soll Orgien veranstalten, die man sich in einem Roman unschwer als Vergnügungen unter Frauen vorstellen kann. Am meisten wirft man ihr vor, dass sie nicht lange verheiratet geblieben ist und ein freies, vor allem sexuell freies Leben führt. Sie gehört nur sich selbst, was ihr sehr gefällt und sie keineswegs daran hindert, ihre königlichen Pflichten zu erfüllen. Das kann man nicht dulden. Also werden Gerüchte verbreitet, die das Volk schockieren. Man ermordet ihren Sohn, um sie zum Rücktritt zu zwingen. Sie beugt sich. Reich geschmückt erscheint Tassi Hangbe zur

Feier des Thronverzichts, in deren Verlauf man ihre Würde als trauernde Mutter rühmt. Seit dem Tod ihres Sohnes hat sie keine Träne vergossen. Die Königin lässt sich von einer Frau aus ihrer Gefolgschaft einen Krug Wasser bringen und tut das Unvorstellbare, sie entblößt sich und wäscht sich in aller Öffentlichkeit. Auch ohne Worte käme dies einem Fluch gleich. Doch sie schweigt nicht, während sie ihr Sakrileg begeht. Sie brüllt, spuckt ihren Kummer und ihre Wut heraus, belegt ganze Generationen mit ihrem Fluch. Sie sagt Agadjas Niederlage gegen die Yoruba vorher, die tatsächlich eintreten wird. Alle Nachfolger der Königin Hangbe – Agadja, Tegbessou, Kpengla, Agonglo, Adandozan, Ghezo – behalten das Korps der *Agoodjie*, die ihren Kampfes- und Opfergeist als Kriegerinnen bewiesen haben. Über die Gründerin dieser Frauenarmee wird jedoch die *Damnatio memoriae* verhängt, die Verdammung des Andenkens. Erst König Ghezo wird sie rehabilitieren.

Von Agadja und den folgenden Herrschern wurden die *Agoodjie* eingesetzt, um benachbarte Königreiche zu unterwerfen. Durch die Eroberung von Allada und Savi konnten die Könige von Dahomey ohne Vermittler mit den Europäern verhandeln. Die Gründung der *Agoodjie*-Garde wird oft König Ghezo zugeschrieben, weil er aus den Soldatinnen wahre Kampfmaschinen machte, die Menschen für die transatlantische Deportation fingen. Unter Ghezo mussten die *Agoodjie* Jungfrauen bleiben und ihr Leben wurde zum Eigentum des Königs. Sie waren nicht seine Töchter oder Schwestern, erst recht nicht seine Vertrauten, sondern nichts anderes als seine Mördersklavinnen. Diese *Agoodjie* von Ghezo (oder seinem Sohn Gbehanzin) sind im kollektiven Gedächtnis geblieben. Von den *Agoodjie* der Königin Hangbe spricht man außerhalb von Benin nur selten.

Für die verkannte Königin empfindet man unweigerlich eine gewisse Zärtlichkeit. Seit ihrer Rehabilitierung und bis heute wählt ihre Gemeinschaft eine Frau aus, die sie darstellt, verkörpert. Die Tassi Hangbe jeder Generation wird mit der ihr zustehenden Ehre behandelt, man hört auf sie und respektiert sie. Sie wird mit Kniefall begrüßt, als wäre sie die Herrscherin von früher, die lange aus dem Gedächtnis der Ihren verbannt war. Es ist nur zu bedauern, dass nicht auch ihres Frevels gedacht wird. Dass man zwar ihren Beitrag zur Sache der Frauen und zum Wohlergehen aller würdigt, aber nicht die extreme Respektlosigkeit, die sie an den Tag legte, bevor sie den Männern die Welt überließ, die sie unbedingt für sich allein haben wollten.

Es ist nicht bekannt, was nach ihrer Abdankung aus der Herrscherin wurde, hier verliert sich ihre Spur. Dass der erstaunliche Ghezo, der seinen Vorgänger absetzen ließ, weil der sich weigerte, Gefangene an die Europäer auszuliefern*, Tassi Hangbe rehabilitierte, zeigt, dass er ihren Beitrag für die Gesellschaft anerkannte. Er verewigte ihr Dasein, indem er dafür sorgte, dass stets eine Frau zur Verkörperung dieser vom Thron verjagten Regentin erklärt wurde. Nur selten findet man bei jenen, die die Macht ausüben, nichts Tadelnswertes, weil diese Position oft mit verbrecherischem Tun einhergeht. Tassi Hangbe konnte man nichts vorwer-

* Ohne dass er allerdings die Sklaverei ablehnte. Dieser König, der sich Adandozan nannte, schlug vor, die Sklaven in Afrika arbeiten zu lassen und die von ihnen produzierten Lebensmittel an die Europäer zu verkaufen.

fen, nur, dass sie so frei lebte, wie es die Gesellschaft Frauen von hohem Rang erlaubte, dass sie so frei blieb, wie sie es immer gewesen war. Hoffentlich hörte dieser verlogene Umgang mit ihr auf, nachdem sie die Regentschaft aufgegeben hatte, vor allem nachdem ihr Sohn ermordet worden war. Was sie den Frauen unserer Zeit zeigen kann, ist die Treue zu sich selbst um jeden Preis. Sie erinnert auch an das Gebot, die eigene Macht zu nutzen, um die anderen zu erheben. Das tat Tassi Hangbe, indem sie ein Frauenkorps gründete und Frauen eine Tätigkeit außerhalb des Hauses sowie ein eigenes Einkommen ermöglichte. Dank ihr konnten die Frauen zeigen, wozu sie imstande waren, was einige von ihnen sicher erst dadurch entdeckten.

Ruhmreiche Kindsmorde

Es ist nicht nur das Opfer ihres Kindes, durch das einige Frauen erhobenen Hauptes ins subsaharische Gedächtnis eingezogen sind. Dieser Aspekt ihrer Geschichten hat jedoch größte Bedeutung. Bei Aura Poku, der ersten Königin der Baule, begründet der Kindsmord eine Gemeinschaft. Dank ihm können Flüchtlinge ihren Verfolgern entkommen und ein Land finden, das sie aufnimmt. In der Legende von Moremi Ajasaro verteidigt die Königin durch das Kindsopfer die Sicherheit ihres Volkes. Den Müttern bleibt wirklich nichts erspart. Ihre Göttlichkeit wird ständig auf eine harte Probe gestellt. Auch wenn es die Frauen als Personen verdient hätten, erreichen sie den höchsten Rang nur als – hier untröstliche – Mütter. Aber ist es wichtig, dass wir bei unserer Suche nach einer anderen Sprache der Frauen an sie als Märtyrermütter erinnern? Wie lässt sich ihre Geschichte heute verstehen? Beginnen wir, um diese Frage zu beantworten, mit der Ikone der Yoruba, von der im frankophonen Raum nur selten gesprochen wird. Dabei ist die zu ihren Ehren errichtete *Queen Moremi Statue of Liberty* in Ile-Ife mit ihren dreizehn Metern Höhe die größte in ganz Nigeria und die drittgrößte des Kontinents. Ile-Ife ist für die Yoruba der Ort, wo die Welt ihren Anfang nahm. Die Stadt, die von der Hand des Gottes Oduduwa erbaut worden sein soll, verkörpert die Seele des Yoruba-Volkes. Daraus lässt sich ersehen, welche Bedeutung Moremi Ajasaro zukommt, an die diese gewaltige Statue in Ile-Ife erinnert. Die Geschichte der Königin Moremi Ajasaro[20] stammt aus dem Mittelalter* und ist nicht sehr präzise überliefert. Sie wird auf das 12. oder 13. Jahrhundert datiert. Dass sie Eingang in das Gedächtnis der Yoruba fand, ist einer bestimmten Episode zu verdanken.

Moremi kommt aus Offa, einem Ort im heutigen Bundesstaat Kwara in Nigeria. Sie ist die Gemahlin von Oranmiyan, dem *Ooni* (König) von Ife. Ihre strahlende Schönheit wird weithin gerühmt. Dieses Detail ist nicht unwichtig. Die Stadt Ife wird regelmäßig von einem benachbarten Volk, den Ugbo**, angegriffen. Sie terrorisieren die Bevölkerung, plündern den großen Markt im Zentrum der Stadt, entführen Menschen und machen sie zu Sklaven. Wenn die Ugbo auftauchen, werden sie wegen ihres schrecklichen Aussehens als übernatürliche Geschöpfe angesehen, und die Menschen von Ife sind vor Entsetzen gelähmt. Um einen Ausweg zu finden, geht Moremi zu Esimirin, der *Orisha****

* Dieser Begriff existiert im vorkolonialen subsaharischen Denken ebenso wenig wie der des »Jahrhundert«. Sie werden hier zum leichteren Verständnis verwendet. Die Menschen der Subsahara hatten unterschiedliche Arten, die Dauer der Zeit einzuteilen. Sie besaßen verschiedene Kalender. Es wäre kompliziert, würden wir uns auf diese beziehen, da sich keiner auf dem ganzen Kontinent durchgesetzt hat.

** Nicht zu verwechseln mit den Igbo oder Ibo. Das Ugboland befindet sich im Bundesstaat Ondo, im Südwesten Nigerias. Auch der Bundesstaat Osun, in dem Ile-Ife liegt, befindet sich in dieser Region. Beide gehören zu Yorubaland. Das Igboland hingegen liegt im Osten des heutigen Nigeria.

*** Gottheit des Yoruba-Pantheons. Die *Orisha* sind auch in Brasilien und Kuba gut bekannt, wo ihr Kult die transatlantische Deportation über-

des gleichnamigen Flusses. Die Gottheit ist bereit, ihr zu helfen, verlangt aber, dass die *Oloori* (Königin) ein Opfer bringt, wenn der Krieg gegen die Ugbo gewonnen ist. In ihrer Freude über die versprochene Hilfe fragt Moremi nicht weiter nach. Zurück in Ife, erzählt sie ihrem Gemahl von dem Plan, den die *Orisha* ihr unterbreitet hat, und er ist einverstanden. Moremi mischt sich unter die Händler auf dem großen Markt von Ife, und als die Ugbo erneut angreifen, ist sie unter den entführten Frauen. Obwohl ihre Schönheit in der ganzen Region gerühmt wird und sie die Königin ihres Volkes ist, wird sie nicht erkannt. Bei den Ugbo bringt man sie zum König, der sie sogleich zu einer seiner Ehefrauen macht.

Wir wissen nicht, wie viel Zeit Moremi Ajasaro am Hof des Ugbo-Herrschers verbringt. Weil er sie liebt und ihr vertraut, offenbart er ihr die wahre Natur der Angreifer, die Ife ständig verwüsten. Sie sind keineswegs übernatürliche Wesen, sondern Menschen wie alle anderen, die lediglich Masken aus Raphia tragen. Sobald sie diese Information erhalten hat, dank der ihr Volk die Angreifer besiegen kann, flüchtet Moremi und kehrt zurück an den Hof von Ife. Der *Ooni* empfängt sie mit offenen Armen, hört ihr zu und setzt ihren Plan in die Tat um. Raphia ist leicht brennbar, deshalb wird beschlossen, die Ugbo bei ihrem nächsten Angriff mit Feuer zu empfangen. Die Frauen auf dem großen Markt sollen sich mit Fackeln aus trockenen Zweigen und Pflanzenknäueln bewaffnen, die man anzünden und auf die An-

lebt hat. Sie werden in den Ethnien der Edo (Nigeria), Ewe (Ghana, Togo, Benin) und Fon (Benin) angebetet. In Togo und in Benin werden sie auch *Vodun* genannt.

greifer werfen wird. Die Ugbo werden besiegt und entmystifiziert. Dann kehrt Moremi zur *Orisha* des Flusses Esimirin zurück, um ihr für die Hilfe zu danken. Zum Erhalt des Friedens für das Volk von Ife verlangt die Gottheit das Opfer von Oluorogbo, dem einzigen Sohn der Königin. Nach dem Opfer wird sogleich eine *Edi* genannte Feier zur Ehre von Königin Moremi veranstaltet, die das Liebste, was sie besaß, hergegeben hat, damit ihr Volk frei und in Frieden leben kann.

Moremi Ajasaro ist bei den Yoruba eine Ikone, sie sehen in ihr eine Heldin, eine Kämpferin für die Freiheit, die Verkörperung von Patriotismus und Mut. Wie so oft stecken auch in ihrer Legende viele unbeantwortete Fragen, weil sie natürlich nicht geschichtlich verbürgt ist, sondern eine Allegorie darstellt, die nur die Eingeweihten zu deuten wissen. Betrachtet man allein die Fakten und versucht eine etwas rationale Lektüre, könnte man die Methode, mit der sie die Ugbo ausspioniert, anzweifeln. Moremi ist nicht irgendwer, sie ist die Gemahlin des Königs von Ife. Um Informationen zu erlangen, stimmt dieser also einer Strategie zu, die seine Frau praktisch zur Prostituierten macht. Sie wird ja gerade wegen ihrer großen Schönheit entführt. Gewiss würde sie dem König der Ugbo ins Auge fallen, und er würde sie besitzen wollen. Und alles läuft wie gewünscht. Aus eigenem Antrieb, so erzählt die Legende, ließ sich die Königin auf die riskante Entführung ein. Unerschrocken will sie den Feind unterwandern, und ihr Vorschlag stößt auf keinen Widerspruch. Kein Mann bietet sich an, an ihre Stelle zu treten, zu groß ist die Furcht vor den Ugbo und vor allem vor Gefangenschaft und Sklaverei.

Moremi wird die Frau des Ugbo-Königs, gewinnt sein Vertrauen und verrät ihn. Der Krieg wird dank ihrer kühnen Tat gewonnen, aber damit endet die Geschichte nicht. Die *Orisha* verlangt das Opfer ihres einzigen Sohns. Erst dann wird der Status der Heldin unanfechtbar. Im Vergleich mit anderen, die in Subsahara-Afrika als Heldinnen anerkannt sind, fällt Moremi etwas aus der Reihe. Vor allem unterscheidet sie sich dadurch, dass sie ihre Anmut einsetzt, um den Gegner zu täuschen. Das ist selten in dieser Region, wo die Königinnen Kriegerinnen, entschlossene Frontkämpferinnen sind. Moremi ist aber nicht die einzige Frau der Subsahara, die verführt, um zu erobern, und mit ihrem Handeln das Schicksal eines Volkes beeinflusst. Dieser Teil ihrer Geschichte erinnert an Nana Triban aus dem Reich der Mandinka im 13. Jahrhundert.

Nana Triban war die Schwester von Sundiata Keita, Herrscher in Mali, dessen Legende weithin bekannt ist. Nana Triban verführt Soumaoro Kante, den Feind ihres Bruders, und entlockt ihm das Geheimnis seiner Unbesiegbarkeit. Sie verrät es ihrem Bruder und nennt ihm die beste Kampfstrategie. So besiegt Sundiata seinen Feind und gründet das Königreich Mali. Das Epos der Mandinka kennt mehrere Frauenfiguren, deren Handeln sich als entscheidend erweist, aber im Gegensatz zu Moremi werden sie nicht zu den Heldinnen der Geschichte. Wir können uns also fragen, welcher Ruhm darin liegen mag, ein Kind zu töten, auch wenn das Opfer zum Gefallen einer Gottheit erbracht wird.

In der Legende von Moremi scheint es um das Opfer der Frau selbst zu gehen. Deshalb ist jede wortgetreue Auslegung eher unbefriedigend. Nigerianische Autoren, die die

Legende aufgegriffen haben, haben sie oft umgeschrieben und versucht, mit Einfügungen das Schweigen der Geschichte zu brechen, der politischen Botschaft mehr Klarheit zu verleihen. Der Mythos sieht zwar im Grunde wie ein Bericht aus, ist aber keiner. Um einen wahren Kern, der auch sehr klein sein kann, legen sich erdachte Elemente, gewissermaßen eine kodierte Sprache. Man will eine Botschaft vermitteln, was die Worte nicht hinreichend leisten können. Deshalb greift man auf Bilder und archetypische Figuren zurück. Dadurch wird eine rituelle Praxis geschaffen, die die Kräfte der Gruppe mobilisieren soll, in der der Mythos entsteht:

> *Das Ritual schützt die Dynamik des Mythos, weil es dafür sorgt, dass er mehr erlebt als gedacht wird. Ein gut erlebtes, also gut gespieltes Ritual bewahrt die Lebenskraft des Mythos und ermöglicht die Teilhabe an seiner stimulierenden Wirkung.*[21]

Der Mythos ist eigentlich nicht dazu bestimmt, nur erzählt zu werden, weil das Wort ihn verkümmern lässt. Er ist Gegenstand einer Aufführung, die die Körper einbezieht und über die bloße Rede hinausgeht, um eine andere, tiefere Dimension zu erreichen. Vielleicht wurde zu der Zeit, da die Legende von Moremi entstand, beschlossen, auf eine besondere Weise vorzugehen, die gleichzeitig die Ängste bannen, die psychischen Wunden durch die Angriffe der Nachbarn lindern und einen Triumph feiern sollte, der einen hohen Preis gekostet hat. Was als Kindsmord dargestellt wird, wäre dann nicht als Opfer der Königin allein anzusehen. Man könnte den Mord an dem Kind als das stärkste Bild betrachten, in dem das Erlebnis der Gemeinschaft zu einem bestimmten Zeitpunkt ihrer Geschichte aufgehoben ist. Der Sohn von Moremi ist in einem Land der Subsahara nicht allein ihr Kind. Dass er ein Prinz ist, der eines Tages regieren soll, vergrößert seinen Wert in den Augen der Gruppe. Moremi und ihre engste Umgebung verkörpern den Staat. Die ganze Geschichte zeigt hochrangige Personen. Abgesehen von der Flussgottheit werden nur sie namentlich genannt.

Was die Legende nicht erwähnt, was auszusprechen sie sich weigert und was dennoch ihr Daseinsgrund ist, wenn sie als eine Art Sekundärmythos* zu betrachten wäre, ist, welche Art von Prüfungen genau der Gemeinschaft abverlangt wurden, welche Art von Konflikten zu überwinden waren. Ein subsaharisches Sprichwort lautet: *When there is no enemy within, the enemy outside cannot hurt you.* Mit anderen Worten, die Gesellschaften werden vor allem aus dem Inneren geschwächt. Verschiedene Bilder dieses Mythos legen nah, dass sie in Wirklichkeit etwas anderes transportieren. Die Raphia ist kein unbekanntes Material und kann es auch für die Yoruba nicht gewesen sein, allein der Gedanke ist lachhaft. Wir sprechen von einem großen subsaharischen Volk, das sich auf göttliche Ahnen beruft. Das schützt nicht vor allem. Die transatlantische Deportation zum Beispiel bleibt diesem Volk nicht erspart. Aber seine Kultur wird nicht aus-

* Ein Mythos, der nicht vom Ursprung der Welt erzählt, aber trotzdem ein Gründungsmythos ist, weil er Ereignisse erwähnt, die es dem Volk erlaubt haben, weiter an seinem angestammten Ort zu leben. Hier erleben wir nicht die Geburt eines Volkes als solche, sondern seine Konfrontation mit dem Tod.

gelöscht, auch Amerika trägt deutliche Spuren der Yoruba-Spiritualität. Kaum vorstellbar, dass die Ugbo-Masken die Bewohner von Ile-Ife so beeindruckt haben. Man kann sich sogar fragen, ob die Ugbo tatsächlich Fremde waren.

Eine Schattenversion der Moremi-Legende deutet darauf hin, dass bei der Rückkehr aus dem Land der Ugbo die anderen Ehefrauen des *Ooni* bitterböse sind, als er Moremi herzlich empfängt und ihr wieder den ersten Platz an seiner Seite zuerkennt. Es ist nicht bezeugt, aber absolut naheliegend, dass es am Hof von Anfang an Rivalitäten gab. Moremis außergewöhnliche Schönheit, die in der mythischen Geschichte ihr größter Trumpf ist, hat ihr sicher auch viel Neid eingebracht. Dass der *Ooni* sie in Gnaden aufnimmt, nachdem sie sich einem anderen Mann hingegeben hat, während die anderen Frauen hofften, dies würde ihr Untergang sein, hat die Spannungen sicher nicht besänftigt. Wir wollen nicht so weit gehen, uns vorzustellen, die neidischen Ehefrauen hätten sich des Kindsmords schuldig gemacht. In einer inoffiziellen Version wird von einer Rivalität der beiden Könige um die wunderschöne Moremi berichtet. In dieser apokryphen Legende ist der Ugbo-Herrscher der Geliebte einer absolut willigen Moremi, die ihn eine Zeitlang besucht. Auch da wollen wir nichts behaupten. Wir wollen diejenigen nicht schockieren, für die die Legende eine wahre Geschichte ist, und wir halten das Opfer für eine Metapher, deren Geheimnis noch zu entschlüsseln ist. Es ist jedoch vorstellbar, dass es bei den Yoruba eine Gefahr gab, deren Gründe in der Gemeinschaft selbst lagen, und dass der Mythos in seiner verschlüsselten Sprache nicht das erzählt, was passiert ist, sondern die Art und Weise, wie ein

Problem gelöst wurde. Und da er nicht mehr aufgeführt wird, um jenseits der Worte Bedeutung zu entfalten, bleiben nur der Bericht und seine Aporien.

Heutzutage ist die Geschichte der Königin Moremi mehr eine Legende als ein Mythos im eigentlichen Sinne, obwohl sie einige Aspekte damit teilt. Sie wahrt ihr Geheimnis, und man unterschlägt oft, dass auch die Ugbo Yoruba sind. Heute betrachten sie sich jedenfalls als solche, und man muss sich nur die Karte Nigerias ansehen, um ihre geografische Nähe zu den Yoruba in Ife zu erkennen. Die Yoruba-Legende konfrontiert also zwei Schwesterngemeinschaften, die ihre Wahrheit für sich behalten und beide diese Königin aus alten Zeiten verehren. Vermutlich war man sich unter den Yoruba einig, die Statue der Königin in Ile-Ife zu errichten. Was wir aber festhalten und würdigen sollten, ist, dass eine Frau einen für die Yoruba-Nation entscheidenden Moment verkörpert, dass diese Frau auch eine Mutter ist und dass die Wassergottheit, die das Opfer des Kindes verlangt, weiblich ist. Davon ausgehend nämlich könnte der Kindsmord auch eine Bedeutung haben, die derjenigen entgegensteht, die durch die bloße Erwähnung der kostbaren Opfergabe an den Fluss transportiert wird.

Aber wir wollen nicht voreilig die Hypothese präsentieren, die sich schon andeutet. Sehen wir uns zunächst eine andere Geschichte an, die teilweise eine Legende ist: die Geschichte der ersten Königin der Baule, Aura Poku, die Ähnlichkeiten mit der von Moremi Ajasaro aufweist. Beide Frauen sind Ikonen für die Völker, die sie für sich beanspruchen, aber von Aura Poku wird öfter erzählt. Ihre Legende berührt und bewegt so sehr, dass sie zum Ursprungsmythos der Baule in der Elfenbeinküste geworden ist. Königin Poku hat ihren Platz im Pantheon der feministischen Ahnherrinnen, die manche Frauen der Subsahara unbedingt vorweisen wollen. Awa Thiam erwähnt sie schon in den ersten Absätzen ihrer Einleitung zu *Die Stimme der schwarzen Frau*, als sie feststellt: »Einstmals konnten die Schwarzafrikanerinnen ein Wort mitreden, wenn es galt, wichtige Entscheidungen zu treffen.«[22] Sehen wir uns also an, ob vor allem die Worte Aura Pokus bis zu uns gelangt sind und ob diese Königin dadurch zu einer anderen Sprache der Frauen beitragen kann, einer Sprache, durch die die Frauen der Subsahara erhobenen Hauptes zum universellen Bewusstsein beitragen und ihre intellektuelle Autonomie wiedererlangen können.

Wir befinden uns im 18. Jahrhundert im mächtigen Reich der Aschanti. Der *Asantehene* (Herrscher) Osei Tutu, Gründer der Aschanti-Konföderation, hat sich gerade zu den Ahnen begeben. Zwei Clans kämpfen um seine Nachfolge. Angeführt werden sie von Daaku, dem Bruder der künftigen Königin Aura Poku, und Opoku Ware, ihrem Cousin. Bei diesem Machtkampf kommt Daaku ums Leben. Weil Aura Poku den Bruderkrieg nicht fortsetzen will, verlässt sie das Land und wird von den Getreuen des toten Prinzen begleitet. Hier vollzieht sich die Spaltung in zwei Aschanti-Clans. Als der Exodus beginnt, ist Aura schon eine reife Frau, mindestens vierzig, was damals als alt galt. Einige Traditionen, die sie als noch älter darstellen, bezeichnen sie als *Abrewa*, »die alte Dame«. Würde ihr Bruder noch herrschen, hätte sie am Hof den Status der Königinmutter innegehabt, der nicht der leiblichen Mutter des Königs vorbehalten ist, sondern für eine einflussreiche Frau ab einem gewissen Alter verwendet wird. Der Auszug führt sie und ihr Gefolge über mehrere Jahre durch einen unwirtlichen Wald, von Kumasi, der berühmten Hauptstadt des Aschanti-Reichs, bis in die Region Bouaké in der heutigen Elfenbeinküste.

Auf ihrem beschwerlichen Weg schließen sie, die noch keine Baule sind, sondern von Aschanti verfolgte Aschanti ohne Land, Bündnisse mit anderen Völkern. Sie müssen ja bewohntes Land durchqueren. Besonders interessiert uns, was von der Geschichte dieses Exodus selten erwähnt wird: der Platz der Frauen aus der Entourage der »alten Dame«. Sie gehören alle zur Familie, spielen herausragende Rollen und stehen an der Spitze einzelner Gruppen. Wir nennen die bekanntesten, die nicht die einzigen sind: Tano Adjo, von der wir wissen, dass sie sich auf Bitten von Aura Poku in Tiassalé niederlassen wird, um denen, die weiterziehen, Rückendeckung zu geben. Akwa Boni wird Walèbo gründen, mit der späteren Hauptstadt des Baule-Reichs, Sakassou. Sie legt um ihr Territorium Verteidigungsdörfer an und erobert Gebiete, die das Reich anwachsen lassen. Akwa Boni ist für ihre Autorität und ihre Gastfreundlichkeit bekannt, aber auch für ihre Härte beim Unterwerfen und Bestrafen. Sie ist die zweitbedeutendste unter den großen Baule-Königinnen, und manche sehen sie als eigentliche Gründerin des Königreichs.

Wenn man über diese Frauen spricht, erscheint der Exodus der Baule in ganz neuem Licht. Er wurde von Frauen angeführt, die auch Kämpferinnen waren. Wer Aura Poku zur feministischen Ahnherrin der heutigen Subsahara-Frauen erklärt, unterschlägt allerdings ihre weibliche Entourage.

Tatsächlich sind wir weit entfernt vom Feminismus, der nicht ohne eine weibliche Ontologie auskommt, die die Frauen vor allem als Opfer sieht und ihnen ein Bewusstsein ihres Wertes als souveräne Wesen abspricht. Aura Poku und ihre Schwestern sehen sich nicht als Opfer, sie sind nicht das andere Geschlecht. Diese Frauen nehmen ihre Verantwortung wahr, ertragen die Mühen des Weges durch unwirtliche Gegenden, erweisen sich als kluge Politikerinnen, wenn sie unterwegs mit anderen Gemeinschaften verhandeln. Ihre Autorität wird von niemandem angezweifelt, obwohl auch Männer bei diesem Auszug ins Unbekannte dabei sind. Einige sind ebenfalls Adlige, einige sind Krieger. Sie könnten die Rechte ihres Geschlechts geltend machen, wenn ihnen solche Rechte zustünden. Die Chroniken berichten nichts dergleichen. Von keinem Männerkomplott, um die Frauen zu verdrängen. Während des ganzen Exodus sind die Frauen der Kompass, das Licht in der Finsternis. Die Gemeinschaften, die sie gründen, bestehen bis heute und ehren ihr Andenken. Aura Poku lässt ihre Nichten an verschiedenen Orten mit einem klaren Auftrag zurück und zieht selbst weiter, denn dort, wo sie ihre Bleibe findet, wird das Volk der Baule geboren werden. Wenn man die Geschichte von Königin Poku erzählt, steht das selten im Vordergrund. Zwar wird von ihrem gefahrvollen Exodus erzählt, aber die wichtigen Frauenfiguren finden höchstens in den Baule-Dörfern Erwähnung. Dabei ist das 18. Jahrhundert, als diese Ereignisse stattfanden, im Golf von Guinea eine sehr bewegte Periode. Es ist die Zeit, in der sich die transatlantische Deportation ungeheuer intensiviert und in den betroffenen Gegenden für Not und Verzweiflung sorgt.

Auch davor muss man eine Gemeinschaft schützen, die beständig wächst, weil andere Gruppen sich den Aschanti-Flüchtlingen anschließen. Allzu oft wird unterschlagen, wie viele Menschen durch Subsahara-Afrika zogen, um dem transatlantischen Menschenhandel zu entgehen.

Die Worte von Aura Poku wurden nicht überliefert, aber die Tatsachen sprechen für sich. Man muss sich nur den geschichtlichen Kontext vor Augen führen, in dem sich die erste Königin der Baule bewegte, um zu verstehen, über welche Fähigkeiten sie verfügt haben muss. Aber nicht die konkreten Verdienste dieser Frau und ihres Umfelds machen sie zu einer mythischen Figur der subsaharischen Geschichte. Es ist das Opfer von Kouakou, dem einzigen Sohn der »alten Dame«, von dem es heißt, er sei erst spät gezeugt worden, als sie schon nicht mehr auf Kinder hoffte. Es heißt auch, um die köstliche Formulierung eines ivorischen Freundes aufzunehmen, Königin Poku sei ein »Tantchen mit ihrem kleinen Jungen« gewesen, mit anderen Worten, ihr damaliger Gefährte sei wesentlich jünger gewesen als sie. Sie hatte auch andere Männer gehabt, dieser aber war der erste, der sie schwängerte. Auch dieser Aspekt ihres Lebens ist interessant, weil er Aufschluss gibt über Aura Pokus Intimleben, über die Freiheit, die sie sich nahm, als »alte Dame« mit einem jungen Liebhaber Sex zu haben.

Mit diesem Wissen ist es umso erstaunlicher, dass Königin Poku ausgerechnet durch das Opfer ihres Kindes zur Legende wurde, wo doch ihr ganzes Leben so herausragend war. Einige ivorische Wissenschaftler zweifeln schlichtweg an ihrer Mutterschaft. Einer von ihnen schreibt:

Die Legende des Kindes, das den Geistern des Flusses Comoé geopfert wurde, wird von der oralen Tradition angeführt, um die Autorität von Aura Poku gegenüber den Assabou zu erklären. Es ist eine Legende, die wir in Ehren halten, aber es ist nur eine Legende.

Wahrscheinlich war Königin Aura Poku zum Zeitpunkt des Exodus in den Sechzigern. Sie konnte also kein kleines Kind mehr haben.[23]

Eine Frau dieses Alters, die einen Marsch durch den Wald auf sich nahm, um ihr Volk an einen sicheren Ort zu führen, nötigt uns noch mehr Respekt ab. Nach den Sätzen des Wissenschaftlers bleiben nichts als Fragen, und man kann die Legende nur als verschlüsselte Botschaft, nicht als Lüge, lesen. Was gesagt wird, maskiert, was es zu verstehen gilt. Sehen wir uns also an, was die Legende berichtet und was sie bedeuten kann.

Um Akawa zu erreichen, wo sich Königin Poku und die Ihren niederlassen werden, müssen sie den Fluss Comoé überqueren, der durch die heutige Elfenbeinküste und Burkina Faso fließt. Das Wasser ist wild, eine Passage unmöglich. Der Geist des Flusses muss besänftigt werden. Der königliche Wahrsager soll den Fluss befragen. Damit der reißende Strom sich beruhigt und die Überquerung gewährt, soll geopfert werden, was das Teuerste ist. Sogleich bringen alle Gold und andere Schätze herbei. Der Fluss weist die Gaben zurück und wird noch ungestümer. Der Weissager spitzt die Ohren, um die Forderung besser zu verstehen. Diese ist unmissverständlich: Ein Kind soll dem Comoé geopfert werden.

Wer von ihnen wird sein Kind hergeben? Alle wenden den Blick ab. Aber sie müssen auf die andere Seite gelangen. Nur um diesen Preis können sie eine neue Heimat finden. Angesichts des Schweigens und Widerstrebens der Ihren zögert Aura Poku nicht. Das Kind der Königin wird dem Comoé geopfert, der sich sogleich beruhigt. Nach einer Version der Legende legen sich die Bäume am Ufer über den Fluss, um den Baule bei der Überquerung zu helfen. Nach einer anderen tauchen Flusspferde auf und tragen sie auf ihrem Rücken. Manchmal geschieht beides zugleich, so wichtig ist dieser Moment. Vielleicht hat sich sogar das Wasser des Comoé geteilt, um Pokus Volk passieren zu lassen. Bei dieser Episode tritt die Geschichte zurück und macht dem Mythos und einer verschlüsselten Botschaft Platz. Wir wollen niemanden kränken, der in dem surrealistischen Ereignis eine historische Tatsache sieht, aber die Bilder, die dieser Mythos ausbreitet, werfen viele Fragen auf. Wie in der Legende von Moremi Ajasaro erscheint der königliche Kindsmord wie das Haar in der Suppe. Erst nachdem schon ein gutes Stück des Weges zurückgelegt ist, nachdem Königin Poku Tano Adjo zur Rückendeckung in Tiassalé zurückgelassen hat, soll sie ihr Kind opfern. Sie muss zusehen, dass sie nicht vom *Asantehene* eingeholt wird, der ihr auf den Fersen ist wie Ramses den Israeliten. Auch wegen seiner Männer, die er auf die Flüchtenden angesetzt hat, müssen sie unbedingt den Comoé überwinden. Sie können nicht kehrtmachen, sie können nicht ausweichen, sie können nicht warten, ob der Fluss sich am nächsten Tag gnädiger zeigt.

Was kann dieser geopferte Sohn symbolisieren? Vielleicht gibt es im Geheimnis der Baule-Gruppen etwas, das die Allegorie zu entschlüsseln hilft. Wenn wir uns die Legendenelemente der bei den Yoruba ähnlich zu findenden Baule-Geschichte ansehen, können wir vermuten, dass der Kindsmord mit Vorsicht betrachtet werden muss. Zunächst ist festzuhalten, dass der Tod für viele subsaharische Völker nicht das Ende des Lebens bedeutet. Er ist dessen Fortsetzung auf andere Weise, auf einer anderen Schwingungsebene. Man stirbt, um ein anderes Leben zu leben. Zudem ist das Wasser kein Symbol des Todes, sondern das Gegenteil. In Verbindung mit der Weiblichkeit, die in beiden Geschichten den Ton angibt, steht er für Fruchtbarkeit, Leben, Reinigung, Erneuerung. Die allegorischen Kindsmorde verweisen hier auf Momente großer Krisen für die betroffenen Gruppen und auf die Prüfungen, die sie durchstehen mussten, um sich zu erneuern oder gar neu zu erfinden. Die königlichen Kinder verkörpern durch ihren Status die gesamte Gemeinschaft. Anders gesagt, die Gemeinschaft stirbt durch sie, aber nicht, um zu verschwinden, sondern um zu neuem Leben zu gelangen. Als Königin Poku den Comoé überqueren muss, verabschiedet sie sich vom Aschanti-Reich, in dem ihre Wurzeln liegen, um mit den Ihren einen neuen Raum zu betreten, der zur Heimat werden soll. Als Moremi Ajasaro in ihr geliebtes Zuhause zurückkehrt – also nach Ile-Ife – steht ihrem Volk, das sich des schrecklichen Feindes entledigt hat, die Erfahrung der Freiheit, eines Lebens ohne Angst bevor. Die Wiedergeburt ist im anderen Fall offensichtlicher, aber sie ereignet sich auch hier. Die Opfergaben für die Flüsse erfolgen nach den schlimmsten Prüfungen, nach einem Todeszyklus, den die Kindsmorde abschließen. Sie symbolisieren die Wunden, die die Geschichte zufügt, zeugen von dem Teil des Selbst, den man für Autonomie und Freiheit opfert.

Moremi musste ihr Land für unbestimmte Zeit verlassen und sich einem anderen Mann hingeben, um das Geheimnis der Ugbo zu lüften. Während ihrer Zeit bei den Ugbo wurde der große Markt von Ife sicherlich weiterhin geplündert, wurden die Menschen gefangengenommen und versklavt. Aura Poku stellte sich an die Spitze eines mehrjährigen Exodus, um ein Land zu finden, in dem ihr Volk Aufnahme finden könnte. Für beide Gemeinschaften waren es Zeiten großer Gefahren und Unsicherheiten. Eine Konfrontation mit der Finsternis. Die Königinnen hätten bei diesen Gefahren das Leben verlieren können. Aber sie haben triumphiert. Sie haben die Mission zum Schutz der Frauen erfüllt. Die Kindsmorde, bei denen zu bezweifeln ist, ob sie tatsächlich stattgefunden haben, können als diskursives Verfahren betrachtet werden, das darauf zielt, sowohl das Opfer dieser Frauen für die Gemeinschaft als auch den dadurch geschaffenen Zugang zu einem friedlichen Dasein anzuerkennen. Westafrika, wo diese Frauen gelebt haben, ist eine Region der Masken, wo man sich mit verschlüsselten Botschaften auskennt. Bestimmte Dinge werden nicht direkt ausgesprochen, die Äußerung mancher Sachverhalte erfolgt außersprachlich.

Die Geschichte von Aura Poku ist trotz des Unausgesprochenen die klarste, weil sie uns zeitlich nah ist. Nicht nur deshalb soll sie, wann immer es um Subsahara-Afrika geht, unter den Erzählungen von Frauen einen wichtigen Platz einnehmen. Wahrscheinlich hatte Aura Poku kein Kind, aber durch ihr Handeln hat sie eine Welt geboren, die eine andere Frau, Akwa Boni, zur Reife führen sollte. Die »alte Dame« war mehr als die Königinmutter, die sie bei ihrem Bruder Daaku gewesen wäre. Im Gegensatz zu Moremi war sie nicht Königin, weil sie den König geheiratet hatte. Für den Mut und die Entschlossenheit, die sie während eines vierjährigen Exodus an den Tag legte, soll sie in unserem Gedächtnis fortleben. War Aura Poku eine Feministin *avant la lettre*? Um das zu belegen, müsste man nachweisen, dass sie sich gegen eine repressive männliche Macht erheben musste und die Gleichheit von Frau und Mann anstrebte. Vermutlich wurde sie einfach ihrer Verantwortung gerecht, nahm ein ganzes Volk mit sich, weil das völlig normal war*, und suchte die Unterstützung bei Leuten, die ihr Vertrauen genossen. Es ergab sich, dass das Frauen waren, aber nicht irgendwelche: Die Nichten der Königin Poku entstammten auch dem Adel. Die Macht, die sie ausübten, stand ihnen qua Geburt zu und wurde von den Männern, egal, welcher sozialen Schicht sie angehörten, nicht bestritten. Alle folgten diesen Frauen. Die Geschichten von Moremi Ajasaro und Aura Poku bereichern die andere Sprache der Frauen um die Kultur des Selbstvertrauens, den Mut, Risiken einzugehen, die Entschlossenheit, die eigenen Ziele zu erreichen. Die feministische Historikerin Michelle Perrot schreibt:

* Vor allem für eine Frau, die den Titel Königinmutter getragen hätte, wäre es nicht zum Krieg gekommen. Im Allgemeinen hat eine Frau, die diese Bezeichnung erhält, die Menopause erreicht. Sie ist dann von Verpflichtungen befreit, die Frauen im zeugungsfähigen Alter zuweilen hatten. Noch zu menstruieren, war aber nicht unbedingt ein Hindernis. Die Nichten von Aura Poku, die sie unterstützten, waren natürlich jünger.

Auf der Bühne der Erinnerung sind die Frauen zarte Schatten. Die traditionellen Erzählformen räumen ihnen wenig Platz ein, weil sie sich bevorzugt der Öffentlichkeit – Politik, Krieg – widmen, in denen Frauen selten auftauchen.[24]

Afrika widerlegt diese Behauptung seit der Antike mit Geschichten über Frauen wie Amanirenas, Amanischacheto oder Amanitore, die Kandaken von Meroe*, deren Namen Jahrtausende überwunden haben und die wir heute noch kennen. Das Reich dieser Königinnen erstreckte sich quer durch Afrika vom Atlantik bis zum Roten Meer über die heutigen Gebiete von Niger, Tschad und Darfur, um nur einige zu nennen, bis zu den abessinischen Bergen. Hier mischten sich afrikanische, mediterrane und asiatische Einflüsse.[25] Sie waren Herrscherinnen, Kämpferinnen, Erbauerinnen, Mütter und Ehefrauen. Amanirenas, die einäugige Kandake, hatte ihr Auge auf dem Schlachtfeld verloren, was sie nicht daran hinderte, die römischen Invasoren vernichtend zu schlagen. Sie wird mit dem Schwert in der Hand und reichem Schmuck dargestellt, während sie den Feind unterwirft, ihr üppiger Körper und ihr entblößter Busen sind beeindruckend. Weiblichkeit und politische Macht. Fruchtbarkeit und militärisches Können. Vermutlich konnte sie schreiben. In Meroe gab es ein komplexes Schriftsystem, das die Wissenschaft jahrzehntelang vergeblich versucht hat zu entschlüsseln. Dennoch wurden diese Frauennamen weitergetragen. Wie die anderen Kandaken

* Ein anderer Name für das Königreich Kusch (Ober- und Mittelnubien). Die Insel Meroe, die ein Teil davon war, gab dem ganzen Reich den Namen.

war Amanirenas kein Mitglied der Schwesternschaft des anderen Geschlechts. Sie hätte den Sinn dieses Begriffs gar nicht verstanden, weil sie in einer Welt lebte, in der Frauen so mächtig werden konnten. Anders als man gemeinhin beim Studium der Antike, des alten Ägypten zum Beispiel, feststellt, war das Königreich von Meroe innovativ in diesem Bereich:

> *Auf politischem Gebiet zeigt sich ein neues Phänomen, von dem es in früheren Zeiten keine eindeutig belegbaren Spuren gibt: die Thronbesteigung von Frauen als unumschränkte Herrscherinnen. Die Kandaken. Im Gegensatz zur Situation in Ägypten, wo der Pharao grundsätzlich ein Mann war und die wenigen regierenden Königinnen nur unter außergewöhnlichen Umständen den Thron bestiegen, (...) besaßen sie in Meroe offenbar dieselbe Legitimität wie die Könige. Sie werden auch als bewaffnete Frauen dargestellt, die den Feind vernichten. In den meroischen Texten werden sie neben ihrem Titel Kdke, Kandake, auch Gore, Herrscher, genannt.*[26]

Das Reich der Kandaken war keine Gynaikokratie. Unter ihrer Herrschaft waren die Männer für Verwaltung und Kultus zuständig. Ihr Geschlecht entwertete sie nicht. Diese Ahnherrinnen sollten im Gedächtnis der Frauen weiterleben, Bezugspersonen für sie sein. Allein Afrika hat solche Dynastien großer Königinnen hervorgebracht. Allein Afrika konnte uns durch die Gestalt einer üppigen Frau, die ihr Schwert schwingt und auf der nackten Brust edelsten Schmuck zur Schau trägt, die Vergangenheit der menschlichen Zivilisationen in Erinnerung rufen. Keine politische

Theorie, kein Denksystem entfaltet so viel Kraft wie diese Darstellung. Auf unserem Kontinent waren die Frauen alles, was ein Mensch zu sein anstreben kann. Sie waren Licht oder Schatten, manchmal beides. Ohne sie gibt es schlicht und einfach keine Geschichte.

Der Sitzplatz der Königin

Wenden wir uns nun einer Königin zu, die mindestens ebenso berühmt war wie Aura Poku, denn ihr Name gehört seit Langem zu denen, die außerhalb des Kontinents am häufigsten genannt werden. Es gibt ein bekanntes Bild, das für die Bewohner der Subsahara und Menschen der afrikanischen Diaspora den Ruhm dieser Frau darstellt, die in den Augen der meisten Menschen die Macht verkörpert. Die Szene vom Beginn des 17. Jahrhunderts ist wohlbekannt: Nzinga Mbande, Prinzessin aus dem Königreich Ndongo im künftigen Angola, trifft sich mit Gesandten der portugiesischen Krone. Für damalige Verhältnisse ist sie nicht mehr jung, sie ist vierzig Jahre alt. Bei dem Treffen mit dem Vizekönig aus Portugal wird über den Frieden verhandelt, doch für sie ist keine Sitzgelegenheit vorgesehen. Sie soll direkt auf dem Boden Platz nehmen – immerhin auf einem Samtteppich – oder stehen bleiben. Ihr gegenüber sitzt ein Mann auf einem bequemen Sessel, und er ist weiß. Wobei dieses letzte Merkmal vor allem die Selbstwahrnehmung der Portugiesen ausdrückt. Was sich hier abspielt, weist über die interagierenden Individuen hinaus. Es geht darum, den Status von Menschengruppen festzulegen. Das lässt sich zumindest vermuten, wenn man die Zeichnung betrachtet, die nach dem Treffen entstand und die Komplexität der imperialistischen Diplomatie nicht darzustellen vermag: Die Portugiesen, dafür bekannt, die Notabeln der Region zu demütigen, erweisen ihren Respekt und bereiten Nzinga einen prunkvollen Empfang, der Abgesandten eines großen Monarchen würdig. Das erzählt die Zeichnung nicht, sie erinnert nur an die Geopolitik jener Zeit.

Mit mehreren päpstlichen Bullen erlaubt Papst Nikolaus V. ab 1452 den Portugiesen, Nicht-Christen zu enteignen, egal, wer sie sind. In Nzinga Mbandes Heimat machen sich die Portugiesen mit unfassbarer Gewalt ans Werk. Erst später beginnen sie, mit lokalen Machthabern zu verhandeln und einige jener Partnerregime zu installieren, an deren Spitze Marionetten ihnen zu Diensten sind. Nach der imperialistischen Logik der *Terra nullius* hat Nzinga, die Stellvertreterin von Ngola* Mbande – dem König, ihrem Bruder –, keinerlei Recht auf ihr Land. Es geht also um einiges, die Prinzessin kommt nicht zum Tee. Natürlich begreift sie sofort, was der fehlende Sessel bedeutet, während ihr Gegenüber es sich bequem macht. Sie empört sich nicht, verlangt nicht, dass man ihr eine Sitzgelegenheit bringt, macht nicht auf dem Absatz kehrt. Stattdessen wirft sie einer Frau ihres Gefolges einen Blick zu, diese eilt herbei, geht zu Boden, stützt sich auf Ellbogen und Knie. Nzinga, die in diesem Moment nur Prinzessin ist, weil sie ihren Bruder noch nicht vergiftet hat, setzt sich auf den Rücken der Dienerin. Das berühmte Bild, das diesen Moment unsterblich macht, zeigt die Frau auf allen Vieren, anders kann man es nicht ausdrücken.

* Ngola war der Titel der Könige von Ndongo. Daher stammt der Name Angola.

Welche der beiden Frauen verkörperte die eigentliche Macht? Die künftige Königin, die ihre Autorität und das Recht auf ihr Land einforderte? Die Sklavin, ohne die es keine Herrscherin gegeben hätte, nur ein niederes Wesen, das die Ausländer unterwerfen wollten? Oder lag die Macht in dem dritten Körper, den die beiden Frauen zusammen bildeten? Dafür hätte es eines Einverständnisses zwischen ihnen bedurft. Es hätte sich ein Band der Schwesternschaft zwischen ihnen herstellen müssen, wie es in verschiedenen subsaharischen Gesellschaften zwischen jungen Frauen einer Altersgruppe bestehen konnte, eine Beziehung, die der Zeit und dem sozialen Status widerstand. Mehr als ein Gleichgewicht, eine auf Anerkennung der einen durch die andere begründete Gleichheit. Man würde sich gern vorstellen, dass die Prinzessin nach dem Ende der Verhandlungen die Gefährtin umarmte und ihr dankte. Man hätte gern, dass sie ein paar herzliche Worte wechselten, vielleicht einen Scherz über diese Portugiesen machten, die so eingebildet waren und sich für besonders schlau hielten, denen sie aber noch so manchen Streich spielen würden. Aber Nzinga wollte den Eroberern ebenbürtig sein, nicht einer Sklavin, die sie umbringen konnte, ein königliches Privileg, auf das sie nicht verzichtete, nachdem sie den Thron bestiegen hatte. Welche der beiden Frauen verkörperte die Macht? Diejenige, die den Männern, egal, woher sie kamen, in nichts nachstand, oder die, für die Gleichheit zwischen Männern und Frauen nicht einmal ein Thema sein konnte? Die Szene bleibt stumm.

Dafür hat die große Geschichte auf diese drängende Frage geantwortet. Sie hat nur den Namen der künftigen

Königin erhalten, nicht den der Frau, die ihren Körper, ihr Schweigen und ihre Ausdauer hergab, damit ein Volk nicht gedemütigt wurde. Die Geschichte würdigt nur Nzinga, weil die lautere weibliche Stimme inzwischen von der zentralen Bedeutung des Männlichen beherrscht ist. Nzinga erlangt Ruhm, weil sie die Männer herausfordert, sie in jedem Spiel schlägt. Sie hat ihren Platz unter den vielen Königinnen-Kriegerinnen des afrikanischen Kontinents, sticht jedoch durch ihre Grausamkeit gegenüber ihren Untertanen und ihre Extravaganzen hervor. Bis ins hohe Alter führte sie ihre Armeen in die Schlacht und bezeugte

> *(…) den Willen, von ihrem Hofstaat und ihren Getreuen als Mann wahrgenommen zu werden, nicht mehr als Frau. Zuerst heiratete sie einen Mann, den sie zwang, in Frauenkleidern herumzulaufen. Sie sprach von ihm wie von einer Frau und verlangte, er müsse sie als König ansprechen, nicht als Königin.*[27]

Die Historikerin Linda Heywood, von der diese Zeilen stammen, fügt hinzu, dass sich Nzinga in dieser Ehe weitere Liebhaber gönnte, von denen sie verlangte, sich wie die Frauen-Leibgarde zu kleiden, die sie umgab. Sie befahl, alle – Männer und Frauen in ihren Diensten – sollten zusammen schlafen, ohne sich zu berühren, selbst zufällige Berührungen bestrafte sie mit Tod oder Sterilisation. Die Körper gehörten ihr und durften keine Sexualität haben, außer zur Befriedigung ihres Begehrens. Es war also kein Hedonismus, auch keine Sinnlichkeit, sondern alleinige Verfügung über den Körper und das Leben der Männer und

Frauen, die sie für sich auserkor. Wie der fanatischste Phallokrat verabscheute Nzinga alles Weibliche. Anderes kann man nicht behaupten, ohne ideologisch zu werden und die Grenzen der Glaubwürdigkeit weit zu überschreiten. Wir erinnern uns, dass eine Frau, kein Mann, ihr als Sitz dienen musste. Nach dem, was von ihr überliefert ist, äußerte sich ihre Verachtung für alles Weibliche darin, wie sie die Männer demütigte, bevor sie ihr Lager teilten, dass sie sie zwang, sich zu feminisieren, und verlangte, als Mann angesehen zu werden. Mit einer ruhigen, ausgelebten Bisexualität und der Suche nach Lust statt nach Dominanz wäre sie für uns interessanter gewesen. Die fehlende Freude beim Sex selbst und ihr Drang, sich der Körper noch im Schlaf zu bemächtigen, sprechen von den Tumulten eines gestörten Geists.

Die Geschichte von Nzinga Mbande ist die einer Frau, die mit den Männern abrechnen will, was sicher keine Quelle für Kraft und Stärke ist. Kaum anzunehmen, dass dieser Wille, die Männer herabzuwürdigen, der Sache der Frauen gedient hat. Die Rollen lediglich umzukehren, um den dominanten Part einzunehmen und dessen Missetaten zu reproduzieren, kommt tatsächlich einer Erniedrigung gleich. Die Leidenschaft der subsaharischen Feministinnen für diese Frau, die sie an die Spitze der verehrungswürdigen Vorfahrinnen stellen, ist deshalb sehr erstaunlich. Nzinga gehört als Königin und Kriegerin in die Kategorie *badass*, wie einige andere Frauen, die sich im betrüblichsten Sinne des Wortes als männlich erwiesen haben. Ihr Widerstand gegen die portugiesische Invasion spricht sie offenbar von allen Verbrechen frei, die durch die Kultur – die von Moral entbindet – oder durch die Umstände gerechtfertigt sind.

Das Verhalten dieser besonderen Frauenfigur erbringt den unwiderlegbaren Beweis, dass es in Subsahara-Afrika eine ebenso grausame Form der Sklaverei gab wie die der Europäer auf dem amerikanischen Kontinent, aber das ist kein Thema, damit beschäftigt man sich nicht, man erwähnt es nicht einmal nebenbei.

Eines jedoch wird wahrgenommen und verdient hervorgehoben zu werden: Die Erfindung der »Rasse«, wie sie seit jener Zeit verstanden wird, kennzeichnet die Verbrechen der Europäer in Afrika. Das ist die Falle, in der sie stecken. Das ist ihr großer Fehler, zumal sie nicht imstande waren – und es immer noch nicht sind –, sich vom Rassismus freizumachen. Da, wo dieses Gift verabreicht wurde, da wo seine Wirkung anhält, spielt sich die Geschichte nicht zwischen Menschen ab, sondern zwischen politischen Kategorien, die durch Rassifizierung entstanden sind. Deshalb wird nicht über das Leid als solches geurteilt, das Menschen anderen Menschen zugefügt haben, sondern darüber, dass es von denen ausging, die das gewaltige Unrecht begingen, die Körper zu rassifizieren und die Rassen zu hierarchisieren, um ihr Handeln zu rechtfertigen. Nzinga hat sich unbeschreiblicher Grausamkeiten schuldig gemacht, aber sie haben in der Waagschale ein anderes Gewicht, denn sie widerstand den Eroberern, und die Welt, die sie verkörperte, überlebte nicht, bereicherte sich nicht daran. Niemand fragt nach dem, was bereits von innen an dieser Welt nagte und damit die zerstörerischen Kräfte herbeirief.

Was der Marquis de Sade über diese subsaharische Königin wusste, verschaffte ihr einen Platz in seinen Schriften.

Der verrufene Schriftsteller legte Madame de Saint-Ange, einer Person aus *Die Philosophie im Boudoir*, folgende Worte in den Mund:

> *Tröste dich übrigens, meine Eugenie; wenn sie sich das Recht nehmen, uns zu vernachlässigen, weil sie befriedigt sind, haben wir nicht gleichfalls das Recht, sie zu verachten, wenn ihr Verhalten uns dazu zwingt? Wenn Tiberius in Capraia die Objekte opferte, die seinen Leidenschaften gedient hatten, so schlachtete Zingua, die afrikanische Königin, ebenfalls ihre Liebhaber hin.*[28]

Die Bantu-Königin hatte weit über die Landesgrenzen hinaus von sich reden gemacht. Sie war bekannt dafür, dass sie erbarmungslos über die Männer herrschte. De Sade präsentierte sie den Frauen seines Landes als Modell der Subversion und der Gleichheit mit den Männern, vor allem aber deshalb, weil sie deren Verhalten nachahmte, ja überbot. Wir können uns gut vorstellen, dass er damit die Phantasien über ein grausames und blutrünstiges Afrika genährt hat. Über Afrika, nicht über das Königreich Ndongo, das bei de Sade nicht auftaucht. Für Fremde galt der Kontinent lange als ein großes Land, dessen Völker nicht zu unterscheiden waren.

Frau zu sein war in den Augen von Nzinga nichts Ehrenvolles. Als Frau hatte sie keine Vorstellung von der Existenz einer weiblichen Kraft, und sie klagte bis zum letzten Atemzug, dass sie keinen männlichen Erben hatte, der ihr folgen würde, weil nur ein Junge imstande sei, ihr Reich zu erhalten.[29] Diese Haltung wirkt nicht besonders feministisch und nimmt ihr jede Berechtigung, auf dem Thron zu sitzen – es sei denn, man dürfte sie nicht als Frau wahrnehmen, was sie ja verlangte. Man könnte natürlich in ihrer Klage auch das klare Bewusstsein erkennen, dass die Portugiesen, die sie nicht aus der Region vertreiben konnte, keinen Respekt vor einer Frau hatten. Damit hätte sie recht gehabt. Sie hätten aber auch einen Mann nur akzeptiert, wenn er sich unterworfen hätte. Die Frage nach dem Geschlecht des Erben, die Nzinga am Ende ihres Lebens bewegte, stellte sich in Wirklichkeit also gar nicht.

Die anonyme Sklavin wurde in ihrer Position als königlicher Sitz zurückgelassen. Nzinga erklärte, eine Person ihres Ranges benutze nicht zweimal denselben Sitz, diesen da könne nehmen, wer ihn wolle. Das lesen wir im Bericht des italienischen Kapuziner-Missionars Antonio Cavazzi, der unter anderem erzählt, dass die Königin von Ndongo durch ihren lebendigen Geist und ihre Unbekümmertheit bestach. Nzingas Äußerung wurde von Historikern wie Linda Heywood[30] ebenso aufgegriffen wie von dem angolanischen Film *Njinga, Rainha de Angola* (2013) von Sérgio Graciano. Mit diesem Satz antwortet sie auf eine Frage ihrer Gastgeber, die verblüfft auf die kniende Sklavin schauen, als die Königin sich schon zum Gehen wendet. Sie befahl ihr nicht einmal aufzustehen, so unbedeutend war ihr Schicksal für ihre Herrin, von der es hieß, sie verschreibe sich mit Leib und Seele der Verteidigung der Ihren. Aber wer waren die Ihren? Nzingas namenlose Sklavin war in ihren Augen nicht einmal eine Frau. Sie war nur ein bewegliches Gut, noch dazu kein besonders kostbares. Schwesternschaft zwischen Herrschenden und Beherrschten ist eine Geisteshaltung. In dieser alten Gesellschaft gehörte man eher seiner sozialen Gruppe an als seinem Geschlecht, was nicht ungewöhnlich ist. Im Grunde gilt diese Haltung universell in Raum und Zeit.

Die Universalität des Phänomens macht es jedoch keineswegs besser, und das Bild einer Herrscherin, die gekommen ist, um die Menschlichkeit der Ihren ebenso zu verteidigen wie ihren eigenen Status, wird durch diese Gleichgültigkeit für das Schicksal ihrer Sklavin getrübt. Nzinga tut kund, was Macht für sie bedeutet: den Besitz des Landes und seiner Bewohner. Aber verkörperte sie dennoch Stärke? Eine Stärke, nach der besonders Frauen streben sollten? Das darf bezweifelt werden. Der Anachronismus, der aus dem Bedürfnis entsteht, sich Vorbilder zu geben, führt zu Widersprüchen, die sich am Ende als Selbstsabotage erweisen. Weibliche Persönlichkeiten dem Vergessen zu entreißen, sie ans Licht zu bringen, ja sie sich aneignen zu wollen, darf zu keiner Form der Verherrlichung führen. Wenn man die problematischen Seiten ihres Lebens unterschlägt, offenbart man gleichsam seine eigenen Schwächen und gerät in eine unterlegene Position.

Diese Königin, auf die die Frauen der Subsahara heute so stolz sind, weil sie im kolonialen Tunnel steckengeblieben sind, unterwarf auch ihre Nachbarn. Nur so konnte sie ihren königlichen Status erhalten. Nachdem sie Ndongo, das von ihren Vorgängern* geerbte Gebiet, verloren hatte,

* Der erste Vorfahr von Nzinga auf dem Thron von Ndongo war Kilombo kia Kasenda, ihr Großvater. Er galt als illegitimer Herrscher, weil er nicht von von Kiluanje kia Samba, dem Gründer des Reichs, abstammte.

stürzte sie sich auf das Nachbarreich Matamba, wo man sie einst aufgenommen hatte, und besetzte es. Interessant ist, dass das Land ebenfalls von einer Königin regiert wurde, die also vom Thron gestoßen wurde. Es gab nur einen Grund, weshalb sie und ihre Tochter, »beide vom Eisen der Sklaven«[31] gezeichnet, mit dem Leben davonkamen: Die Eroberin sagte sich, die Ermordung der Königin könnte zu Aufruhr führen. Sie gewährte der Königin Muongo von Matamba eine Scheinherrschaft über einen kleinen Teil des Gebietes, das Nzinga ihr gestohlen hatte. In diesem Fall verhielt sie sich genauso wie die Portugiesen: Sie eignete sich ein Territorium an, das ihr nicht gehörte, und ließ der rechtmäßigen Herrscherin nur einen Scheintitel, solange diese ihr nicht in die Quere kam. Auch hier sieht man es wieder: Wenn die Legionen ihrer Bewunderinnen diese Tatsache unerwähnt lassen, ist der Grund dafür ganz offensichtlich die Rasse, ein Element, das zugunsten von Königin Muongo keine Rolle spielte. Niemand rühmt die Portugiesen dafür, dass sie den Mut hatten, ihre Heimat zu verlassen, den Meeren zu trotzen, sich den Härten einer unbekannten Weltregion anzupassen und so weiter. Und es ist auch richtig, dass man sich nicht vor einer Kühnheit verbeugt, die nur von Raublust und Verderbtheit genährt wurde.

In einer von den Europäern rassifizierten Welt ist für viele Afrikaner das Tun der Portugiesen allein wegen ihrer weißen Hautfarbe verabscheuungswürdiger als das einer subsaharischen Königin, die sich im Zuge einer brutalen Eroberung das Land einer anderen aneignet, den Frieden bricht und die guten Beziehungen mit Füßen tritt. Würde man das Rassenproblem ausklammern und die Fakten auf rein menschlicher Ebene betrachten, wie es sich vielleicht eines Tages durchsetzen wird, wäre die Situation einfach: Die Geschichte spielte sich zwischen Kriminellen, zwischen Räubern ab, von denen die einen zweifellos das Unrecht begingen, von weiter her zu kommen und dank der Instrumente, über die sie verfügten, ein System mit massiven Folgen zu installieren. Sie waren nur weitere Akteure in einem schon vor ihrer Ankunft beschädigten Umfeld, in dem die Menschen mit derselben Hautfarbe nicht freundschaftlich verbunden waren. Das beweisen die zahlreichen Auseinandersetzungen zwischen den Königen von Kongo und Ndongo, wobei beide Seiten sich häufig mit den Portugiesen verbündeten, um den Nachbarn zu schlagen. Die Portugiesen hatten immer subsaharische Soldaten in ihren Reihen, viele kamen freiwillig, weil sie sich Vorteile versprachen. Man kann die Rassenfrage nicht ignorieren, die Unterschiede nivellieren, als hätte die Entmenschlichung, die die Rassifizierung für die Völker der Subsahara letztlich bedeutete, niemals existiert. Es kann zwischen jenen, die sich als höhere Wesen sehen, und jenen, die nicht als Menschen wahrgenommen werden, keine Gleichheit bei den Verbrechen geben. Aber niemand darf seinesgleichen zu Sklaven machen, niemand darf seine Mitmenschen kolonisieren. Der Fehler jener Subsahara-Afrikaner, die sich den Portugiesen anschlossen, bestand darin, dass sie das nicht verstanden, dass sie für sich selbst Siege suchten, die für ihre Völker Tragödien waren. Das sah auch die Frau nicht, die sich den Thron von Matamba aneignete.

Nzinga hatte Frauen in ihrer Armee, was in Afrika nicht ungewöhnlich war. Wir haben schon von den Kandaken, der Frauengarde von Mkabayi, und den *Agoodjie* von Tassi Hangbe gesprochen, es gab noch viele andere. Nzinga unterwarf ihre Soldatinnen jedoch einem besonderen Regime und zwang sie, keine Kinder zu bekommen, damit sie allzeit für die Schlacht verfügbar waren, und auch, weil sie sich im Buschland verstecken mussten, als sie eine Königin ohne Reich wurde. Das ist zumindest die Erklärung, die sie in der Stunde der Abbitte gab. Mütterliche Empfindsamkeit konnte bei einer Frau, deren einziger Sohn als Neugeborener getötet worden war und die dann durch die Folter ihres Bruders unfruchtbar wurde, nur als Schmerz auftreten. Sie beging ihren ersten Kindsmord, als sie den Sohn und Erben von Ngola Mbande töten ließ.* Er war noch ein Kind, Nzinga hatte die Macht ergriffen und angesichts ihrer despotischen Methoden hätte sie ihn durchaus am Leben lassen können, ohne ihren Thron zu riskieren. In vielen subsaharischen Kulturen galt der Sohn des Bruders, den Nzinga hatte vergiften lassen, auch als eigener Sohn. Der Kindsmord wird während ihrer Jaga-Periode für Nzinga zur Gewohnheit, als sie im Busch ein *Quilombo*** errichtet. Zu diesem Zeitpunkt ist sie eine Königin ohne Reich. Sie hat Ndongo verloren, weil die Portugiesen einen gefügigeren Regenten eingesetzt haben. Nachdem sie mit allen Kräften

* Nach Linda Heywood war diese Tat die Reaktion auf einen Kindsmord von Zundu, einer anderen Königin der Ambundu, dem Volk Nzingas. Diese wäre demnach nicht die erste Frau gewesen, die über das Volk geherrscht hatte.

** Dieser Begriff wird später in Brasilien für Dörfer verwendet, die von ehemaligen Sklaven gegründet wurden. Im subsaharischen Kontext – wo das Wort auch *Kilombo* geschrieben wird –, bezeichnete es ein Militärlager im Busch.

versucht hatte, sich auf dem Thron zu halten, kann man sich leicht vorstellen, in welchen Abgrund sie gestürzt ist. Nzinga schließt sich dem Volk der Jaga* an, das als besonders kriegerisch bekannt ist. Die neuen Verbündeten der Königin, die von Raub leben und ihre Nachbarn terrorisieren, haben seltsame Praktiken. Nzinga übernimmt diese Praktiken, vielleicht um auf diese Weise sicherzustellen, dass sie die unbezwingbare Kriegerin bleibt, die sich rächen wird, wenn der rechte Moment gekommen ist. Das ist zweifellos die dunkelste Periode ihres Lebens, die durch unaussprechliche geistige und körperliche Grausamkeiten geprägt ist:

> *Sie übernimmt die Sitten der Jaga und lässt in ihrem Quilombo Angst und Schrecken walten. Kannibalismus und Kindsmord werden institutionalisiert. Sie ahmt die Gründerin der Jaga-Riten, Tembandumba**, nach und zerstampft ein Baby in einem Mörser, um daraus die Salbe zu bereiten, die Kriegermut verleiht. Sie reißt Kindern, die man ihr bringt, das Herz heraus und verschlingt es, oder aber sie schneidet den*

* Mit Jaga bezeichneten die Portugiesen eine multiethnische Gruppe mit gemeinsamer Abstammung und gemeinsamen Sitten. Wir benutzen diese Bezeichnung aus Gründen der Einfachheit, weil die Verwendung eines einzigen ihrer zahlreichen Namen nicht angemessen wäre.

** Königin der Jaga im 17. Jahrhundert, schreibt sich auch Temba Ndumba oder Tembo a Ndumbo. Sie stürzte ihre Mutter vom Thron, um die Macht zu übernehmen. Die Legende erzählt, sie habe ihren eigenen Sohn getötet, um den Frauen ihres Volkes, von denen sie verlangte, ihre Kinder zu töten und die Zaubersalbe zu bereiten, ein Beispiel zu geben. Schließlich lehnte sich das Volk gegen diese Praxis auf, und man opferte daraufhin junge männliche Gefangene aus den im Krieg besiegten Völkern. Von dieser Königin, die ein Auge im Kampf verloren hatte, wird auch erzählt, dass sie ihre Liebhaber ermorden ließ. Einer von ihnen, in den sie sich verliebt hatte, vergiftete sie schließlich.

Müttern den Bauch auf, um es herauszuholen, ohne die Geburt abzuwarten. Um ihre Launen zu befriedigen, lässt sie Scharen von Unglücklichen abschlachten. Dann zwingt sie ihre Diener, vor ihren Augen den Platz zu reinigen und das vergossene Blut aufzulecken.[32]

Diese Verbrechen wird Nzinga bereuen, nachdem sie von Christus erleuchtet und zum Katholizismus bekehrt wurde. Nichts in ihrer eigenen Kultur, in der Spiritualität der Ihren, die über ihre Praktiken entsetzt waren, hatte diese Reue wecken können. Die Analysten scheinen der Tatsache keinerlei Bedeutung beizumessen, dass in der Geschichte der Königin von Matamba wahrlich nicht die edlen Seiten ihrer Kultur zutage treten. Dass eine Frau herrschen, kämpfen, Menschen besitzen und töten konnte, ist in Afrika weder eine Besonderheit noch ein herausragend positives Merkmal. Nicht dadurch wird sie geadelt. Über die von ihr begangenen Grausamkeiten wird Nzinga sagen, sie sei durch die Situation dazu gezwungen worden, Jaga zu werden. Man versteht aber kaum, warum der vorsätzliche und wiederholte Kindsmord, die häufigen Bluttaten an schwangeren Frauen und das Opfer so vieler unschuldiger Menschen nötig waren. Worin liegt der Heldenmut einer Königin, wenn nicht im Einsatz für das Leben ihrer Untertanen? War die Königin von Matamba Hüterin ihres Volkes, dessen Sitten sie verdarb, indem sie Praktiken einführte, die das menschliche Bewusstsein zu keiner Zeit als akzeptabel ansah? Die Frage beantwortet sich von selbst.

Kann der Widerstand gegen die kolonialen Pläne der Portugiesen immer als mildernder Umstand geltend gemacht werden? Die Seele wird auch dann befleckt, wenn diese Taten offensichtlich zu einer politischen Strategie gehören, wenn sie besonderen, vorübergehenden Umständen geschuldet sind. In einem solchen Fall nimmt ein ehrenhafter Herrscher den Abstieg in die Hölle auf sich. Nzinga Mbande hat jedoch nicht diese hohe Meinung von ihrer Mission und reißt das Volk, dessen Hüterin zu sein sie vorgibt, mit sich in den Abgrund. Angesichts ihrer Intelligenz und ihrer strategischen Fähigkeiten ist es nicht möglich, eine Exkulpation zu versuchen und schwere psychische Beeinträchtigungen durch den Verlust ihres Reichs anzuführen. Wenn man, wie Linda Heywood, diesen Verlust als kulturelle Erneuerung für Nzingas Volk präsentiert, offenbart sich darin eine mehr oder minder bewusste Verachtung für die ursprüngliche Ambundu-Kultur, so unvollkommen sie auch gewesen sein mag. Da die Gemeinsamkeit, die durch die Kolonisierung geschaffen werden sollte, noch nicht existierte, macht man sich wenig Gedanken darüber, was Nzinga ihrem Volk und anderen Völkern der Subsahara antat. Es zählt nur, dass sie sich ruhmreich den Portugiesen entgegengestellt hat.

Dass sie zum Christentum konvertierte und ihrem Volk so die christliche Taufe aufzwang, sich also mit der ausländischen Macht verbündete, wird als Taktik dargestellt. In den letzten Jahren ihrer Herrschaft bekämpfte Nzinga jedoch mit großem Eifer die Sitten ihres Volkes und ging so weit, den Reliquienschrein mit den Resten ihres Bruders einschmelzen zu lassen. Aus diesem heiligsten Objekt ließ sie eine Lampe fertigen, die ihren Platz in einer auf ihren Befehl hin erbauten Kirche fand. Nzinga starb als fanatische, sicher von ihren inneren Dämonen gequälte Christin. Sie hatte untersagt, dass sie traditionell beigesetzt würde – man gehorchte ihr nicht –, und verlangt, in einem Messgewand in den Sarg gelegt zu werden, das ihrem katholischen Beichtvater gehört hatte. Eine ihrer Glanzleistungen, ein diplomatischer Akt, der ihr besondere Bewunderung eintrug, war die Anerkennung ihres Reichs durch Papst Alexander VII. Ob man darin nun eine weitere Strategie sieht, um das eroberte und von Nzinga bis zu ihrem Tod regierte Königreich zu schützen, oder nicht, in jedem Fall legitimierte die bloße Tatsache, dass sie um päpstliche Anerkennung bat, die Macht des Kirchenoberhaupts über das Schicksal eines subsaharischen Staates. Über ihre Diplomatie, mit der sie sich von den echten Wilden, die keine Briefe an den Vatikan schrieben, abzusetzen scheint, erfahren wir Folgendes:

> *Sie führte einen wahren Feldzug, um die Beamten des Vatikans zu überzeugen, sie wie die anderen christlichen Herrscher in Europa oder anderswo zu behandeln. (…) Sie erklärte stolz, sie und ihr Hof seien durch die Taufe gereinigt, und sie habe eine Kirche errichtet. Am Ende bat sie den Pontifex um Hilfe für den von ihr eingeschlagenen Weg sowie darum, ihr Missionare, Ablassbriefe und seinen Segen zu schicken.*[33]

Würde man es in einem Roman lesen, fände man es vermutlich wenig glaubhaft, dass sich eine Frau, die für viele den Stolz Afrikas verkörpert, dermaßen dafür einsetzt, von einem Kirchenoberhaupt anerkannt zu werden, dessen Vorgänger die Versklavung der Menschen in der Subsahara und die

Plünderung ihres Landes angeordnet hat. Der Papst ließ sich jedenfalls einige Jahre Zeit, bis er ihr antwortete und sie endlich als christliche Herrscherin anerkannte. Als sich die Königin von Matamba mit der für sie typischen Hartnäckigkeit mit ihrem Ansinnen an den Papst wendet, ist sie schon über siebzig, und es wird ihr letzter Kampf sein. Da Nzinga den Glauben immer instrumentalisiert hat, um irgendjemanden zu beeindrucken und ihre Macht durchzusetzen*, könnte man an der Aufrichtigkeit ihrer Briefe zweifeln, sie sich scharfsinniger vorstellen, als diese Prosa einer spät bekehrten Barbarin war, über die sich die Empfänger beim Lesen sicher ausschütteten vor Lachen. Nichts lässt darauf schließen. Es gibt keinerlei Spuren von Vereinbarungen mit ihren Zeremonienmeistern, um wenigstens im Geheimen die Spiritualität ihrer Väter zu bewahren. Im Gegenteil, in diesem Moment ihres Lebens fand sie offenbar nur Fehler an den Praktiken der Jaga, denen sie sich, ihres Throns beraubt, in der Phase des Herumirrens angeschlossen hatte, als sie im Busch ihr La-

* Zum Beispiel machte sie aus ihrem toten Bruder, nachdem sie ihn ermordet und seinen Platz auf dem Thron von Ndongo eingenommen hatte, einen großen Geist, dessen Orakel oft befragt wurde. In Ndongo und anderswo galten die Toten oft als mächtig. Aber nicht alle erhielten den Rang angebeteter Ahnen. Dazu musste man ein verehrter Lebender gewesen sein. Es ist allerdings wenig wahrscheinlich, dass Nzinga ihren Bruder sehr schätzte. Er war in ihren Augen nicht nur ein Feigling, sondern hatte zudem ihren einzigen Sohn getötet und sie dann auf grausamste Weise unfruchtbar gemacht. Sie hatte ihn getötet, um sich zu rächen, aber auch, weil sie ihn des Herrschens nicht für würdig hielt. Erst viel später, in ihrer »Guerilla«-Zeit, übernahm sie die Menschenfresser- und Kindermörderpraktiken der Imbangala (Jaga), trotz der Missbilligung ihres Volkes, der Ambundu, die solche Grausamkeiten nicht kannten. Sie tat das mit demselben Feuereifer, den sie bei all ihrem Tun an den Tag legte, einer verzweifelten Kraft, die man unter Berücksichtigung ihrer Traumata und ihres Drangs, diese auszublenden und stets den ersten Platz einzunehmen, analysieren müsste.

ger aufschlug und ihren Partisanenkampf führte. Aber auch von den Bräuchen ihres Volkes hatte sie sich abgewandt.

Der Thron von Matamba wurde also erhalten, was lediglich heißt, dass die Portugiesen den Zeitpunkt hinausschoben, da sie sich seiner bemächtigten. Diesem gestohlenen Reich gab Nzinga den Namen Ndongo-Matamba, um nicht auf ihren Ursprung, ihre wahre Zugehörigkeit zu verzichten. Das Reich ihrer Väter aber war portugiesisches Eigentum geworden. Dem Bild, das die Erinnerung an ihr Treffen mit dem Vizekönig Portugals für die Nachwelt festgehalten hat, lässt sich entnehmen, dass sie auch eine von deren Legitimität überzeugte Anhängerin der Sklaverei war. Aber darüber empört sich heute niemand, denn in der Subsahara hat sich diese Haltung in den oberen Kasten erhalten. Auch heute nehmen viele Menschen der Subsahara und der afrikanischen Diaspora nur die rassische und koloniale Sklaverei der Europäer als kriminell wahr. Diese Darstellung der Dinge ist problematisch im Hinblick auf die menschlichen Werte, die den Forderungen der afrodeszendenten Bevölkerung in den westlichen ehemaligen Sklavenhalterstaaten zugrunde liegen und sich auf das Leiden der versklavten Menschen berufen. Dreierlei zeichnet die koloniale Sklaverei aus: ihre rassische Grundlage, ihre industrielle Dimension und die Tatsache, dass sie in vielerlei Hinsicht die heutige Welt geprägt und Hierarchien etabliert hat, die die Menschheit bisher nicht überwunden hat. Das sind unbestreitbare Tatsachen. Dennoch ist keine Form der Sklaverei zulässig, und die von Nzinga praktizierte war, anders als die Menschen der Subsahara behaupten, keineswegs sanfter als die der Westeuropäer auf dem amerikanischen Kontinent.

Im Falle Nzingas wird der Besitz von Menschen, die man für ein falsches Wort töten konnte, als Teil einer Kultur wahrgenommen, in der sich Macht auf diese Weise zeigte. Diese Form der Sklaverei sei nicht kriminell, weil sie kulturell sei. Man wirft also den Europäern vor, Dinge getan zu haben, die nicht zu ihrer Kultur gehörten. Das gibt zu denken. Man wagt auch kaum, in der Art von Nzingas Machtausübung einige der Fehler zu erkennen, die bis heute bei den Regenten in diesem Teil des Kontinents fortbestehen. Nzinga war die Frau, die sich weigerte, auf einem Teppich Platz zu nehmen, und lange den Schlaf der Portugiesen störte, die viel über sie schrieben. Das genügt, um die subsaharische Ehre zu retten. Dass es tief in ihrem Innern einen Schmerz gab, den die grausamen Misshandlungen eines auf ihre Fähigkeiten neidischen Bruders verursacht hatten, ein Trauma, das diese Wut erzeugte, deren Glut ihr Leben lang alles um sie herum in Brand setzte, dass sie die Männer hasste und alles Weibliche verachtete, weil sie unheilbar verstümmelt worden war, dafür interessiert man sich kaum. Aber an eben diesen Merkmalen lässt sich die gewaltige Einsamkeit dieser Frau ermessen. Man will sie nicht verstehen, sie auch nicht wirklich kennenlernen, sondern sie vergöttern, zum Idol für die jungen Frauen der Subsahara machen.

Man will auch nicht wissen, dass sie ihre Kämpfe am Ende verloren hat, weil die besser bewaffneten und durchtriebeneren Portugiesen sich für Jahrhunderte in der Region festsetzten. Nzinga sprach Portugiesisch, betrieb Diplomatie mit ausländischen Mächten, denn sie schrieb an den Papst, und vor allem ließ sie einen anderen Menschen die Last ihres Körpers tragen, um nicht gedemütigt zu werden.

Dieses Bild bleibt von ihr, und man interessiert sich ebensowenig wie sie für das Schicksal der Frau, die ihr als Sitz diente. Die kniende Frau existiert für die Geschichte nur in dieser Position. Nirgends sonst taucht sie auf. Nzinga konnte ihre Macht und ihr Territorium erhalten, solange sie lebte. Sie kämpfte nicht für die Freiheit oder die Ehre ihres Volkes, sondern dafür, als dessen legitime Herrscherin anerkannt zu werden. Ihr Leben lang kämpfte sie darum, Königin zu sein. Die unermüdliche Kriegerin, von der man sagte, sie sei scharfsinnig, dachte nicht daran, sich bei ihrer denkwürdigen Begegnung einen Stuhl bringen zu lassen. Der Vizekönig hatte sicher noch einen, aber das wurde nicht in Betracht gezogen. Mehr als alles andere wollte sie ihre Macht, ihre Herrschaft über ein Volk demonstrieren.

Nzinga behauptete also nicht ihre Würde, sondern ihre Autorität, indem sie ihre Sklavin zwang, während der Verhandlungen ihr Gewicht zu tragen. Und danach überließ sie ihre Dienerin wie gesagt den Menschenhändlern, denen sie die Stirn bieten wollte und an jenem Tag einen Tribut an Sklaven verweigerte. Nicht aus Abscheu gegen die Sklaverei, sondern weil ein Tribut sie zur Vasallin gemacht hätte. Nzinga, die Beschützerin ihres Volkes? Als in den 1640er Jahren die Holländer kamen, um den Portugiesen das Territorium streitig zu machen und sie zu besiegen, schloss Nzinga eilig eine Allianz mit ihnen und bot ihnen das Handelsmonopol an. Im Gegenzug bewahrte sie ihre Souveränität. So erhielten die Holländer, solange sie die Stellung hielten, alle gewünschten Produkte, darunter auch viele Menschen, die auf den niederländischen Ländereien der Neuen Welt als Sklaven schufteten. Wo beginnt das Verbrechen gegen die

Menschlichkeit? Wenn man auf die Machenschaften der Europäer schaut, ist die Antwort schnell zur Hand: Vorsatz, Organisation, Rassifizierung, über Jahrhunderte gewaltige Profite. Im Fall der Königin Nzinga gilt nur, dass sie ein Opfer war. Man stellt also die rituellen Menschenopfer, wie es sie in allen Erdteilen gab, auf eine Ebene mit der Beteiligung am Menschenhandel.

Um Nzingas Lebensweg besser zu verstehen, muss man ihr Menschsein mit all seinen Kontrasten, ja Widersprüchen, erfassen, sie zunächst in einen Kontext stellen, in dem man sich mehr mit den Angehörigen ihrer Kaste als mit denen ihres Geschlechts identifiziert. Die namenlose Sklavin, die vielleicht von den Portugiesen misshandelt oder nach Amerika deportiert wurde, ist in den Augen ihrer Herrin keine Frau, die die geringste Beachtung verdient. Sie ist ein Attribut der königlichen Macht, sie verschafft ihr Autorität. Die Vertreter der afrikanischen Diaspora sollten sich mit dieser Sklavin identifizieren, sich zu dieser Person bekennen, die die Verdammten der Geschichte verkörpert, die unbekannten Gefangenen, die einfachen Frauen, die in politischen Verhandlungen geopfert wurden. Auch die Frauen der Subsahara sollten sie rehabilitieren, in ihr das Volk sehen, das die Mehrheit bildete, aber nichts zu sagen hatte und von den Entscheidungen seiner Herrscher abhing. Es sollte unmöglich sein, das Bild mit Nzinga und dem portugiesischen Vizekönig für die Nachwelt zu deuten, ohne diese Frau und ihre Stellung im umfassenden Sinn des Wortes zu erwähnen. Dafür müssen wir Nzinga ihre Schattenseite zugestehen. Ansonsten setzen wir das Vergessen der bislang nicht beachteten Menschen fort. Wir müssen auch unsere Wahrnehmung von Größe hinterfragen, dürfen diese nicht länger nur mächtigen Frauen und selbst den Schlimmsten unter ihnen zugestehen. Um solche Frauen kommt man in der subsaharischen Geschichte nicht herum, aber die weibliche Erfahrung der Subsahara zeigt sich nur, wenn wir auch ihre Beziehung zu den anderen in den Blick nehmen.

Eine Befürworterin des Sklavenhandels misst dem menschlichen Leben nur einen relativen Wert bei, Nzinga hat es bewiesen. Jeder Mensch, den Königin Nzinga vor allem ihren holländischen Partnern auslieferte, erlebte die Qualen der transatlantischen Deportation und, wenn er sie überlebte, die Schrecken der kolonialen Sklaverei. Nzingas Macht lastete nicht nur auf dem Rücken der Sklavin, die sie den Portugiesen überließ, sondern auch auf dem der Deportierten. Sie kann zwar als große Kämpferin gegen die Inbesitznahme ihres Landes durch die Portugiesen dargestellt werden, aber ganz bestimmt nicht als Gegnerin der transatlantischen Deportation. Sie war auch nicht die Bewahrerin der Kultur ihrer Ahnen. Als sie starb, war der Katholizismus Staatsreligion im Königreich Matamba, das sie Königin Muongo geraubt hatte. Die Portugiesen hatten die Holländer zurückgeschlagen, die Sitten und Bräuche aus Lissabon standen bei den oberen Kasten hoch im Kurs. Darin kann man den Anfang der portugiesischen Kolonisierung dieser Region sehen, denn die Entfremdung der Eliten trug maßgeblich zum kolonialen Erfolg bei. Seit ihrer Mission in Luanda hatte Nzinga die portugiesische Mode und Lebensart bewundert:

Später erwähnte Nzinga, dass sie damals die guten Manieren der Portugiesen sehr geschätzt habe. Sie erinnerte sich an das Bankett, das der Gouverneur ihr zu Ehren gegeben hatte, als ein »Fest voller Pracht«. (…) Später musste Nzinga beichten, sie habe während der Monate, die sie in Luanda verbrachte, »Frieden und unaussprechliche Freude« empfunden.[34]

Wie man sieht, hätte die Geschichte auch ganz anders verlaufen können. Die Portugiesen hätten damals nur ihr Recht zu regieren und ihre Vorschläge bei den Friedensverhandlungen akzeptieren müssen. Sie hatten ihr Herz gewonnen. Da Nzingas einziger Sohn tot war, folgten ihr mehrere Frauen auf dem Thron. Zuerst ihre Schwester Mukumbu als offizielle Erbin. Ihr europäischer Vorname war Barbara. Als die Portugiesen die Holländer aus dem Territorium verjagten, nahmen sie Mukumbu als Geisel und behielten sie mehrere Jahre als Gefangene. Nzinga erwirkte nach dem Friedensschluss ihre Freilassung und gab den Portugiesen dafür viele Gefangene. Sie opferte nicht ihre Schwester, um ihre Untertanen zu retten. Ihr Übertritt zum Christentum schützte ihr Volk nicht. Trotzdem blieben die Königinnen und Könige katholisch, was jenseits der politischen Vernunft von einer echten Bindung an diesen Glauben zeugt. Mukumbus Sohn folgte seiner Mutter für ein Jahr auf dem Thron, dann töteten ihn die Portugiesen in der Schlacht von Katole. Den Thron bestieg seine Schwester Kangala, getauft auf den Namen Veronica. Niemals waren die Beziehungen zu den Portugiesen wirklich friedlich. Wie ihre Vorgängerinnen bekriegte sich Kangala mit ihnen und lieferte ihnen Gefangene. Anna II. folgte auf Veronica und unterzeichnete mit den Vertretern der portugiesischen Krone einen Vasallenvertrag. Sie setzte die Evangelisierung des Königreichs fort. Veronica II. folgte kurz auf Anna II., dann wurde sie von Anna III. gestürzt. Nzinga hinterlässt ein Land, das ständig bedroht und von einem hartnäckigen Feind abhängig ist. Auch die ihr folgenden katholischen Königinnen vermögen keinen Frieden zu schaffen. Die Portugiesen sind gierige, unermüdliche Gegner. Schließlich besetzen sie die ganze Region und bleiben dort für mehrere Jahrhunderte, bis die Kämpfe um die Dekolonisierung beginnen, die sie viel später akzeptieren als die meisten anderen Kolonialmächte. Kann man heimlich mit dem Bösen Geschäfte abschließen ohne zu deren schlimmsten Auswüchsen beizutragen? Es ist klar, dass man sich dabei die Hände schmutzig macht. Aber wenn das Handeln dauerhaften Schaden anrichtet, wird es zum Problem. Die Kolonisierung dieser Region gehört zu den längsten auf dem Kontinent. Nzinga wurde auch von den Menschen mit afrikanischen Wurzeln viel verziehen, das muss man hervorheben. Sie wollen sich in Persönlichkeiten mit großer Macht spiegeln, vor allem wenn sie selbst Sklaven waren oder vom Schicksal ihrer Sklavenvorfahren geprägt sind. Wenn man leidet, sagt man sich, dass es wunderbar sein muss, zu denen zu gehören, die nicht etwa dem Leid ein Ende bereiten, sondern es anderen zufügen. In Brasilien wird Nzinga in der Candomblé*-Religion in der Gestalt von Matamba dargestellt, der Dame des

* Candomblé ist die größte afrobrasilianische Religion. Sie mischt christliche Elemente mit afrikanischen Mythen und wird in anderer Form auch in Argentinien, Paraguay, Venezuela und Uruguay praktiziert. Ihr historischer Ursprung liegt aber in Brasilien.

Donners, einer kriegerischen Anführerin, die von den Frauen angerufen wird, wenn sie Kraft brauchen. Sie taucht auch in der Congada auf, einem Ritual, bei dem mit der Krönung des Königs von Kongo und der Königin Nzinga an die Anfänge des Christentums in Angola erinnert wird.[35] Während des Unabhängigkeitskampfes in Angola (1961–1974) erhoben die nationalistischen Führer Nzinga zur Symbolfigur. Als 1975 die Unabhängigkeit ausgerufen wurde, errichteten sie eine Statue zu ihrem Gedenken. In Subsahara-Afrika sehen viele in den Menschen, die unter Nzinga deportiert wurden, notwendige Opfer, die für das Überleben der Nation erbracht wurden. Grundsätzlich wird Kritik an ihr nicht geduldet.

Es ist wichtig, dieser klugen und mutigen Frau, die über mehrere Jahrzehnte unermüdlich kämpfte, ihre ganze Wahrheit zurückzugeben. Die andere Sprache muss ausdrücken können, dass die Lust an der Macht nicht edler wird, wenn sie eine Frau überkommt. Gewalt, die nicht der Verteidigung dient, wird nicht tugendhafter, wenn eine Frau sie ausübt. Nzinga war auch eine Eroberin, die die Souveränität anderer mit Füßen trat, sie tötete Menschen, die keine Bedrohung darstellten, ihre Herrschaft duldete keinen Widerspruch. Für die namenlose Sklavin war sie keine schützende Herrin. Autorität heißt nicht Verachtung. Im 21. Jahrhundert stellt sich eine einfache Frage: Muss sich die Kritik an den europäischen Kolonisatoren, zum Beispiel an der Grausamkeit ihrer Methoden, nicht auch an manche subsaharische Herrscher richten? Der Faschismus der portugiesischen Imperialisten, der sich in ihrer rassistischen Politik zeigt, darf uns nicht daran hindern, die Frage nach den Beziehungen der Menschen der Subsahara untereinander zu stellen. Sie einfach zurückzuweisen hieße, die Opfer zum Schweigen zu zwingen, um nicht das Bild der Völker anzukratzen, die sich weigern, ihre Fehler zuzugeben. Es ist dieselbe Logik, wie wenn man Frauen aus bestimmten Minderheiten in den westlichen Ländern davon abbringen will, die Vergewaltigungen durch Männer ihrer eigenen Gruppe anzuzeigen. Das heißt, dass viele Forderungen nach Wiedergutmachung nicht auf Gerechtigkeit als solche zielen, sondern auf Demütigung derer, an die sie sich richten. Ohne Angreifer und Angegriffene jemals auf eine Ebene stellen zu wollen, ist es in dem Kontext, um den es uns hier geht, erlaubt, sich auch innerhalb der Gruppe der Angegriffenen für die Personen zu interessieren, über die Macht ausgeübt wurde, und diejenigen zu hinterfragen, die vielleicht vorschnell heiliggesprochen wurden. Letzten Endes zeigt sich in Nzingas Geschichte einfach nur wieder Glanz und Elend des Menschseins, wie es uns überall, zu jeder Zeit und bei jedem Geschlecht begegnet. Jeder Mann, der sich wie sie verhalten hätte, wäre trotz all seiner Qualitäten schnell zum Psychopathen erklärt worden.

Weil sie eine Frau war, gerät die Forderung nach Gleichheit plötzlich ins Wanken. Denn es geht in erster Linie darum, die Auslöschung der Frauen aus der Geschichte zu beenden, die auf Subsahara-Afrika jedoch gar nicht zutrifft. Und wenn heute in Zentralafrika in zahlreichen Konflikten Verbrechen von seltener Grausamkeit verübt werden, tut man so, als seien solche Praktiken etwas völlig Neues, oder sieht darin sogleich die unter der Fuchtel der europäischen Kolonisatoren erlernte Gewalt. Nzinga hat kein eigenes Leben mehr. Sie ist zu einer Trope in einem postkolonialen Diskurs geworden, der sich immer mehr an die anderen richtet, als an sich selbst. Diese nach außen gerichtete Rede soll adeln, was nicht geadelt werden darf. Es geht nicht darum, über eine unverzichtbare kulturelle Aktualisierung nachzudenken, vor allem im Hinblick darauf, wie in Zentralafrika seit fünf Jahrhunderten Macht ausgeübt wird. Nzingas Macht existiert nicht als das, was sie war. Sie hat nur die Funktion, die intimen Wunden der Frauen zu heilen, die sich als die Erniedrigten der Geschichte, die Enterbten der Repräsentation wahrnehmen. Sie setzen sich stellvertretend die Krone dieser kriegerischen Königin auf und interessieren sich nicht für die anderen, die Unzähligen, die unter ihrer Macht litten, daran starben, mit aufgeschlitztem Bauch, aus dem doch Leben kommen sollte. Was machen sie mit den Kleinen, denen ohne Rang? Welche Ehre wollen sie wiedererlangen, wenn sie diese dem Schweigen ausliefern?

In seinem berühmten Roman *Alles zerfällt* von 1958 erzählt der nigerianische Schriftsteller Chinua Achebe vom Eindringen der europäischen Kultur in den Alltag einer Igbo-Gemeinschaft. In dem subsaharischen Klassiker setzt sich die christliche Religion auch wegen der Versprechungen an jene durch, die zuvor unter einem elenden Leben oder der Praxis der Menschenopfer (in Ndongo ebenso verbreitet wie anderswo) litten. Die Mitglieder einer Gemeinschaft fügen sich den christlichen Gepflogenheiten, ohne sie unbedingt gutzuheißen. Wenn sie einer tyrannischen Macht ausgesetzt sind, ergreifen sie die erstbeste Gelegenheit, um die christliche Religion wieder loszuwerden. Niemand träumt davon, unter Verhältnissen zu leben, in denen eine Frau vielleicht als Sitz herhalten muss, um danach ausgemachten Verbrechern überlassen zu werden. Den Umständen stehen die Individuen, ihr persönliches Erleben, ihre Empfindsamkeit, ihre Wünsche gegenüber. Den historischen Figuren stehen die Gesellschaften und die Werte, die sie verteidigen wollen, gegenüber. Weil wir behaupten, uns hin zu einer moralischeren Welt zu bewegen, müssen wir uns vor jeder Nachsicht gegenüber uns selbst hüten. Nzinga erinnert uns auch daran, dass man gegen Fremdherrschaft kämpfen kann, ohne die Kultur seiner Gegner zu verabscheuen. Diese Feststellung ist für alle von Wert, die sich mit Macht gegen erniedrigende Regime wehren, sich aber nicht um die Menschen scheren und ihnen ihre individuelle Schönheit aberkennen.

Wenn wir Nzingas Geschichte lesen, können wir nur bedauern, dass ihre Neugier für bestimmte Aspekte der portugiesischen Kultur nicht von einem ebenso großen Interesse für die Traditionen ihres Volkes begleitet war. Wäre es so gewesen, würden mit jeder Thematisierung von Nzingas Geschichte auch einige edle Details des subsaharischen Lebens zum Vorschein kommen. Doch nichts davon. Wir wollen Nzinga gern den Feministinnen des Kontinents überlassen, die sich auf sie berufen, aber wir müssen trotzdem wiederholen, dass sie sich durch ihre Abneigung gegen alles Weibliche auszeichnete. Wir sprechen hier nicht von besonderer Sanftmut, sondern von Respekt vor dem Leben, von dem Anliegen, jene zu schützen, für die man verantwortlich ist. Wir sprechen von dem, was häufig der Antrieb für das Handeln großer Herrscherinnen und Herrscher des afrikanischen

Kontinents war. Zur Entlastung der Königin von Matamba lässt sich anführen, dass sie in einem Land geboren wurde, in dem die Portugiesen – manchmal auf Bitten der lokalen Herrscher (in Kongo wie in Ndongo) – seit mehreren Jahrzehnten präsent waren und ihren Kolonisierungswillen längst bekundet hatten. Auch Nzingas Vorgänger hatten ihre Macht sehr autoritär ausgeübt, doch übertraf sie sie in dieser und manch anderer Hinsicht. Nzinga hat zwar die Praxis der Menschenopfer nicht erfunden, doch sie sprengte dabei jeden traditionellen Rahmen. In ihrem wie in anderen Ländern des Kontinents war der Besitz von Sklaven Ausdruck eines gehobenen sozialen Stands. Viele Ambundu waren zwar entsetzt von den Jaga-Praktiken, die Nzinga übernahm, unterstützten sie aber trotzdem, weil sie wollten, dass der Thron bei einer Angehörigen der Königsfamilie blieb. Ohne die Verurteilung ihrer Verbrechen zurückzunehmen, sei noch einmal daran erinnert, dass Nzinga eine zutiefst verletzte Frau war, »die sich an einem melancholischen Tag gehen ließ und ihren ›unversöhnlichen Hass auf das ganze männliche Geschlecht‹ gestand«.[36] Nachdem ihr Vater sie mit Liebe überhäuft und sie vieles gelehrt hatte, weil er sie gewiss als seine Nachfolgerin ansah, nahm ihr der eifersüchtige Bruder das einzige Kind und ihre Fruchtbarkeit. Ihr Temperament und ihr königlicher Status waren die Instrumente ihrer Rache. Weil man sie eines Teils ihrer selbst beraubt hatte, lebte sie nur, um zu herrschen. Deshalb war sie mehr ein Opfer als eine Überlebende, als eine resiliente Frau. Was sie zu der anderen Sprache der Frauen beiträgt, ist die Notwendigkeit, sich nicht von seinem Schmerz leiten zu lassen, so tief er auch sein mag.

Abgeschlagene Köpfe

Die Geschichte überliefert auch den Namen von Amina aus Zaria, eine Haussa-Eroberin aus dem 16. Jahrhundert, die ganze Armeen anführte, aber nicht zur Verteidigung, sondern aus Spaß an Krieg und Eroberung. Eine Nzinga hoch zwei, deren Handeln sich nicht mit den in Subsahara-Afrika einfallenden Europäern entschuldigen lässt. Sie erweiterte das Gebiet des Königreichs beträchtlich, und die fünfzehn Kilometer lange *Ganuwar Amina**, die sie rings um die Stadt Zaria – die Hauptstadt des heutigen Emirats Kaduna in Nigeria – errichten ließ, sowie andere auf sie zurückgehende Mauern sind noch heute zu sehen. Dieser Königin, die vierunddreißig Jahre lang herrschte, schreibt man die bei den Haussa verbreitete Gewohnheit zu, ihre Militärlager im Schutz von Festungen zu errichten. Die Legende von Amina berichtet, dass sie ihre Liebhaber tötete, damit diese sich nicht rühmen konnten, bei ihr gelegen zu haben. Wenn Frauen Spiele von Jungs spielen, scheinen sie das Bedürfnis zu haben, diese ins Gras beißen zu lassen. Zwischen Frauen und Männern findet etwas statt, das mit Weiblichkeit nichts zu tun hat.

Von Jungsspielen zu sprechen, heißt nicht, den Satz von

* *Ganuwar Amina* heißt Mauer der Amina.

Florynce »Flo« Kennedy zu vergessen: »Es gibt sehr wenige Jobs, die einen Penis oder eine Vagina erfordern. Alle anderen sollten jedem gleichermaßen zugänglich sein.« Krieg und bewaffneter Kampf müssen nicht als zwingend männliche Tätigkeiten angesehen werden, auch wenn die menschliche Gesellschaft sie öfter den Männern überlassen hat. Es sind eher die Modalitäten der Ausführung, die sie einem Geschlecht zuordnen. Die Gründe, aus denen man in einen bewaffneten Kampf eintritt, die Umstände, unter denen man bereit ist zu töten. Das kann man zumindest daraus schließen, dass Afrika die angeblich universelle Regel so oft gebrochen hat, die Frauen lange Zeit vom Schlachtfeld fernhielt. Die vielen Kämpferinnen des Kontinents mussten sich nicht als Männer ausgeben*, und nachdem sie ihr Können unter Beweis gestellt hatten, machte ihnen niemand mehr ihren Rang streitig.

Anhand von Amina wollen wir zeigen, dass es nicht ausreicht, biologisch eine Frau zu sein, um auch sozial das weibliche Geschlecht zu besitzen. Letzteres nämlich hat mit der gesellschaftlichen Rolle und dem In-der-Welt-Sein allgemein zu tun. Das biologische Geschlecht bestimmt nicht unbedingt das soziale, das keine natürliche Kategorie ist, sondern aus jahrhundertelanger und am Ende wahrscheinlich verinnerlichter Aufgabenteilung entstand. Heute sagen uns die Wissenschaftler, dass die DNA die Erinnerung an

* Mit Ausnahme von Tassi Hangbe, von der erzählt wird, sie habe sich auf dem Schlachtfeld zunächst als ihr Zwillingsbruder ausgegeben. Der König war gerade gestorben, diese Nachricht den Soldaten und dem Feind – denn man stand gerade im Krieg – mitzuteilen, hätte die Kämpfer von Dahomey geschwächt.

Traumata bewahrt und weitergibt, warum sollte das nicht auch für die soziale Rolle gelten? Ebenso wie die Umwelt – an sich und die Nahrung, die sie liefert oder nicht – die körperliche Erscheinung beeinflusst, ist es durchaus möglich, dass das erlernte, dauerhaft praktizierte Verhalten sich sozusagen naturalisiert. Manche Körper entziehen sich allerdings dem jahrhundertelangen Habitus im Hinblick auf den Ausdruck und die Energie, die zu einer bestimmten sozialen Rolle führen, und viele subsaharische Gesellschaften haben anerkannt, dass ein männlicher Geist eine weibliche Erscheinung gewählt haben konnte. Das bedeutete also, dass dieser weibliche Körper ein Frauenschicksal erwartete, ihm aber dennoch ein außergewöhnlicher Lebensweg bestimmt war. Amina besaß kein soziales weibliches Geschlecht, das dürfte sie allerdings auch nicht interessiert haben, vielleicht litt sie sogar unter ihrem biologischen Geschlecht. Es war weder die Zeit noch der Ort für eine Dichotomie zwischen Körper und Geist und für die Notwendigkeit, beide in Übereinstimmung zu bringen.

In einer später muslimisch gewordenen Region hätte die von Generation zu Generation weitergegebene Geschichte gewiss verschwiegen, wenn die Königin Liebhaberinnen gehabt hätte. Nehmen wir also an, dass sie ausschließlich Männer begehrte und deren systematische Ermordung belegt ist, obwohl es sich auch um eine Metapher handeln könnte, um eben jenen außergewöhnlichen Charakter dieser Frau auch auf sexuellem Gebiet aufzuzeigen. Bestimmte Dinge waren und bleiben unsagbar. Sind sie wahr, wird nur ein kleiner Kreis darüber informiert sein. Demnach war Amina also eine *Garçonne* (von frz. *garçon*, Junge), die männliche Körper begehrte. *Garçonne* bezeichnet hier nicht eine Anhängerin der Travestie oder einen unvollendeten Mann. Das Wort steht als Bezeichnung für ein eigenes soziales Geschlecht, eine Frau im biologischen Sinn, deren Denken und Verhalten eher dem gleicht, was normalerweise Männern zugeschrieben wird. Das wäre also das Ergebnis einer *Queerness*[*], einer Abweichung von den normalen Kategorien. Eine *Queerness*, die in unserem Fall unterstreicht, dass Amina von Männern angezogen wurde, von Personen ihres sozialen Geschlechts[**]. Warum ließ sie sie enthaupten? Praktizierte die Königin einen in ihren eigenen Augen zu weiblichen Sex, dass sie sich zu einer solch extremen Tat entschloss? Das könnte man daraus schließen, denn die Penetration gilt bis in unsere Tage als Akt der Dominanz, die den Vollzug eines vollständigen Geschlechtsverkehrs bezeugt. Bis heute wird behauptet, es gebe keine Vergewaltigung ohne Penetration, ohne Eindringen in Vagina oder Anus mit einem Penis oder einem Ersatzobjekt, einer Art Prothese für die, die nicht das Privileg haben, mit einem Penis geboren worden zu sein. Man denkt also auch, Sexualität unter Frauen sei keine richtige, eine Frau könne sich nur der Vergewaltigung schuldig machen, wenn sie die männliche Sexualität nachahmt. Zum Beispiel unter Zuhilfenahme eines Dildos.

* Hier soll der Begriff *queer* das bezeichnen, was außerhalb der üblichen, klar definierten Kategorien steht, auch denen von LGBT (lesbisch, schwul, bisexuell und transgender). Für mich ist *queer* das, was unklar, nicht zu definieren ist.

** Von *Queerness* würde man ebenso bei Männern mit sozialem weiblichem Geschlecht sprechen, von denen es mehr gibt, als man glaubt. Wir hätten es also mit einer *Garçonne* zu tun, die »weibische« Männer liebt (die Sprache hat nur abwertende Begriffe für Männer mit weiblicher Sensibilität).

Bot sich die Kriegerin ihren zum Beischlaf gezwungenen Liebhabern – wie konnten sie sie wohl befriedigen, da sie wussten, was sie erwartete? – mit einer Hingabe an, die ihr das Gefühl vermittelte, beherrscht, ja besiegt zu werden? War die Tötung am nächsten Morgen dann die einzige Möglichkeit zu siegen? Oder ließ sie den Körpern dieser Männer, die sie sich auf jedem eroberten Territorium aussuchte, vielmehr eine unorthodoxe Behandlung angedeihen – erzwungener Cunnilingus, Penetration des Mannes durch die Frau mit irgendwelchen Hilfsmitteln –, die auf keinen Fall bekannt werden durfte, weil die Königin sonst womöglich als abartig gegolten hätte? Ging es ihr einfach nur darum, das Heft in der Hand zu behalten, nicht mit den anderen Frauen verglichen zu werden? Diese Erklärung wäre überraschend. Amina war die Tochter von Bakwa Turunku. Die Legende dieser Frau aus dem Volk der Fulbe erzählt, dass sie Feuerwaffen besaß, als sie in den Haussa-Staat Zazzau kam und dort im 16. Jahrhundert die Stadt gründete, der sie den Namen ihrer jüngsten Tochter Zaria gab.[37] Amina war also von einer mächtigen Frau erzogen worden, von der es heißt:

> *Unter der Herrschaft der Mutter Aminas, Bakwa [aus] Turunku, gewann Zazzau an Bedeutung unter den Stadt-Staaten der Haussa. Sie war die zweiundzwanzigste Regierende von Zazzau und wahrscheinlich die erste Frau in diesem Amt.*[38]

Schon unter Bakwa Turunku erhielt Zazzau, dessen Hauptstadt Zaria wurde, seine Größe. Der Staat war im 11. Jahrhundert von König Gunguma gegründet worden und gehörte zu den *Haussa bakwai*, den sieben Haussa-Staaten. Ohne Einzelheiten über Bakwas Leben zu kennen, stellen wir uns vor, dass es ihr nicht an Temperament fehlte, wenn sie sich als Fremde an der Spitze eines solchen Staates durchsetzte. Vor allem, wenn sie sich, was zu vermuten ist, an die Aufgabe hielt, die Zazzau zukam. Der Staat Zazzau lag am weitesten im Süden, deshalb sollten dort Menschen gefangen genommen werden, die dann im gesamten *Haussa bakwai* zu Sklaven gemacht wurden. Die Gefangenen wurden vor allem zu den großen Märkten von Kano und Katsina im Norden gebracht.[39] Vor und während der Herrschaft Bakwas war Zazzau demnach bereits ein kriegerischer Staat, der zwar nicht unbedingt, wie später unter Amina, Nachbargebiete unterwarf, sie aber überfiel und beraubte. Amina hatte also in ihrer Mutter das Vorbild einer Frau, die herrschen konnte, ohne völlig auf die soziale Rolle ihres Geschlechts in einer patriarchalischen Gesellschaft zu verzichten. Bakwa hatte einen Ehemann und Kinder. Sie war vielleicht, wie Pamela D. Toler meint, die erste Frau, die Zazzau regierte, aber an der Spitze von Haussa-Gemeinschaften hatte es schon öfter Frauen gegeben. Diese Gemeinschaften hatten nicht nur ein matrilineares System beibehalten, es war auch üblich, dass sie von Frauen der Aristokratie angeführt wurden.[40] Die Männer, auch wenn sie islamisiert waren, sahen also darin keinen Angriff auf ihre Männlichkeit. Das zeigt der *Bori* genannte Besessenheitskult, an dem sie als Frauen verkleidet teilnahmen. Dieser alte Brauch hatte die Islamisierung überlebt. Man findet ihn noch im 20. Jahrhundert in verschiedenen Haussa-Gemeinschaften.

Amina wuchs also in einem so komplexen und widersprüchlichen Umfeld auf, dass sie nicht zu einer Eroberin hätte werden müssen, die bei ihren Raubzügen abgeschlagene Männerköpfe sammelte. Sehr früh zeichnete sie sich im Kampf aus. Das bedeutet, dass sie sich wohl kaum rein weiblichen Tätigkeiten widmete und dass ihr diese Freiheit gewährt wurde. Da ihre Qualitäten unstrittig waren, führte sie die Kavallerie von Zazzau, bevor sie die Herrschaft übernahm. Es heißt von ihr, sie habe den Titel »Frau, die einem Mann ebenbürtig ist« erworben. Warum tötete sie dann die Männer, mit denen sie das Lager geteilt hatte? Man kann vermuten, dass es ihr als Königin – es ist nicht überliefert, dass sie diesen Brauch auch schon vorher als Generalin der Armee pflegte – darauf ankam, nicht als weiblich angesehen zu werden. Deshalb mussten diejenigen sterben, die diese Weiblichkeit entdeckt und penetriert hatten oder die widerrechtlich die Bezeichnung Mann trugen, wo sie doch ihr viel eher zugestanden hätte. Nach welchen Kriterien wurden die Männer ausgewählt? Es ist nicht bekannt, ob Aminas Herz für einen Mann schlug. Sie weigerte sich, zu heiraten, wahrscheinlich, um sich nicht herabzusetzen. Wir können aber festhalten, dass diese furchtlose Kriegerin nicht in der Lage war, die Institutionen ihrer Gemeinschaft weiterzuentwickeln, die Ehe zu reformieren, die sie der Autorität eines Mannes unterstellt hätte. Dass wir es wagen, sie uns *queer* vorzustellen, wird Menschen, die sich selbst so bezeichnen, ebenso schockieren wie diejenigen, die es ablehnen, dass man sich solche Spekulationen über diese Heldin erlaubt. Erstere sollten wir daran erinnern, dass der Anspruch auf einen Platz in der Familie der Menschen auch bedeutet, die Unvollkommenheit und das zerstörerische

Potenzial eines jeden zu akzeptieren. Letzteren sagen wir, dass auch die historischen Persönlichkeiten von dieser Welt und vor allem anderen Menschen waren.

Amina war keine Revolutionärin, weil die Freiheit, die sie genießen wollte, nicht allen Frauen gewährt werden sollte. Es wird nicht berichtet, dass sie sich besonders um die Frauen kümmerte, dass sie sich für ihr Vorankommen einsetzte. Amina wollte keine freie Frau sein, sondern leben wie ein Mann in einer patriarchalischen Gesellschaft, das ist nicht dasselbe. Es ist ein Unterschied, ob man findet, Frauen und Männer müssten sich verwirklichen können, wie sie es wollen, oder darauf hinweist, dass eine Frau die Freiheit hat – aufgrund ihrer königlichen Geburt, der ihr gebotenen Möglichkeiten und bestimmter Qualitäten –, ihre Individualität auszuleben. Die Revolutionärinnen stehlen das Feuer, um es allen Frauen zu geben. Es reicht ihnen nicht, allein zum Olymp aufzusteigen, um von oben auf die Masse der benachteiligten Frauen herabzusehen, und sich dort oben zu halten, indem sie tagtäglich ihre Fähigkeit zu herrschen und zu zerstören unter Beweis stellen. Trotzdem hat auch die Königin von Zazzau ihren Platz in der Reihe der feministischen Ahnherrinnen. Offenbar ist dieser Rang nötig, um ihr Leben aufzuwerten. Es bleibt allerdings zu vermuten, dass in den meisten subsaharischen Armeen, in denen Frauen kämpfen, nur die wenigsten je von Amina gehört haben. Und es ist ebenso sicher, dass die Frauen, die in den antikolonialen Bewegungen wie der von Amilcar Cabral an der Seite der Männer zu den Waffen griffen und in den Untergrund gingen, es nicht nötig hatten, sich auf die Königin von Zazzau zu berufen. Worin also liegt der

Nutzen dieser besonderen historischen Gestalt? Inwiefern kann ihre Geschichte die Gemeinschaft der Frauen inspirieren? Die Erzählung von ihren Abenteuern hilft nur denen, die ein männliches Werk vollbringen wollen, und nicht gerade im positivsten Sinn. Wenn wir hingegen von einer Dysphorie des sozialen Geschlechts ausgehen, die zu entsetzlichem Leid führt, erhält ihre Geschichte eine ganz andere Dimension, eine viel interessantere Komplexität.

Es ist merkwürdig, dass Aminas Handeln nicht problematisiert wird, man nicht versucht, es zu analysieren. Allerdings erscheint nach dem, was wir über die Königin wissen, ihre Biographie viel weniger komplex als die von Nzinga. Zudem gab es in Nigeria bereits eine andere Frau, zu der psychologische, ja sogar psychoanalytische Studien durchgeführt wurden,[41] weil ihr Verhalten so erschreckend und inakzeptabel erschien. Sie soll dennoch eine ehrwürdige Persönlichkeit bleiben, ja sogar eine Heldin, ein Begriff, der, wie man sieht, im heutigen Subsahara-Afrika sehr missbräuchlich benutzt wird. Die Frau war Efunsetan Aniwura, im 19. Jahrhundert *Iyalode* von Ibadan. *Iyalode* war der Titel, den die »Königin der Frauen« trug, die die weibliche Gemeinschaft anführte. Efunsetan Aniwura war Grundbesitzerin und hatte zweitausend Sklaven auf ihren Plantagen. Die talentierte Händlerin zog großen Gewinn aus ihrer landwirtschaftlichen Produktion, verkaufte Tabak, Stoffe, Menschen und handelte sogar mit Waffen. Gerade bei Fragen, die mit Krieg und Frieden zu tun hatten, spielte Efunsetan Aniwura eine wichtige Rolle. Sie war ökonomisch und politisch eine sehr einflussreiche Frau. Es heißt, sie sei unermesslich reich gewesen, so reich wie keine andere Yoruba-Frau.

Obwohl sie kein gegen sie erhobenes Strafgeld schuldig blieb, wurde Efunsetan Aniwura vom *Fare ona kakanfo** Latoosa, gegen dessen Politik sie sich wandte, ihres Amtes als *Iyalode* enthoben. Sie wurde im Schlaf von zwei ihrer Sklaven ermordet, die dem Befehl ihres Adoptivsohns gehorchten, der wiederum von Latoosa, dem Herrscher von Ibadan, bezahlt wurde. Efunsetan Aniwuras Brutalität gegenüber Nachbarn oder Sklaven, die sie folterte oder köpfen ließ, wird mit dem Verlust ihrer Tochter erklärt, die bei der Geburt starb. Die Verbindung zum Tod ihrer Tochter wird schnell gezogen, weil Efunsetan Aniwura ihren Sklavinnen verbot, schwanger zu werden, und jede Übertretung dieses Verbots mit dem Tod bestrafte. So wird sie teilweise rehabilitiert. Niemand geht so weit, ihr die Verantwortung für ihre Taten abzusprechen, aber sie bekommt mildernde Umstände, damit wir weiter ihre unternehmerischen Qualitäten, ihre Macht und ihren Reichtum würdigen können. Bei Amina gibt es keine derartigen Versuche. Vielleicht bleiben die Gründe für den Mord an ihren Liebhabern im Dunkeln, weil die Geschichte schon so weit zurückliegt. Niemand wagt zu behaupten, dass die mörderische Eroberungslust Aminas klar pathologisch ist.

Mit diesen Anmerkungen und Fragen wollen wir Amina nicht schlecht machen. Wenn man nach ihrer Geschichte einen Roman verfassen würde, könnte man sie als *queer* darstellen und erzählen, wie sie in einem Umfeld, das sie nicht verstehen kann, darunter leidet. Sie lebte im 16. Jahrhun-

* Ein Ehrentitel bei den Yoruba, mehr schlecht als recht als »Führer« zu übersetzen.

dert, in einer Welt, die den Unterschied zwischen biologischem und sozialem Geschlecht durchaus kannte, wie sich am Geschlechtertausch im *Bori*-Kult ablesen lässt. Der Alltag war aber keine Zeremonie, bei der man durch Vermittlung der Geister zu einem anderen sozialen Geschlecht beziehungsweise zu seinem eigentlichen sozialen Geschlecht gelangen konnte. Gern würden wir uns eine Amina ausmalen, die an einer unauflösbaren Dysphorie des sozialen Geschlechts litt, um ihre Gewalttätigkeit zu erklären, ihr einen Sinn zu geben. Es fällt uns schwer zu akzeptieren, dass sie aus reinem Vergnügen tötete, was jedoch möglich ist. Frauen sind Menschen wie alle anderen, manchmal auch Kerle wie alle anderen. Viele Frauen sehnen sich nach Männlichkeit, und wenn es erlaubt wäre, unangenehme Fragen zu stellen, könnten wir über die Entscheidung von Menschen nachdenken, die in einem weiblichen Körper geboren worden sind, aber sozial als Männer gelten wollen. Hat eine solche Entscheidung in den noch sehr ungleichen Gesellschaften wie den unseren überall auf der Welt wirklich nichts mit dem sozialen Wert zu tun, der der biologischen oder sozialen Weiblichkeit beigemessen wird? Menschen, die diese Wahl treffen, wollen eine innere Dichotomie auflösen, ein intimes Problem, unter dem sie leiden. Das ist absolut verständlich und ehrenwert.

Doch hat die individuelle Entscheidung nicht auch Auswirkungen und Bedeutung über das persönliche Schicksal hinaus? Soll sie eine Voraussetzung sein oder erst erfolgen, wenn die soziale Transformation vollzogen ist? Zeugt sie von einem Fortschritt hinsichtlich der Stellung der Frauen oder muss man sie unabhängig von diesem Aspekt betrachten? Gemeinhin empfindet man eine gewisse Irritation vor dem Bild von Transpersonen, *female to male*, wenn sie schwanger sind. Dann kommt es einem so vor, als wäre das Feuer nicht den Männern entwendet worden, um es den Frauen zu geben, sondern als werde vielmehr das, was die Frauen Einzigartiges hatten – ob Privileg oder Last ist hier nicht die Frage –, auf das Männliche übertragen, das ohnehin so viel Macht besitzt. Da man sozial zum männlichen Geschlecht gehört, erlaubt man ihm, sich ein natürliches Vorrecht des weiblichen biologischen Geschlechts anzueignen.[*] Es ist fraglich, ob es in umgekehrter Richtung auch funktioniert, und wenn es so wäre, könnte man darin kein Symbol gleicher Kraft sehen. Die Transpersonen *male to female*, Transfrauen also, werden öfter angegriffen als die anderen[**], die in den Straßen der Städte die Vorteile genießen, die Männern gewährt werden. Transfrauen werden meistens von Männern belästigt, die wütend über das sind, was sie vielleicht als Etikettenschwindel – vor allem

* Auch nach Klärung der Gender-Fragen lässt sich schwerlich bestreiten, dass Geschlechtsmerkmale bleiben. Die Realität widersetzt sich dem Willen. Wenn sie nicht in irgendeiner Weise beeinträchtigt sind, haben weibliche Körper, auch die der Kriegerinnen, einen Uterus. Weibliche Körper haben auch Brüste, die ihnen die Natur gegeben hat, damit sie Säuglinge stillen können. Dieser tierische, auch hormonelle Teil der sexuellen Identität hat natürlich auch Auswirkungen auf das Verhalten und beeinflusst häufig die soziale Arbeitsteilung. Man muss auf die Chemie und Medizin zurückgreifen, um zu vereiteln, was das biologische Geschlecht verlangt. Man kann auch beschließen, kein Kind zu haben, die Möglichkeit, ein Kind zu bekommen, zieht keine Verpflichtung dazu nach sich. Trotzdem bleibt man den Zyklen des weiblichen Körpers unterworfen.

** In den westlichen Ländern sind Transmänner mit afrikanischen Wurzeln der gleichen Polizeigewalt ausgesetzt wie alle Schwarzen Männer, die in Gesellschaften leben, in denen sie keine Macht haben.

wenn ihr Begehren auch nur für einen Augenblick geweckt wurde – oder als Dekadenz wahrnehmen. Viele Transpersonen entscheiden sich dafür, zumindest in der äußeren Erscheinung die gängige Geschlechtertrennung zu erhalten und als Angehörige der einen oder der anderen Kategorie angesehen zu werden. Im Allgemeinen kommt es in der Gesellschaft, wie sie heute immer noch ist, für den Mann einer Erniedrigung gleich, wenn er weibliche Merkmale, seien sie sexuell oder nicht, primär oder sekundär, annimmt oder zeigt. Oft sind die Frauen die Ersten, die ihn geringschätzen.

Heterosexuellen Frauen, die nicht misshandelt oder auf die Hausarbeit beschränkt werden wollen, wünschen sich im Intimleben oft einen starken, dominanten Partner. So widersprüchlich es auch ist, wollen sie im Schlafzimmer einen »echten Mann«, verlangen aber, dass er dieses Wesen, diese Natur ablegt, sobald er sie befriedigt hat. Die meisten Frauen, einschließlich der Feministinnen, würden sich von einem Mann abwenden, der gern Kleider trägt. Anders als die von Frauen getragene Hose ist ein Kleid für einen Mann keinerlei Aufwertung, symbolisiert keinen Machttransfer, ein Kleid anzuziehen führt zu keiner Befreiung. Ganz im Gegenteil, ein Mann, der ein Kleid trägt, bekundet ein Missverhältnis von biologischem und sozialem Geschlecht, was zumindest als etwas Krankhaftes, wenn nicht gar als Zeichen einer Perversion angesehen wird. Nichts dergleichen geschieht jedoch, wenn eine Frau in (ursprünglich) männlicher Kleidung auftritt.

Natürlich lebt jede und jeder ihr oder sein Leben, wie sie oder er es tun kann, und es ist schon nicht schlecht, eine individuelle Befriedigung zu erreichen, die ja ohnehin ziemlich fraglich ist. Die meisten subsaharischen Herrscherinnen und Kämpferinnen, an die wir auf diesen Seiten stellvertretend für alle erinnern, haben das getan. Nicht unbedingt, weil sie es so geplant hatten, sondern weil die Umstände es so wollten. Wenn wir heute ihre Geschichten lesen, möchten wir darin Momente sehen, in denen die etablierte Ordnung erschüttert wurde. Aber das war nicht der Fall. Die Situation der Frauen war nicht beneidenswert und blieb oft unverändert. Die außergewöhnlichen Lebensläufe der Herrscherinnen brachten ihnen Bewunderung oder Neid der Männer ein. Diese Frauen waren einzigartig in ihrem Handeln, aber auch durch ihren sozialen Status, der sie von Anfang an über das Normale erhob. Die einfachen Frauen, die manchmal schon verheiratet waren, bevor sie es wussten – ein noch nicht geborenes Mädchen konnte bereits versprochen werden –, von denen viele ihren Ehemann mit anderen teilten, von denen erwartet wurde, dass sie die Traditionen erfüllten und bewahrten, diese einfachen Frauen konnten sich nicht mit ihnen identifizieren.

Noch heute ist es schwierig, sich von Königin Amina inspirieren zu lassen. Wenige Frauen träumen davon, Köpfe abzuschlagen. Wenige Frauen streben nach militärischem Erfolg, wenn der Kampf nicht die Antwort auf eine Bedrohung ist. Eine Statue von Amina, die seltsamerweise vor dem National Art Theatre in Lagos steht, stellt sie wie einen jungen Sultan oder einen Dschihadisten des Sokoto-Reichs dar und kündet von einer erstaunlichen muslimischen Aneignung. Der Künstler hat ihr jeden Hauch von Charme verweigert. Die einzigartige Amina verdient es, nicht als

Vorbild angesehen zu werden, sondern zu zeigen, dass es eine große Vielfalt von Frauenfiguren in der subsaharischen Geschichte gab und dass einige von ihnen die dunkle Seite der männlichen Kraft für sich wählten.

Kastrierende Furie

In der historisch bezeugten Geschichte des Kontinents zeichnet sich Tassi Hangbe durch ihren Willen aus, das Schicksal der Frauen zu verbessern. Eine andere Gestalt mit demselben Ziel begegnet uns in den Legenden. Für viele hat Ebla Awad, genannt Arraweelo, Königin der Somali, tatsächlich gelebt. Es heißt, sie habe im Jahr 15 unserer Zeitrechnung den Thron bestiegen, also zu einer so weit zurückliegenden Zeit, dass die mündliche Überlieferung eines Nomadenvolks allen Spekulationen Raum lässt. Natürlich gibt es auch mehrere Versionen der Legende von Arraweelo.

Ihre Geschichte, wie sie von den Männern im heutigen Somalia erzählt wird, klingt jedoch wie ein Mythos, der dazu dient, die Frauen zu besänftigen, sie vielleicht von einer besseren Zukunft in einer künftigen Inkarnation träumen zu lassen. Diese erste Version der Legende besagt, dass Arraweelo eine Königstochter war, und da es nach dem Tod des Vaters kein männliches Kind gab, sie zur Herrscherin bestimmt wurde. Überzeugt davon, dass die Frauen, die Kinder gebären, besser geeignet wären, die Geschicke der Gemeinschaft zu lenken, wollte die Königin eine ausschließlich weibliche Regierung.

Die Frauen teilten ihr mit, ihre Männer würden sich diesem Plan widersetzen. Die Königin ermunterte sie, ihnen für eine gewisse Zeit die Hausarbeit zu übertragen, um sie auf die Umkehr der gewohnten Ordnung vorzubereiten. Sie fand, die Frauen seien den Männern überlegen, vernünftiger und auf die Bewahrung des Friedens bedacht. Bis hierhin ist nichts schockierend. Erst mit der Kastration wird das Ganze kompliziert. An dieser Stelle bietet die Legende die breiteste Palette von Varianten. Hängte Arraweelo ihren eigenen Mann an den Hoden auf? Ließ sie nur Vergewaltiger kastrieren? Bestrafte sie jedes unschöne Verhalten eines Mannes mit Kastration? Auf jeden Fall scheint man zu wissen, dass es bei ihr eine ausgeprägte Neigung gab, die Männer ihres Gemächts zu berauben. Eine der Versionen der Legende besagt, dass praktisch kein Mann dem Kastrationsfuror der Königin Arraweelo entging. Nur ein einziger sei ihrem Wahnsinn entkommen, ein schon recht alter Mann, der aus der Gemeinschaft geflohen war. Niemand weiß, wie es dazu kam, so ist das mit Legenden, aber die Tochter von Arraweelo begegnete diesem Mann, seine Sanftheit rührte sie, sie verliebte sich und wurde bald von ihm schwanger.

Ein Junge wurde geboren, den die Königin sogleich um den störenden Teil seiner Männlichkeit erleichtern wollte. Ihre Tochter griff zu immer neuen Listen und vertröstete die Mutter, bis das Baby zu einem Knaben herangewachsen war. Die Geschichte erzählt uns nicht, was dann geschah, aber Königin Arraweelo fand ein tragisches Ende: Sie wurde von ihrem Enkelsohn erstochen. So erlangte das Männliche seinen Platz zurück und stellte die natürliche Ordnung wieder her, die fortan nie mehr ins Wanken geriet. Es heißt, bis heute würden die Frauen auf Arraweelos vermutlichem Grab Blumen wachsen lassen, während die Männer es mit

Steinen bewürfen. Sicher nicht zufällig vermittelt der Mythos den Stolz der Frauen, wenn sie die Macht ergreifen, nach der sie nur aus Hass auf die Männer streben, aber auch, dass sie dann natürlich den Verstand verlieren und sich als unfähig erweisen, eine gerechte Gesellschaft zu errichten. In dieser ersten Version der Legende strebte Königin Arraweelo nach einer friedlichen Welt, in der es keine Gewalt und keinen Krieg mehr gäbe, für die sie eine männliche Schwäche verantwortlich machte. Um diese Welt zu schaffen, fiel ihr nichts Besseres ein, als die Männer zu verstümmeln. Hat diese Legende von Arraweelo womöglich irgendwie, wenn auch nur auf unklare Weise, mit der Beschneidung der Frauen in Somalia zu tun? Vielleicht nicht direkt, aber sie enthält eine für die Männer ausgesprochen traumatisierende Vorstellung, und es ist nicht undenkbar, dass diese die Gewalt nährt, die Frauen angetan wird. Der Beweis dafür, dass der Mythos nicht ohne Folgen ist, sind die Steine, die auf eine vermutete Grabstätte geworfen werden.

Diese Geschichte präsentiert eine Frauenfigur, die eine Machtposition einnimmt und es geschafft hat, über die Gesellschaft zu herrschen – man weiß nicht genau wie, denn Arraweelo wird nicht als Kämpferin beschrieben. Die Geschichte erzählt nicht nur von der Unfähigkeit der Frauen, aufgeklärt und positiv zu regieren, sondern warnt auch vor der Gefahr, die droht, falls sie höchste Ämter bekleiden. Die Frau des Mythos verbreitet Unordnung und Zerstörung. Das ist nicht neu. Die Männer sind zugleich Opfer ihres Wahnsinns und Helden der Erneuerung. Arraweelos Tochter begegnet einem Davongekommenen und bringt den Jungen zur Welt, der das Böse vernichten wird. Alles ist klar.

Wir wissen nicht, ob Arraweelo Frauen liebte, emotional oder auf andere Weise. Der Mythos sagt uns nur, dass sie besondere Qualitäten an ihnen fand, die sie selbst auch zu haben glaubte.

Heute wird Arraweelo von Frauen gefeiert, die in ihr eine Verbündete sehen, eine zu Unrecht verschriene Gründerin einer Gesellschaft, die sie missbräuchlich matriarchalisch nennen. Wir wissen nicht, ob sich die Frauen in Arraweelos Umgebung mit der Gesellschaft von Eunuchen begnügten. Eine Version des Mythos lässt vermuten, dass man einigen Männern zu Zeugungszwecken ihre Männlichkeit ließ. Die männlichen Neugeborenen seien jedoch kastriert worden. Das ist alles dermaßen übertrieben – auch die Ermordung der Königin durch die Hand eines Knaben, weil die Männer nicht mehr handeln konnten –, dass man dieser Geschichte schwerlich eine andere Funktion zuschreiben kann, als die Vorstellungswelten durchzurütteln, um die soziale Ordnung zu festigen. Wie beim biblischen Mythos von Evas Sündenfall und ihrer Strafe des Gebärens unter Schmerzen thematisiert die Legende von Arraweelo die Ängste einer herrschenden Männlichkeit und rechtfertigt die Leiden, die Frauen aufgrund ihres Geschlechts zu ertragen haben. Diese Geschichte sagt nichts über die Frauen und lehrt sie nichts als die Schwäche mancher Männer. In der Gesellschaft, die einen solchen Text hervorgebracht hat, ist der Weg der Frauen zu ihrer Entfaltung voller Fallstricke. Sie haben die Solidarität der anderen nötig.

Tatsächlich verehren die Frauen Arraweelo, weil die Geschichte dieser Königin, wie sie sie sich untereinander erzählen, nichts mit der Legende der Männer zu tun hat, die weiter verbreitet ist. Nach der weiblichen mündlichen Tradition war Ebla Awad keine Prinzessin, sondern eine Frau aus dem Volk, die mit sechzehn Jahren verheiratet wurde. Damals führten die somalischen Clans ständig Krieg gegeneinander, und Ebla Awad wurde bald Witwe. Da sie keine Kinder hatte – waren sie verhungert, wie eine Version der Geschichte angibt, oder hatte sie keine Zeit, wie eine andere erzählt? –, kam es nicht infrage, dass sie einen Mann aus der Familie ihres Gatten heiratete, wie es damals üblich war. Nur wenn sie Mutter war, konnte eine Witwe dem Elend entgehen, dann nahm sich ein Bruder des Verstorbenen ihrer an und heiratete sie, damit ihre Kinder im väterlichen Clan aufgezogen wurden. Auch für ihre eigene Familie war die junge Witwe eine Last: Man konnte sie nicht erneut verheiraten und eine Mitgift erhalten. Sich selbst überlassen schloss sich Ebla Awad, die noch nicht Arraweelo war, anderen Verstoßenen an, isolierten Frauen wie sie, die im Busch einen Unterschlupf gefunden hatten. Sie jagten Wild, um sich zu ernähren, und erwehrten sich auch der Männer, die immer wieder versuchten, die Ruhe der scheinbar schutzlosen Frauen zu stören. In diesen Kämpfen erwies sich Ebla Awad als furchtlos und erbittert, weshalb die Gemeinschaft der Frauen sie zur Anführerin wählte. Sie wurde für alle zur Hüterin, Beschützerin, und ihr Ruf lockte viele andere an, sogar ganze Clans, die sich unter ihren Schutz begaben. Bald waren es so viele Menschen, für die sie sorgen sollte, dass sie eine Armee aufstellen konnte, mit der sie die Kämpfe zwischen den Clans beenden wollte. Zu diesem Zeitpunkt wurde sie zur Königin bestimmt.

Die Clanchefs wollten nicht aufhören mit ihren Kriegen,

die in diesem Teil des Kontinents ein kulturelles Phänomen waren. An dieser Stelle kommt die weibliche Version der Kastrationsgeschichte ins Spiel. Demnach hatte Arraweelo keine andere Wahl, als sich ein paar Clanchefs zu greifen, um sie zur Vernunft zu bringen. Sie nahm sie gefangen und ließ sie gut bewachen. Die Leute wunderten sich, dass Männer die Pläne einer Frau nicht durchkreuzen konnten, und begannen an der Männlichkeit dieser Herren zu zweifeln. Man behauptete, sie seien kastriert worden. Bei den Somali wie anderswo auch symbolisieren die Hoden die männliche Macht. Es ist also möglich, dass das Gerücht anfänglich nur auf einer Metapher beruhte. Als es der Königin zu Ohren kam, befahl sie, diese Falschinformation zu bestätigen und zu verbreiten. Sie dachte, so würde sie die letzten Kriegstreiber zum Nachgeben bringen. Die Clans kämpften weiter gegeneinander, aber die Gemeinschaft, die Arraweelo um sich versammelt hatte, wurde nicht mehr angegriffen. Die Unruhestifter, natürlich Männer, sorgten sich um ihre Eier. Natürlich bestritten die Gefangenen nicht, dass man ihre Männerehre verletzt hatte. Arraweelo, die Königin des Friedens, die Beschützerkönigin, herrschte mehrere Jahrzehnte. Als sie sich zur Beisetzung einer alten Frau begab, wurde sie angegriffen und getötet. Von einem Mann.

Keine der Versionen von Arraweelos Geschichte ist belegt. Sie wurde nie aufgeschrieben, und die mündliche Weitergabe hing von den Erzählern ab. Nachdem wir die Legende so kennengelernt haben, wie sie von den alten Somalierinnen erzählt wird, können wir deren Zuneigung zu dieser Frau aus der Vergangenheit gut verstehen. Die Königin ist hier eine Frau, mit der sich alle Frauen identifizieren können. Sie kommt aus kleinen Verhältnissen, genießt keinerlei Privileg und hat dieselben Sorgen wie die einfachen Leute auch. Im Kontakt mit anderen Frauen, die ihrem Elend überlassen sind, wächst sie über sich hinaus, entdeckt ihren Mut und ihre Kraft und stellt beides in den Dienst der Gruppe. Wegen ihres edlen Charakters wird sie zur Königin gewählt. Sie wird es nur durch den Willen der Gruppe. Bis zum Ende ihrer Tage wacht sie über die Sicherheit der Ihren und sorgt für deren Wohlstand. Die von ihr begründete Gesellschaft emanzipiert die Frauen und schützt sie vor den Begehrlichkeiten und der Gewalt vieler Männer. Die Männer, die zu Arraweelos Clan gehören, haben sich ihm angeschlossen, weil sie bereit waren, die Frauen zu respektieren.

Für die Frauen Somalias gab es also eine Königin, die aus ihren Reihen kam und im Jahr 15 unserer Zeitrechnung den Frauen zeigte, dass ein anderes Leben möglich war. Es ist nur zu verständlich, dass sie ihr Grab mit Blumen schmücken wollen. Natürlich interessiert sich die andere Sprache der Frauen für die Geschichte, die diese Frauen erzählen. Ausgedacht oder nicht drückt sie ihre tiefsten Sehnsüchte aus und spricht von dem, was sie bereits wissen: Frauen sind mächtig, das weibliche Kollektiv ist wichtig und sein Werk oft bemerkenswert. Dieses Kollektiv hat aus Ebla Awad Arraweelo gemacht: Königin des Friedens, schützende Königin, Königin des Wohlstands. Auf den Schultern derer, die sie aufgenommen haben und die sie verteidigen will, erschafft eine kleine, mittellose, ausgestoßene Witwe ihre Legende. In den Augen mancher Männer ist dieser Lebensmut bedrohlich und blindwütig kastrierend.

Prinzessinnenromanze

Nach der Besichtigung unserer kleinen Galerie von Frauenporträts sieht es so aus, als hätte keine dieser Frauen ein besonders erstrebenswertes Leben gehabt. Als hätten weder die Historie noch die Mythen eine von einer Frau ausgeübte Macht zu bieten, die nicht mit Verzicht und Verlust oder aber mit maskulinem Handeln erkauft werden musste, das am Ende auch wie eine Demütigung erscheint. Wir können dieses Verhalten nicht als viril bezeichnen, denn dieses Attribut klingt nach einer Geradlinigkeit, die Frauen, die auch sozial weiblich sind, an den Tag legen können. Virile Frauen sind nicht eigentlich maskulin. Sie zeigen gemeinhin Männern zugeschriebene Eigenschaften, weil sie auch diese Energie in sich tragen. Unter den mythischen Frauen der Subsahara-Geschichte passt jedoch mindestens eine Frau nicht in dieses Schema.

Der Gründungsmythos des Mossi-Reichs geht auf Yennenga zurück, die Tochter des Königs von Gambaga im späteren Ghana. Die Prinzessin war sein einziges Kind, sie wurde von ihrem Vater verwöhnt und erlernte den Umgang mit Waffen und Pferden, was eigentlich ein männliches Privileg war. Wegen ihrer außerordentlichen Begabung wurde sie zur besten Kriegerin und geschicktesten Reiterin des Reichs. Ihr Vater liebte sie so sehr, dass er sie nicht verheiraten wollte und taub war für die Bitten der Prinzessin, die trotz ihrer außerordentlichen Qualitäten von einem Mann und einer Familie träumte. Yennenga, die etwas vorschnell als Amazone bezeichnet wird, wollte ein kleines Haus auf dem Land und einen netten Mann. Kurz und gut, sie war ein ganz normales Mädchen. Ihr Wunsch war so groß, dass sie in einem letzten Versuch, ihren Vater zum Nachgeben zu bewegen, ein Feld mit Okra bepflanzte – auch das konnte sie – und die Schoten auf dem Feld verfaulen ließ.

Der König – der Okra liebte – empörte sich über eine solche Verschwendung. Sie entgegnete, so sei das Schicksal der unverheirateten Mädchen. Diese Antwort besänftigte den Zorn des Vaters, aber er änderte seine Meinung nicht, sondern sagte sich wohl, er werde beim nächsten Mal die Ernte seinen Gärtnern anvertrauen. Nun blieb Yennenga keine Wahl mehr. Sie verkleidete sich als Mann, schwang sich nachts auf ihr Pferd und verließ ihr Land und die Ihren. Sie gelangte in einen tiefen Wald, wo sie Rialé traf, einen Jäger, der bald erkannte, dass der Fremde unter seinem Dach eine Frau war. Sie fanden Gefallen aneinander, liebten sich und die Prinzessin wurde schwanger. Als Yennengas Sohn Ouédraogo geboren wurde, bat Yennenga ihren Gefährten, in das Königreich Gambaga zu reiten, wo, wie sie ihm sagte, ein alter Mann lebe, der ihr sehr teuer sei. Rialé solle ihm das Kind zeigen und fragen, ob er derjenigen verziehen habe, die ihn einst verließ. Gesagt, getan. Der König erkannte beim ersten Blick auf den Säugling die Züge seiner Tochter, seines Augapfels. Er verzieh ihr, überglücklich, die Prinzessin zurückzubekommen und seinen Enkel in Empfang zu nehmen. Yennenga und ihr späterer

Ehemann erhielten die Erlaubnis, das Königreich zu verlassen und ein eigenes zu gründen. So entstand das Mossi-Reich, dessen erster Herrscher Ouédraogo war, der Sohn, der nach Yennengas Pferd benannt worden war.

Eine andere Version der Legende[42] macht aus Yennenga – deren Name darin nicht einmal erwähnt wird – die älteste Tochter des Königs von Gambaga, die wie ein Junge erzogen wurde, weil der Vater keine Söhne hatte. An dieser Darstellung interessiert uns, was sie über den transgressiven Charakter der Yennenga-Geschichte aussagt, wie sie gemeinhin erzählt wird. In dieser zweiten Version der Legende hat die anonyme Frau keinen eigenen Willen. Ihr Pferd scheut und galoppiert mit ihr davon, und sie landet in der Hütte von Rialé. Ihr Sohn Ouédraogo begegnet seinem königlichen Großvater erst mit sieben Jahren und nach langen Verhandlungen. Obwohl sie als Opfer ihres durchgegangenen Hengstes dasteht – eine so gute Reiterin war sie dann wohl doch nicht –, fürchtet die Prinzessin den Zorn ihres Vaters. Dieser nimmt das Kind schließlich an und überschüttet es mit Geschenken. Man fragt sich, wie die Frauenfigur, die außerstande war, ihr Pferd zu bändigen und sich nach dessen Tod in ihrer Umgebung zu orientieren, ihrem Liebsten den Weg zu ihrem Vater weisen konnte. In dieser Geschichte gibt es keine weibliche Individualität, und es ist bestimmt nicht die Version der Geschichte, die sich die Frauen von Burkina Faso erzählen.

Heute wird Yennenga als Verkörperung der weiblichen Aufsässigkeit angesehen. Für alle Frauen war sie eine Kriegerin, die die patriarchalische Ordnung herausforderte und ohne das heilige Band der Ehe ein Kind der Liebe zur Welt brachte. Vielleicht ist das auch etwas vorschnell, denn hier gibt es ein Problem mit dem Mythos. Man kann aus der Legende nämlich auch herauslesen, dass die Frauen zwar genauso fähig sind wie die Männer, sie aber dennoch ihrer Bestimmung zu folgen haben, nämlich einen Sohn zu gebären. Sie müssen ihren Platz kennen und ihn so sehr ersehnen, dass sie sich von denen abwenden, die sie daran hindern wollen, ihn einzunehmen, erfüllte Frauen zu werden. In einigen Bantu-Völkern könnte eine derartige Geschichte so gelesen werden, als sollten die maskulinen und die femininen Züge der Prinzessin hervorgehoben werden, weil jedes Individuum von beiden Seiten Eigenschaften besitzt. Obwohl eine Seite dominiert – in unserem Fall die feminine – bleibt die andere doch präsent, und man greift darauf zurück, wenn es nötig ist. Deswegen ist die Bezeichnung virile Frau durchaus zutreffend. Wenn es darum gegangen wäre, hätte Yennengas Verzicht auf das Kriegerinnenleben dazu führen können, dass sie ihre Virilität auf anderem Gebiet auslebt. Wir wissen es nicht, die Geschichte erzählt davon nichts und endet, als die Frau auf den Gebrauch ihrer maskulinen Kraft verzichtet und damit in die symbolische Entfernung eines überflüssigen Körperteils einwilligt.

Die Mossi-Gesellschaft ist nicht gerade dafür bekannt, Mädchen zu bevorzugen. Sie hätte die Ausbrüche verheirateter Frauen nicht geduldet, wie man sie vom Bwa-Volk (Burkina Faso) kennt. Deren Fluchten hatten das Ziel, einen Liebhaber zu finden, der selbst verheiratet sein konnte. Das galt nicht als Ehebruch, mehr noch, der verlassene Gatte gab sich richtig Mühe, die schöne Entflohene zurückzuholen.[43] Die Geschichte von Yennenga ist keine Bwa-Legende, sie ist ein Mythos, der nicht viel mit den konkreten Erfahrungen der Frauen zu tun hat. Sie ist ein Märchen ohne Feen, das eher eine Ideologie transportiert als eine Moral. Ein jedes hat seine Zeit, das wissen auch die Kriegerinnen, und wenn sie sich an einen Mann binden und ein Kind zur Welt bringen, kehren sie an ihren Platz zurück. Diese Bindung wählen sie allerdings ungeachtet aller Hindernisse. Der Tod von Ouédraogo, dem treuen Hengst der Prinzessin, besiegelt ihren Abschied von den Waffen. Sie findet ihren Mann, das Pferd stirbt, ein anderes Leben beginnt. Das Okraschotenleben, in dem die Frau zur Erde zurückkehrt, der nährenden Gottheit, dem Uterus, den sie verkörpert. Man kann nicht alles haben, die Freiheit der Männer und die Würde der Frauen. Wir bedauern nicht, dass sich die Prinzessin entscheidet, ein konventionelles Leben zu führen. Diese Wahl hat nichts Ehrenrühriges und steht ihr zu. Dank ihrem sozialen Status wird sie auch nicht von den Pflichten des Alltags niedergedrückt werden, und Okra muss sie nur pflanzen, wenn sie Lust dazu hat. In einer Gesellschaft, in der jeder für sich entscheiden kann, verdient Yennengas Entscheidung jeden Respekt. Doch als Prinzessin ist sie nicht repräsentativ für alle Frauen. Die anderen würden es bitter bereuen, wenn sie sich ähnlich verhielten. Sie könnten es ohnehin nicht, da sie keine Reiterinnen mit eigenem Hengst sind, der sie im Galopp durch die Nacht in den Wald bringen könnte, um dort die Liebe zu finden. Was können also einfache Frauen aus dieser Geschichte mitnehmen? Schauen wir uns erst einmal an, wie sie weitergeht.

Nach der Gründung des Mossi-Reichs tritt Yennenga in den Hintergrund, verblasst ihr Bild. Auftritt beendet, die Männer nehmen wieder die Zügel in die Hand. Fast möchte man sagen: Viel Lärm um nichts. Zumal sich die Heldin dieser Legende, wie in den meisten hier erzählten wahren oder ausgedachten Geschichten, keinen Deut um das Schicksal der Frauen schert, von deren Kämpfen dieser Mythos nichts erzählt. Er erwähnt nur, dass Yennenga in allem die Beste ist, die perfekte Frau, die auf Pferden reitet und Okra pflanzt. Ihr Name bedeutet »die Anmutige«, damit wir begreifen, dass sie auch schön war. Yennenga war ein Mädchen, das sich Jungsspielen hingab, bevor sie eine Frau wurde und der uralten Bestimmung ihrer Geschlechtsgenossinnen folgte. Wir wissen nicht, ob das schon zur unbekannten Zeit des Mythos galt, aber die Mossi-Frauen wurden lange Zeit beschnitten, und der Besitz eines Pferdes wäre ihre geringste Sorge gewesen. Wenn wir uns den vordergründigen Sinn des Märchens ansehen, wundern wir uns, dass Yennenga in Burkina Faso als Heldin gilt. Aber genauso ist es, fast ein patriarchalischer Witz, der den Frauen entgeht, die von Yennenga träumen. Eine hintergründigere Bedeutung dieser Geschichte könnte für die Frauen darin liegen, dass sie nicht immer klein beigeben müssen. Schließlich wählt die Prinzessin ihr Schicksal selbst, und weil sie alles unternimmt, um ihren Traum zu verwirklichen, gelingt es ihr. Es ist gut möglich, dass eine Frau im Gegensatz zu dieser legendären Dame ihr Leben lang über ferne Steppen galoppieren und auf keinen Fall heiraten möchte. Und dann tut sie das eben, auch wenn sie die Ihren verlassen und zunächst durch die Nacht reiten muss.

Schwarze Pantherin

Die lange vergessene und von den Historikern ignorierte *Sarraounia* Mangou wurde durch die Fiktion wiederentdeckt. Der mauretanische Regisseur Med Hondo machte aus dem Roman des nigrischen Schriftstellers Abdoulaye Mamani, der die Geschichte dieser Frau dem Vergessen entrissen hatte, einen seiner berühmtesten Filme. Er nannte ihn schlicht und einfach *Sarraounia*[44], auf deutsch heißt er *Der Kampf der schwarzen Königin* (1986). Sarraounia war nicht der Vorname dieser Frau, sondern ihr Titel. Das Wort heißt in der Sprache der Haussa »Königin«. Die Trägerin dieses Titels ist gleichzeitig Herrscherin und spirituelle Führerin. In der langen Geschichte der Haussa herrschten häufig Frauen, allerdings hießen sie wegen einiger Besonderheiten dieses Titels nicht alle *Sarraounia.*

Die Frau, die uns hier interessiert, ist zweifellos die berühmteste dieser Politikerinnen und Mystikerinnen. Deshalb bezeichnet der Titel, den andere vor ihr getragen haben, vor allem diese eine. Vielleicht wegen des Romans und des Films nennt man sie in Subsahara-Afrika nur *Sarraounia* und kaum jemand kennt ihren Namen. Sie hieß Mangou und lebte im 19. Jahrhundert in Arewa, im Südwesten des heutigen Niger. In Lougou, dem Stadt-Staat, den sie regierte, lebten die Azna, ein damals noch nicht islamisiertes Volk, in einer Umgebung, die schon lange von Muslimen kolonisiert war. Lougou war ein blühender Staat. Er war auch sehr wehrhaft, denn noch vor den französischen Kolonisatoren musste man sich vor dem Islamismus der Fulbe aus dem Sokoto-Reich und den kriegerischen Tuareg schützen. Mangou setzte sich mit ihrer Armee erfolgreich gegen die gefährlichen Nachbarn zur Wehr und bewahrte die Freiheit, Identität und Integrität ihres Territoriums.

Die Geschichte dieser Frau ist von Anfang an untypisch. Nach dem frühen Tod ihrer Eltern wird sie von einem Freund ihres Vaters erzogen, der sie in sein Wissen einführt. Sie lernt mit Waffen ebenso umzugehen wie mit Zauberei und Arzneikunde. Er vermittelt ihr auch seine Weltsicht und Lebensweise. Diese für ein Mädchen unübliche Ausbildung bereitet sie auf einen außergewöhnlichen Lebensweg vor. Wie jede *Sarraounia*, die dieses Namens würdig ist, praktiziert sie die Wahrsagekunst, kommuniziert also mit dem Unsichtbaren. Abdoulaye Mamani nimmt sich in seinem Roman die künstlerische Freiheit, der aus der oralen Tradition des nigrischen Südwestens überlieferten Figur zwei Liebhaber an die Seite zu stellen, einen Krieger und einen Griot. Man kann dem Schriftsteller und politischen Aktivisten aus der Sahelzone nur dankbar sein, aus dieser Frau (und durch sie auch aus allen anderen) eine so kraftvolle Persönlichkeit geschaffen zu haben, dass er ihr erlauben konnte, mühelos gegen eine Regel zu verstoßen, die ihr die Realität sicher aufgezwungen hat. Eigentlich muss die *Sarraounia*, die den Titel von derjenigen erhält, die ihn vor ihr trug*, das weltliche Leben hinter sich lassen und auch auf die Freuden der Sexualität verzichten. Eine *Sarraounia* ist also keineswegs eine freie Frau: Ihre Macht und ihre Pflichten erlegen ihr Zwänge auf. Eigentlich würde niemand diesen Titel tragen wollen. Aber Mangou wurde nicht wegen des strengen Lebens einer *Sarraounia* zur Volksheldin, die Künstler inspirierte, bevor sie von politischen Regimen vereinnahmt wurde, die nicht gerade an der Entfaltung der Frauen interessiert waren.

Mangous Geschichte wurde überliefert, weil sie sich der finsteren Voulet-Chanoine-Mission entgegenstellte. Diese nach ihren Anführern benannte Militäroperation war eine Etappe bei der Inbesitznahme afrikanischer Territorien durch Frankreich und Teil der großen Zentralafrika-Mission (1898), deren drei Expeditionen im Tschad zusammentreffen sollten. Einige Jahre nach der Berliner Konferenz (1885), auf der die europäischen Mächte Afrika unter sich aufgeteilt haben, macht sich Frankreich an die Errichtung seines Kolonialreichs. Es schließt seine eroberten Territorien zu Französisch-Westafrika zusammen. In Zentralafrika jedoch sind die Grenzen noch nicht abgesteckt. Außerdem wollen die Franzosen noch mit Rabah, dem König von Bornu, abrechnen, der ihrer Meinung nach mit seinem Herrschaftsanspruch ihre Interessen in der Region bedroht. Die Foureau-Lamy-Mission wird von Algerien aus nach Zentralafrika losgeschickt. Die Gentil-Mission beginnt in Mittelkongo.

* Das Ritual der Titelübergabe vollzieht die Vorgängerin auf dem Sterbebett.

Die Voulet-Chanoine-Mission schließlich startet im Senegal und bewegt sich durch Französisch-Sudan (heute Mali) und Niger Richtung Treffpunkt. Bornu, aus Kanem-Bornu hervorgegangen, einem der mächtigsten afrikanischen Reiche aller Zeiten, ist noch immer ein riesiges Territorium, dessen Grenzen grob gesagt den heutigen Tschad, einen Teil Kameruns und Nigerias umfassen. Drei Militärexpeditionen sind nicht übertrieben, wenn man die Ziele erreichen will, die sich Frankreich in der Region gesetzt hat.

Die ganze Militäroperation in Zentralafrika wie auch speziell die Voulet-Chanoine-Mission müssen hier nicht dargestellt werden. Sie sind bestens dokumentiert. Die Heldentaten von Paul Voulet und Julien Chanoine, zu denen unvorstellbare Gemetzel gehörten, sind bekannt. Die Königin kämpft also gezwungenermaßen, die Fremden lassen ihr keine Wahl. Die Schlachten sind brutal, aber die Azna ergeben sich nicht. Sie müssen sich in einen nahen Wald zurückziehen. Von Mangou angeführt trotzen sie von dort aus weiter den Franzosen und ihren »Senegalschützen«. Überrascht von dem heftigen Widerstand verdoppeln die Angreifer ihre Brutalität. Die Herrscherin der Azna ist berühmt, die afrikanischen Soldaten der Franzosen fürchten ihre starke Zauberkraft. Viele wagen nicht, ihr entgegenzutreten, und die Armee, die am 16. April 1899 Lougou in Brand steckt, ist bereits in Auflösung begriffen. Die Soldaten bekriegen sich untereinander, Offiziere werden getötet. Die Legende schreibt diese Zwietracht innerhalb der Truppe von Voulet und Chanoine den mystischen Kräften der *Sarraounia* zu, die kriegerische Taktik mit okkultem Wissen verbunden haben soll. Es ist zwar ehrenwert, wenn ein Volk eine Frau als geistige Führerin wählt, aber wenn es um den Widerstand gegen die Unterdrücker geht, schmälert dieser Rückgriff auf unsichtbare Kräfte Mangous Verdienste. Es ist nicht jedem gegeben, solche Kräfte anzurufen, aber es ist doch bemerkenswert, dass die Taten außergewöhnlicher Frauen gern übernatürlichen Kräften zugeschrieben werden. Sogar Abdoulaye Mamani, der Mangou in seinem Roman mit großer Freiheit und emanzipatorischer Kraft ausstattet, die über die Epochen hinweg bis in die Zeit hineinwirken, in der das Buch geschrieben wird, erklärt sie zur »Zauberin-Königin«. Vielleicht hat er auch nicht ganz unrecht. Der leidenschaftliche Widerstand der Azna konnte die Franzosen zwar letztlich nicht besiegen, aber die Königin wurde nie gefasst. Mangou löste sich auf und ward nie mehr gesehen. Eine Version ihrer Legende besagt, sie habe sich in einen schwarzen Panther verwandelt, um mit dem Wald zu verschmelzen. Auch das Tier wurde nie mehr gesehen. Vielleicht lassen die Franzosen Mangou in ihren Militärarchiven unerwähnt, weil sie nie ihre Leiche vorweisen konnten. Das Schweigen der Sieger, die am Ende die Region eroberten, macht aus der Geschichte der *Sarraounia* eine Fabel, erfunden von einem Volk, das sich selbst würdigen möchte.

Auch wenn Mangou nicht war, was man glaubt, ist es doch beachtenswert, dass die symbolische Verkörperung des Widerstands ihr zugesprochen wurde. Der Legende nach sollte eine Frau für die bezeugte Auflehnung der Bevölkerung stehen, nicht irgendein erwartbarer, bekannter männlicher Held. Im Film von Med Hondo spielt Aï Keita Yara die stolze Mangou, eine stattliche Erscheinung mit großer Autorität. Da die von Niger versprochene Filmförderung nicht gezahlt wurde, holte Thomas Sankara, der damalige Präsident von Burkina Faso, das Filmteam in sein Land. Der Regisseur ärgerte sich über die Hindernisse in seiner Heimat und entfernte den Hinweis auf das Herkunftsland seiner Heldin aus dem Film. Damit schenkte er diese Geschichte in einer panafrikanischen Perspektive, die er mit Abdoulaye Mamani teilte, dem ganzen Kontinent.[45] Mangou spricht im Film Mooré, die Sprache der Mossi in Burkina Faso. 1987 gewann der Film auf dem Fespaco* den ersten Preis.

Heute gehört die *Sarraounia* Mangou als Verkörperung des erbitterten Kampfes gegen Unterdrückung zu den weiblichen Bezugsgrößen in Subsahara-Afrika und natürlich in Niger. Sie ist ein Vorbild für Kampfbereitschaft, Ausdauer und Widerstand. Man wünscht ihr, dass sie zu gegebener Zeit ihr Pantherfell gegen die Haut einer Frau getauscht und sich die einer *Sarraounia* verbotenen Freuden erlaubt hat. Sicher tat sie alles, um nicht gefunden zu werden, weil sie nicht von ihrem Sterbebett aus die Unglückliche bestimmen wollte, die als Herrscherin und spirituelle Führerin auf ein freies Leben zu verzichten hätte.

* Festival panafricain du cinéma et de la télévision de Ouagadougou (Panafrikanisches Film- und Fernsehfestival Ouagadougou).

Pax africana

Das neokoloniale Subsahara-Afrika muss sich Heldinnen und Helden erschaffen. Oft begnügt es sich damit, Persönlichkeiten, die Macht besaßen, auszugraben, ohne sich genauer für die Prinzipien, die sie leiteten, ihre Motive und die Bedeutung der überlieferten Geschichten zu interessieren. In Afrika wie anderswo verneigt man sich vor der Macht, während jene, über die sie ausgeübt wird, schnell vergessen sind. In Afrika wie anderswo möchte man durch mächtige Persönlichkeiten vertreten werden, was soll's, wenn sie sich übler Missetaten schuldig gemacht haben. Nzinga, die den portugiesischen Invasoren die Stirn bot, wird als Heldin angesehen. Ihr Name fällt am häufigsten, weil sie auch in den europäischen Archiven erwähnt wird.* Für die Menschen der Subsahara und ihre Nachkommen in der ganzen Welt erinnert sie an den Kampf gegen die transatlantische Deportation und die Kolonisierung. Angesichts dieser Verbrechen würde man ohne solche Symbolfiguren des Widerstands, auch wenn sie zwiespältig waren, ins Wanken geraten. Sarraounia Mangou ist heute eine nationale Heldin in ihrem Land, wo die Geschichte ihres Widerstands

* Die afroafrikanischen Geschichten von Moremi, Aura Poku, Tassi Hangbe etc. tauchten nicht in den Schriften außerhalb des Kontinents auf.

in den Schulen gelehrt wird. Im Gegensatz zu anderen war sie eine edle Person ohne Fehl und Tadel, zu der man sich leicht bekennen kann. Sie nimmt auf der langen Liste der subsaharischen Kämpferinnen für die Freiheit einen herausragenden Platz ein und zeigt den Frauen der Welt, dass ihre Geschlechtsgenossinnen aus der Subsahara in Sachen Tapferkeit ein unvergleichliches weibliches Erbe besitzen. Für die Menschheit gehört die Figur der Kriegerin in das Reich der Mythen. Auf allen Kontinenten ist sie eine Randerscheinung. Das vorkoloniale Afrika nimmt auf diesem Gebiet eine Sonderstellung ein: Dort wachsen die Kriegerinnen wie die Okraschoten auf Yennengas Feld.

Amina aus Zaria war vor allem eine Eroberin. Macht sie das zur Heldin? Ja, im vertikalen Verständnis dieses Begriffs, das heißt nach der grausamsten, mörderischsten Bedeutung, die er annehmen kann. Amina war eine Reichsgründerin, wie sie die Menschheitsgeschichte auf allen Erdteilen kennt, deren Nachruhm auf Bergen unschuldiger Leichen ruht. Erlauben wir uns, sie nicht zur Reichsgründerin zu machen, denn es gab auch echte auf unserem Kontinent und sie verhielten sich ganz anders.

Tassi Hangbe errichtete eine neue soziale Ordnung, indem sie zumindest während ihrer kurzen Regentschaft von 1708 bis 1711 Frauen zu hohem Rang verhalf. Nicht vergessen sei auch die Batlokwa-Königin Mmanthatisi, die ihr Volk gegen Zulu-Angreifer verteidigte und es in ein sichereres Gebiet im heutigen Lesotho führte. Damit sorgte sie für das Überleben eines ganzen Volkes und gründete eine neue Gesellschaft. Das Gleiche leistete auch die »alte Dame« Aura Poku. Im großen Stammbaum der subsaharischen Kämpferinnen nimmt Amina aus Zaria einen besonderen Platz ein.* Sie war eine der wenigen, die Krieg als Sport betrieb und deren Handeln vor allem darin bestand, zu unterwerfen. Wie Nzinga, deren Bild als Sklavenhalterin der Nachwelt überliefert ist, zeichnete sich auch Amina vor allem durch ihre Herrschaft aus. Alle anderen, Tassi Hangbe (Benin), aber auch Königin Kaipkire der Herero (Namibia), Ndate Yalla Mbodj aus Waalo (Senegal), Yaa Asantewaa aus dem Aschanti-Reich (Ghana), Menen Liben Amede (Äthiopien), Nehanda Nyakasikana von den Shona (Simbabwe) oder Sarraounia Mangou aus Lougou (Niger), ergriffen die Waffen nur zur Verteidigung, um sich gegen Angriffe von Nachbarn oder gegen die europäischen Kolonisatoren zur Wehr zu setzen. Die beiden Letztgenannten haben die Besonderheit, dass ihre Geschichte mit einer mystischen Dimension verbunden ist. Die Legende lässt Sarraounia Mangou in Gestalt eines schwarzen Panthers verschwinden, während Nehanda sich selbst als Medium darstellt, durch das sich der Geist ihrer Vorfahren zu erkennen gibt. Beide Frauen weigerten sich, zu den sogenannten Offenbarungsreligionen – Islam für Sarraounia, Christentum bei Nehanda – zu konvertieren. Sie waren auch spirituelle Führerinnen.

* Leider können wir hier nicht von Gudit (Äthiopien) sprechen, von der es heißt, sie habe den Herrscher abgesetzt, sich selbst gekrönt, das Königreich Aksum zerstört und die Salomonische Dynastie, vor allem die Männer, ausgerottet. Ihre Geschichte ist umstritten und voller Unklarheiten, die Versionen decken sich lediglich in der Darstellung ihrer Zerstörungen und ihrer Fähigkeiten als Kriegerin und Strategin. Selbst ihr Ursprung ist rätselhaft, manchmal wird sie auch als Prostituierte dargestellt. Es gibt sicher noch viel über diese umstrittene Frau zu erfahren, die im 10. Jahrhundert vierzig Jahre lang herrschte.

Zu dieser keineswegs vollständigen Liste subsaharischer Frauen, die die Geschichte prägten, weil sie die Verteidigung ihres Volkes übernahmen, wollen wir eine hinzufügen, deren Handeln sich durch ihre Fähigkeit auszeichnete, den bewaffneten Kampf zu verhindern, der viele Opfer gekostet hätte. *Okinka** Pampa Kanyimpa, die letzte Herrscherin der Bijago (Guinea Bissau) wird heute auf den Bissagos-Inseln verehrt. Zur Zeit der portugiesischen Kolonisierung wurde Pampa Kanyimpa von ihrem Volk gedrängt, sich mit Waffen dem Feind entgegenzustellen. Nachdem sie sich den Zustand ihrer Streitkräfte angesehen hatte, wählte die Königin eine pragmatischere Lösung, dank der ihr Volk überlebte. Sie erlaubte den Portugiesen an der Küste anzulegen, aber nicht ins Landesinnere zu kommen. Ihnen wurden die verlangten Lebensmittel ausgehändigt, und sie fuhren wieder davon. Aus mysteriösen, vielleicht auch mystischen Gründen – die Königin war auch eine große Priesterin –, hielten sich die Portugiesen, die zu den brutalsten Kolonisatoren gehörten, an die Abmachung und griffen das schlecht bewaffnete Volk nicht an. Für ihre Weisheit verdient Pampa Kanyimpa den Rang einer verehrten, ja angebeteten Ahnherrin. Bei den Bijago genossen die Frauen früher ein seltenes Privileg. Nachdem sie durch Priesterinnen initiiert worden waren, stand es ihnen zu, ihren Ehemann auszuwählen. Wenn sie sich von ihm trennen wollten, taten sie es, und behielten das Haus. Vor der Initiation war die Sexualität der Frauen frei, sie gaben sich hin, wem sie wollten. In der Gemeinschaft wurde keine Entscheidung ohne die Zustim-

* Königin

mung der Priesterinnen getroffen, die mit den Geistern und der Gottheit kommunizierten. Wer sich ihren Geboten widersetzte, wurde verbannt.[46] Die Versammlung der Frauen, in der zum Teil über die Leitlinien des Gemeinschaftslebens entschieden wurde, stand den Männern nicht offen, sie hatten ihre eigenen Institutionen. Wenn ein Mann von mehreren Frauen ausgewählt wurde, teilten sie ihn sich, und er lebte polygyn. Die Kinder gehörten in dieser matrilinearen Gesellschaft zur mütterlichen Familie. Die Gesellschaft der Bijago schloss die Männer keineswegs aus. Sie wurde von einem durch alle akzeptierten Gleichgewicht bestimmt. Wenn Reis angebaut wurde, pflügten die Männer den Boden, die Frauen säten und kümmerten sich um die Lagerung der Ernte in den Scheunen.[47]

Es wäre ungerechtfertigt, in der sozialen Organisation auf diesen Inseln ein Matriarchat als weibliches Äquivalent zum Patriarchat zu sehen. Die Aufgabenverteilung war gleichberechtigt, weder Männer noch Frauen missbrauchten die Angehörigen des anderen Geschlechts. Natürlich ist die Gesellschaft der Bijago heute von Verwestlichung bedroht, und auf der Suche nach Ahnherrinnen reden die Frauen kaum von Pampa Kanyimpa oder bedauern den Untergang der Welt, in der sie lebte. Die letzte Herrscherin der Bijago, deren Grab man heute noch besuchen kann, scheint niemanden zu interessieren, weil sie nicht direkt eine Kriegerin war. Dafür war sie so geschickt, ihr Volk und seine Lebensweise zu schützen. Das war das Ziel aller Frauen, die zum bewaffneten Kampf gedrängt wurden. Pampa Kanyimpa war eine von weiblicher Kraft geleitete Strategin, eine Kämpferin für den Frieden. Es ist erstaunlich, dass die Schmiede subsaharischer Ideale sie nicht anerkennen, denn sie war eine echte Mutter für ihr Volk. Das müsste ausreichen, um sie zu legitimieren. Ihre Geschichte ist ohne Nachhall. Die Bewohner der Bissagos-Inseln sind heute extrem arm, eins jener Völker, die weder Begehren noch Zuneigung wecken. Dennoch ist ihnen die Geschichte der europäischen Herrschaft über Afrika nicht erspart geblieben. Durch die Geschichte von Pampa Kanyimpa können wir uns auch an dieses kleine Volk erinnern.

Die bisher erzählten Geschichten zeigen die besondere Ausprägung des sozialen Geschlechts in verschiedenen vorkolonialen subsaharischen Gesellschaften. Die Frauen verkörpern das weibliche Prinzip, Mütterlichkeit gilt als heilig, aber daraus leiten sich nicht körperliche Schwäche und ein Mangel an Autorität, Gelassenheit, Intelligenz oder Mut ab. Die hier genannten Herrscherinnen hatten oft Frauen in ihren Armeen. Sie besaßen von allen anerkannte Qualitäten, die sie zu Führerinnen ganzer Völker in außerordentlich schwierigen Situationen machten. Aus all dem spricht eine viel weitere Auffassung von Weiblichkeit, als sie anderswo gilt. Erinnern wir uns, dass die Europäer beim Anblick der Soldatinnen von Dahomey verkündeten, diese Kämpferinnen hätten nichts Weibliches an sich. Eins der größten Probleme, vor die Nzinga die portugiesischen Eindringlinge stellte, war die Tatsache, dass sie eine Frau war. Natürlich wollten sie den König unterwerfen, den sie gern angetroffen hätten, aber die Vorstellung, dass eine Frau herrschte oder vorgab, es zu tun, war für sie unannehmbar, ungeachtet der Zustimmung ihres Volkes. Als der Gouverneur Fernão de Sousa Nzinga durch einen Mann aus ihrer

Verwandtschaft ersetzte – dem die Ambundu-Tradition nicht erlaubte zu regieren –, bot er ihr den untergeordneten, weil im portugiesischen Sinn weiblichen Rang der »Schwester des Königs« an und sah darin eine Ehre, die sie nicht ablehnen könne.

> *In vielfacher Hinsicht bot er ihr eine weit bessere Option als die, die den Frauen in europäischen Königsfamilien meist vorgeschlagen wurde, wenn sie sich nicht aus dem politischen Leben ausschließen lassen wollten. In Europa wäre eine so provozierende Frau zweifellos mit dem Fürsten einer fernen Provinz zwangsverheiratet, in ein Kloster geschickt oder in einen Turm gesperrt worden.*[48]

Wir haben bei der Entmachtung von Tassi Hangbe gesehen, dass man den Frauen auch in Afrika Verstöße unterstellen konnte, um sie von der Macht fernzuhalten. Dennoch wurden die subsaharischen Regentinnen, von denen die Namen und zumindest Bruchstücke ihrer Geschichte überliefert sind, nicht oft wegen ihres Geschlechts infrage gestellt. Und wenn sie ihren Titel nur der Ehe mit dem Monarchen verdankten, übermittelten sie dem Gatten ihre Ratschläge nicht nur als Bettgeflüster, wenn ihr Temperament und das Interesse für Regierungsfragen sie dazu drängten. Diese Frauen handelten. Nehmen wir als Beispiel Taytu Betul, die vorletzte Kaiserin von Äthiopien. Als sie den späteren Kaiser Menelik II. zum Mann nahm, den wir als Sieger über die italienischen Invasoren in der Schlacht von Adua (1896) kennen, war Taytu Betul schon vier Mal verheiratet gewesen. An keinem anderen Königshof der Welt hätte sie mit einer so stolzen Bilanz den Herrscher heiraten dürfen. Als sie den Bund der Ehe schlossen, war Sahle Mariam, der sich später Menelik II. nannte, König von Shewa. Erst an der Seite dieser Frau errang er den Titel »König der Könige«.

Als Kaiserin kümmerte sich Taytu Betul aktiv um die Angelegenheiten des Landes. Die gebildete und höchst intelligente Frau war die Mit-Herrscherin des Staates. Sie durchschaute als Erste die geheimen Absichten der Italiener und fand ihren Mann zu diplomatisch. Sie stachelte sein Misstrauen an und schrieb sogar an die Italiener, um ihnen ihre Sicht der Dinge darzulegen und sie von der Sinnlosigkeit ihrer Pläne zu überzeugen. Dann brachte sie den Kaiser dazu, sich zum Kampf zu rüsten. Sie hob in ihrer Heimatregion eine Armee aus und kümmerte sich persönlich um die Versorgung der Truppen. Doch darin erschöpfte sich ihre Rolle noch nicht:

> *In der berühmten Schlacht von Adua 1896 erwies sie sich als gefürchtete Feldherrin. In Mekele schmiedete sie den Plan, der die äthiopische Armee zum Sieg führte.*[49]

Am Tag des Sieges präsentierte sich Taytu Betul zu Pferd an der Seite ihres Gatten und ließ sich für ihre Beteiligung würdigen. Es heißt, Addis Abeba wurde zur Hauptstadt Äthiopiens, weil Taytu Betul den Ort liebte und ihn als Wohnsitz wählte. Da Äthiopien nicht kolonialisiert wurde, gilt die Schlacht von Adua, an deren Erfolg Taytu Betul großen Anteil hatte, als der erste Sieg einer afrikanischen Armee über europäische Kolonisatoren. Der erklärte Panafrikanismus von Menelik II. und Taytu Betul hat dazu beigetragen, dieses historische Ereignis zu einem starken Symbol für die Bewohner der Subsahara und alle afrodeszendenten Menschen zu machen. Wir erinnern aber daran, dass tatsächlich die Zulu unter König Cetshwayo kaMpande als Erste eine Kolonialarmee in die Flucht schlugen. Ohne über die moderne Ausrüstung ihrer Gegner zu verfügen, bereiteten sie den Engländern am 22. Januar 1879 in der Schlacht bei Isandhlwana eine denkwürdige Niederlage. Doch zurück zu Taytu Betul und der Mahnung, die wir ihrer Geschichte ebenso entnehmen sollten, wie den vielen anderen in diesem Buch: Frauen sind Individuen, Persönlichkeiten. Deshalb wird das, was sie in sich tragen, unter allen Umständen Ausdruck finden. Natürlich sind die Bedingungen für Frauen von hohem Rang günstiger. Aber wie wir noch sehen werden, konnten sich auch Frauen aus weniger begünstigten Schichten Gehör verschaffen und die Gesellschaft mit ihrem Handeln prägen. Die Frauen der Subsahara mussten keine politische Doktrin entwickeln, um der Welt, die sie umgab, ihren Stempel aufzudrücken. Man kann immer bedauern, dass Frauen in bestimmten Milieus nicht mehr zugelassen sind, aber die große Mehrheit der Männer ist aus ihnen ebenfalls ausgeschlossen. Nicht alle sind geniale Erfinder oder vermeintliche Helden. Es kann aber geschehen, dass das Strahlen derer, die es sind, auch auf die Masse fällt. Das lässt sich im Fall der Frauen leicht erreichen. Wir müssen nur ihre Leistungen, ihre Beiträge zum Aufbau von Zivilisationen bekanntmachen. Die Verdienste von Individuen finden sich nicht nur auf dem Feld von Politik oder Militär, obwohl wir diese Aspekte häufig angesprochen haben, um auf den Platz der Frauen in der Geschichte Subsahara-Afrikas hinzuweisen. Wenn sie nicht regierten, wenn sie keine Kriegerinnen waren, bestellten die Frauen der Subsahara die Felder und wurden manchmal Grundbesitzerinnen, denen die Männer zu gehorchen hatten. Sie waren und sind, vor allem in Westafrika, kluge Geschäftsfrauen, die mit ihren Einnahmen für ihre Familie, ja ihren ganzen Clan sorgen. Als Priesterinnen, Heilerinnen oder Hebammen waren und sind sie dem Göttlichen nah, Vermittlerinnen zwischen den Schwingungsebenen.

Heutzutage betätigen sich die Frauen der Subsahara in allen Bereichen des gesellschaftlichen Lebens, auch in den exakten Wissenschaften. Die Ungleichheit besteht fort, aber die Frauen werden nicht durch sie definiert. Sie sind nicht das, was ihnen angetan wurde, was man aus ihnen machen wollte. Jede Frau kann an dem Ort, an dem sie lebt, unter den Bedingungen, die sie privilegieren oder gegen die sie sich stemmen, aber die sie nicht hinnehmen muss, ihr Licht in die Welt tragen. Natürlich ist es wichtig, dafür zu sorgen, dass alle Mitglieder einer Gesellschaft die besten Möglichkeiten haben, um selbst ihren Weg zu bestimmen, sich nach ihren Wünschen zu verwirklichen, aber niemand denkt an eine Welt voller Manager internationaler Unternehmen, und das ist ein Glück. Manche Frauen wollen am liebsten Ziegen züchten. Der Wert, den man dem Platz einer Person in der Gesellschaft zumisst, hat immer noch zu viel mit dieser vertikalen Betrachtung zu tun, dieser oft schädlichen Auffassung von Macht, die dem Handeln der sogenannten oberen Schichten größeres Prestige beimisst. In diesem Attribut »obere« steckt ganz explizit die Vorstellung von sozialer Hierarchie, die die Völker der ganzen Welt akzeptiert haben und der viele subsaharische Gesellschaften noch besonders stark anhängen. Wenn man diese Art der Wahrnehmung der Welt, der Menschen in der Welt nicht überdenkt, wird die Situation der Frauen immer defizitär bleiben. Wie wir gesehen haben, reicht es nicht, dass Frauen zur Kaste der Herrschenden gehören, um die Menschheit besser zu machen.

Weibliche Kollektive

Verlassen wir nun die Machthaberinnen und wenden uns den Frauen aus einfachen Schichten zu, um deren gesellschaftliches Handeln oder ihre vor allem in der Kolonialzeit zahlreichen gemeinsamen Kämpfe zu betrachten. Auch dabei gibt es im gesamten subsaharischen Raum mehr bedeutende Erfahrungen von Frauen, als sich auch nur ansatzweise erfassen lassen. Diese Titanenaufgabe soll hier auch gar nicht geleistet werden. Wir wollen nur anhand einiger Beispiele bestimmte Bräuche vorstellen, die es den Frauen erlaubten, sich der männlichen Hegemonie entgegenzustellen und sie zu entmystifizieren. Wir wollen auch zeigen, wie die traditionellen weiblichen Gesellschaften ihren Platz in den kolonisierten Ländern fanden, weil es für die Frauen normal war, ihre Stimme zu erheben und sich ihrer eigenen Methoden zu bedienen. Die Frauen der Subsahara waren es gewohnt, in weiblichen Zirkeln – ob bei Initiationsriten oder nicht – zusammenzukommen. Deshalb kannten sie die Kraft des Kollektivs. Lange vor der Kolonialzeit und ohne jeden rituellen Kontext trafen sie radikale Entscheidungen, die zuweilen bis zum Suizid gingen, um ihre Integrität und Freiheit zu behaupten. Das war das tragische Los, das die Frauen von Nder, der Hauptstadt des Königreichs Waalo (heute Senegal) während der langen Epoche des arabisch-muslimischen Menschenhandels wählten.

Nach einer der zahlreichen Versionen der Geschichte war Nder von den Mauren angegriffen worden, die zu jener Zeit in der Gegend auf Menschenfang gingen. Frauen waren als Haus- und Sexsklavinnen besonders begehrt. Viele mussten dieses finstere Schicksal erleiden. Bei jenem ersten Überfall auf Nder hatten die Angreifer gewartet, bis die Männer zu ihrem Tagwerk aufgebrochen waren. Die Frauen wehrten sich mit allem, was als Waffe dienen konnte. Sie hielten den Angreifern stand und schlugen sie zurück. Sie wussten, dass sich die Mauren rächen würden, und hatten keine Hoffnung mehr, sie erneut zu besiegen. Also kämpften sie um ihre Ehre. Laut einer anderen Version gab es nur einen Angriff, während die Männer fort waren. Die Fortsetzung stimmt wieder überein: Die Frauen stellten sich den Angreifern tapfer entgegen, wurden aber schließlich besiegt.

Um der Sklaverei zu entgehen, töteten sich die Frauen von Nder durch Feuer. Alle starben, ohne sozialen Unterschied, vereint in der Weigerung, sich zu unterwerfen. Ihre Geschichte ist überliefert, weil vermutlich ihre Kinder, die sich auf Drängen der Mütter auf den Feldern versteckt hielten, den Kampf und sein Ende mit ansahen. Es wird auch erzählt, eine Schwangere habe die Hütte verlassen, in die sich alle Frauen geflüchtet hatten. Als Mbarka Dia, die Anführerin und Beraterin der Königin, die Hütte in Brand setzte, habe die künftige Mutter nicht den Mut gehabt zu sterben. Deshalb habe man sie gehen lassen, damit sie Zeugnis ablege. Tatsächlich musste die Person, die die Geschichte weitergab, in dieser Hütte gewesen sein, die die

Frauen ausgewählt hatten, weil dort der Rat der Weisen tagte. Sonst hätte sie nicht wissen können, dass die Frauen sich umarmten und ein Lied sangen, bis ihre Stimmen allmählich erloschen.

Der kollektive Suizid der Frauen von Nder wird oft als Opfer gedeutet. Wie wir gesehen haben, hat man in Subsahara-Afrika nichts dagegen, dass Frauen für das Wohl der Gemeinschaft auf das verzichten, was ihnen lieb und teuer ist. Sie sorgten zwar dafür, dass ihre Kinder an einen sicheren Ort gebracht wurden, aber es war nur eine sehr begrenzte Sicherheit. Die Mauren hätten sie gefangen nehmen können, wenn sie gewollt hätten. Sie hätten nur etwas Geduld aufbringen müssen, denn ewig hätten die Flüchtigen nicht im Busch bleiben können. Und selbst dort hätten die bewaffneten Reiter sie erwischen können, wenn sie sich nur etwas Mühe gegeben hätten. Es ging also um die Frauen, und diese wussten das. Ihre extreme Entscheidung trafen sie also nicht in erster Linie, um die Gemeinschaft zu schützen. Die Aussicht auf Sklaverei war ihnen unerträglich, weil sie ihre Freiheit liebten, weil sie nicht auf ihre Würde verzichten wollten. Die Angreifer hatten sie militärisch besiegt, aber der letzte Sieg würde ihrer sein. Soll man in diesen Frauen Heldinnen sehen? Ist diese Bezeichnung immer hilfreich, um Tapferkeit oder Edelmut zu unterstreichen? Verdeckt der Wunsch, unbedingt das weibliche Pendant des Helden zu finden, nicht die eigentlichen Anliegen der Frauen und den Blick, mit dem sie sich selbst betrachten? Die Frauen von Nder kämpften nicht, um heldenhaft zu sein, um den Beweis zu erbringen, dass sie sich selbst verteidigen konnten. Da sie angegriffen wurden, hatten sie keine andere Wahl, als sich zu wehren. Anders als zum Beispiel der Suizid der Aufständischen von Guadeloupe aus Protest gegen die Rückkehr der Sklaverei könnte ihre Selbsttötung durchaus als egoistisch angesehen werden. Weil sie ein Leben in Knechtschaft ablehnten, das sie in den Händen der Mauren erwartet hätte, nahmen sie das Risiko hin, dass ihre Kinder – unter ihnen auch Mädchen – gefangen oder massakriert werden könnten. Dieses eine Mal dachten die Frauen nur an sich, bis zum letzten Moment. Das ist offensichtlich, aber es ist so regelwidrig, dass man so tut, als würde man es nicht merken. Diese Vorstellung ist schockierend, auch für solche Frauen, die sich auf einem Gebiet, das gemeinhin als männlich gilt, dem Kampf bis zum Letzten verschreiben und deren Mut stärker ist als die Angst vor dem Tod.

Der Akt der Selbsttötung an sich ist bei vielen subsaharischen Völkern ein Verstoß, auch wenn es Ausnahmen gibt. Vor allem von Frauen hört man noch heute, man erwarte, dass sie das Schlimmste ertragen, und nicht, dass sie sich dem entziehen. Es ist nicht überliefert, was die Männer taten, als sie nach Nder zurückkamen. Ärgerlich, dass die Geschichte nichts davon berichtet, aber wenn sie versucht hätten, sich an den Mauren zu rächen, wüssten wir das wahrscheinlich. Wie dem auch sei, die Frauen von Nder haben, ohne es zu formulieren oder auch nur zu denken, ein Universum bewahrt, indem sie es mit sich genommen haben. Eine Frauenwelt, deren Unverletzlichkeit sie geschützt haben.

In der Geschichte Subsahara-Afrikas haben sich Frauen immer wieder gegen Unrecht erhoben, das ihnen angetan wurde. Viele dieser Ereignisse sind bekannt, vor allem, wenn sie sich während der Kolonialzeit abspielten. Aber nur selten wird darauf hingewiesen, dass die Frauen, wenn sie sich gemeinsam und ohne Beteiligung der Männer erheben, mehr tun, als sich nur gegen eine Unrechtsordnung zu stellen. In diesen Fällen gilt ihr Widerstand gegen eine solche Ordnung in erster Linie der Art, wie sie ihre besonderen Vorrechte oder die ihnen vorbehaltenen sozialen, initiatorischen oder privaten Räume beeinträchtigt. Sie brauchen es nicht genau zu benennen, es ist offensichtlich. Wie wir wissen, kümmerten sich die Kolonisatoren nicht um die weiblichen Strukturen, als sie die kolonialisierten Länder neu organisierten. Da ihnen diese weiblichen Institutionen unbekannt waren, wussten sie auch nichts über ihre Bedeutung innerhalb der Gemeinschaften und bezogen sie nicht wie die Männer in ihre Kolonialgeschäfte ein.* Von weiblicher Auflehnung wurden sie oft überrascht, da alle Entscheidungen getroffen wurden, ohne an ihre Konsequenzen für die Frauen zu denken. Im Folgenden werden wir vor allem solche Bewegungen schildern. Weit mehr als Lebenswege einzelner Machthaber, die oft durch ihren sozialen Status begünstigt wurden, zeigen die kollektiven Kämpfe gewöhnlicher Frauen, wie sie sich konkret am gesellschaftlichen Leben beteiligten. Wie wir bereits betont haben, genossen die Frauenzirkel unter der Knute des kolonialen Patriarchats keinerlei Beachtung. Die Männer fanden notgedrungen ihren Platz in der neuen Ordnung und richteten sich darin ein – wenn sie keine Rebellen waren, und nicht

* Manchmal arbeiteten sie allerdings auf eigene Rechnung mit Frauen zusammen. Beispiele hierfür sind Guimbi Ouattara im heutigen Burkina Faso und Madam Yoko in Sierra Leone.

alle waren es –, ohne sich darum zu kümmern, den Status der Frauen wiederherzustellen. Also taten die Frauen das selbst und zwar auf erstaunliche Weise. Oft nahmen sie dafür brutale Repressionen in Kauf. Meistens beeinflusste ihr Handeln deutlich den Lauf der Dinge.

Sitting on a man

Für das bedeutende Ereignis, das uns nun interessieren soll, gibt es verschiedene Lesarten. Für die Bewohner von Igboland und Ibibioland war es *Ogu umu nwanyi*, der Krieg der Frauen. Für die Kolonialbehörden waren es die *Aba Women's Riots* – die Aba-Frauenaufstände. Egal, wie man es bezeichnet, man kann nicht leugnen, dass die Frauen die Anstifterinnen, die Handelnden und die Opfer waren, und dass sie viele waren. Die Geschichte beginnt im Land der Igbo im Südosten Nigerias Ende November 1929. Wir befinden uns in der Hochzeit des Kolonialismus, und es ist das Jahr der Weltwirtschaftskrise, die auch die kolonisierten Länder trifft. Noch mehr als andere Kolonialmächte verließen sich die Engländer bei ihrer Herrschaft auf die lokalen Notabeln. Die *indirect rule*, deren partielle Einbeziehung in die Kolonialverwaltung, zeigt deutlich, wie die Bewohner der Subsahara dazu gebracht wurden, an ihrer eigenen Unterdrückung mitzuwirken. Einige Standespersonen fügten sich bereitwillig in diese Rolle, ohne sich um die Interessen ihrer Gemeinschaft zu kümmern. Diese angeblichen einheimischen Führer wurden von der Kolonialmacht eingesetzt. Da sie für Gemeinschaften zuständig waren, von denen sie als illegitim angesehen wurden, ohne dass diese sie ablösen konnten, und da sie die Aufgabe hatten, die niederen Arbeiten der Kolonialherren zu erledigen, war ihre Beziehung zur Bevölkerung sehr angespannt.

In einem solchen Zusammenhang brach ein Konflikt zwischen einer Frau namens Nwanyerua und einem Mann aus, der für den lokalen Führer Okugo die Steuern berechnen sollte. Okugo war von der regionalen Kolonialverwaltung beauftragt worden. Der Steuerbeamte wollte zusätzlich zu der seit 1925 geltenden Kopfsteuer auch Besitz wie Geflügel oder Kleinvieh besteuern, das meistens den Frauen gehörte.[50] Okugos Absichten sprachen sich herum, und im Dezember 1929 erhoben sich die Frauen von Calabar und Owerri und stürmten die Stadtzentren, besonders in Aba, wo sich ihr Zorn entlud. Der Aufstand ging vor allem von den Händlerinnen aus, Frauen, wie man sie noch heute auf den Märkten sieht, wo sie ihre Kunden mit oft schnell verderblichen Lebensmitteln versorgen. Schon unter normalen Umständen war ihre Arbeit mit allerhand Schwierigkeiten verbunden. In einer Krisenzeit Steuern auf die Waren zu erheben, hätte die Preise nach oben getrieben und das Geschäft gefährdet. Neben der ökonomischen Dimension zeigt dieser Aufstand auch, wie die Kolonialordnung die Beziehungen zwischen den Geschlechtern zerstörte, zu Lasten der Frauen und mit Zustimmung derjenigen Männer, die mit den Kolonialherren kollaborierten. Anders als wir später noch sehen werden, erwähnen die Berichte hier nicht, dass Männer an dieser Auseinandersetzung beteiligt waren, die sie doch auch betraf: als Käufer, als Teil der Familie, deren Versorgung noch schwieriger zu werden drohte, als Ehemann, als Opfer der Kolonialmacht. Sie hätten allen Grund gehabt, diesen Kampf zu unterstützen.

Die Frauen mussten allein verteidigen, was nicht nur ihr Broterwerb war, sondern auch eine der wenigen Möglichkeiten für sie, sich innerhalb der Kolonialgesellschaft Geltung zu verschaffen, denn diese hatte den traditionellen Institutionen, in denen ihre Stimme gehört wurde, jeden Einfluss genommen. An den Demonstrationen beteiligten sich Tausende Frauen, auf dem Höhepunkt waren es fünfundzwanzigtausend. Sie richteten ihren Zorn gegen die indigenen Gerichte, die Kolonialverwaltungen und Unternehmen wie die Barclay's Bank, die sie schließlich plünderten. Bei diesem Aufstand reaktivierten die Frauen eine Protestform, die aus ihrer Tradition stammt und die wir unter ähnlichen Umständen auch in Kamerun antreffen. Diese Praxis, die bei den Igbo *sitting on a man* – sich auf einen Mann setzen – oder *making war on a man* – gegen einen Mann Krieg führen – hieß, bestand darin, in den Wohnsitz eines Mannes einzufallen, der einer Frau oder der Gemeinschaft der Frauen Unrecht angetan hatte. Vor der Kolonialzeit konnten sich die Frauen in der streng patriarchalischen Igbo-Gesellschaft mit dieser Praxis politisch Gehör verschaffen:

> *Wenn die politische Autorität der Frauen in ihrer Gemeinschaft ignoriert wurde, organisierten sie einen Boykott oder einen Streik, um die Männer zur Ordnung zu rufen, oder sie konnten beschließen, sich auf den Schuldigen »zu setzen« oder gegen ihn »Krieg zu führen« (…). »Sich auf einen Mann setzen« hieß, sich auf seinem Grundstück zu versammeln, manchmal spät in der Nacht, zu tanzen und beleidigende Lieder zu singen, in denen die Vergehen des Übeltäters im Detail ausge-*

breitet wurden. Die Frauen verspotteten seine Männlichkeit und schlugen mit Stöcken gegen die Hauswände. Manchmal wurde das Haus auch beschädigt oder mit Schlamm beschmiert und der Mann verprügelt.[51]

Das funktionierte auch, wenn die Frauen Beschwerden nicht gegen einen Einzelnen, sondern gegen die Männer allgemein vorzubringen hatten. In diesem Fall gab es noch zusätzliche Formen des Protests, auch im eigenen Heim, bis sie sich Genugtuung verschafft hatten. In der Kolonialgesellschaft kamen die Frauen, die sich an solchen Aufständen beteiligten, aus dem einfachen Volk. Wenn sie in ihre Dörfer zurückkehrten, besaßen sie vielleicht einen höheren Status, aber in der Stadt gehörten diese Frauen nicht zu den Privilegierten, auch wenn ihnen ihr Handel etwas Wohlstand einbrachte. Sie gehörten nicht zu der neuen Elite, die aus denen bestand, die europäische Schulen besucht hatten und im Dienst der Kolonialmacht standen. Sie übten eine Tätigkeit aus, die seit Urzeiten ihre Domäne war, ihnen eine finanzielle Unabhängigkeit sicherte und von Generation zu Generation weitergegeben wurde. Diesen Frauen ging es nicht darum, den Männern gleich zu sein, sondern einen weiblichen Tätigkeitsbereich zu erhalten. Die Erinnerung daran, dass es jenseits ritueller, kultureller und häuslicher Belange so einen Bereich gab, ist der Beitrag dieser Aufständischen zu einer anderen Sprache der Frauen. Und aus diesem Grund ist es vor allem Aufgabe der Frauen, diesen Kampf zu führen. Der Frauenaufstand von 1929 überraschte wegen seiner Ausmaße und seiner Leidenschaft. Er begann mit einem recht klassischen *sitting on a man* gegen Okugo, den eifrigen Handlanger der Kolonialverwaltung, der seinen Gehilfen geschickt hatte, um den Besitz der Frauen für die Besteuerung in Augenschein zu nehmen.

Wegen der Rezession 1929 wurde der 1925 festgelegte Steuersatz untragbar. Okugo wollte deshalb eine neue Bewertung der Haushalte vornehmen und dabei die Haushaltsgüter berücksichtigen, die den Frauen gehörten. Nwanyeru beschwerte sich, dass ihre Ziegen und Schafe gezählt werden sollten. Voller Sorge, was ihnen blühen könnte, versammelten sich die Frauen und gingen gemeinsam zum Kolonialverwalter. Ihr Protest endete mit Okugos Verhaftung und der schriftlichen Garantie, dass die Frauen nicht besteuert werden würden. Okugos Gefangennahme ermutigte die Frauen, die sechzehn anderen indigenen Gerichten unterstanden: Sie wollten auch ihre *warrant chiefs** loswerden und am besten die ganze Struktur, die mithilfe der *indirect rule* installiert worden war. Also »setzten« sie sich auf die *warrant chiefs*, zündeten die indigenen Gerichte an und befreiten die Gefangenen aus dem Gefängnis. Wie man sieht, war die Steuerfrage nur der Katalysator für einen antikolonialen Aufstand. Auch als die Steuerfrage in ihrem Sinne gelöst war, setzten die Frauen ihre Proteste fort, und die Zahl der Teilnehmerinnen stieg immer weiter. Dann schlug die Kolonialmacht zurück. Am 15. Dezember kosteten die Repressionen

* Von den Kolonisatoren im Rahmen der *indirect rule* eingesetzte Führer. Es waren keine traditionellen Führer, da die betroffenen Gebiete vorher keine hatten. Wir wissen, dass einige subsaharische Gemeinschaften führungslos waren. Das traf vielleicht auch auf die Igbo zu. Waren sie es nicht, bedienten sich die Kolonisatoren entweder derjenigen Führer, die mit ihnen zusammenarbeiten wollten, oder sie ersetzten die rechtmäßigen Führer durch andere. Die Franzosen verfuhren oft so, und auch die neokolonialen Regimes behielten diese Praxis bei.

der Kolonialmacht gegen die Proteste achtzehn Aufständischen das Leben. Am 16. Dezember wurden fast vierzig Frauen getötet, dreißig von Kugeln verletzt, acht ertranken in einem Fluss. Mehrere Dörfer wurden von den Briten in Brand gesetzt, andere mussten Entschädigungen an die Kolonialmacht zahlen.[52] Deren Reaktion auf den Aufstand war so brutal, dass die Verwendung des Wortes »Krieg« durch die Bevölkerung verständlich ist. Es war tatsächlich ein Krieg, der gegen die aufständischen Frauen geführt wurde. Aber ihr Protest führte zu wichtigen Reformen. Die *warrant chiefs* wurden abgesetzt, und die Briten beschlossen, lokale Bräuche in ihr Verwaltungssystem einzubeziehen.

Die während des Kriegs der Frauen angewandten Protestformen wurden im ebenfalls britisch verwalteten Kamerun bei der *Anlu rebellion* von 1958 bis 1961 aufgenommen. Den Frauen dieser Region, die zur Ethnie der Kom gehörten, ging es jedoch nicht darum, die aufständischen Igbo zu imitieren. Sie griffen auf eigene traditionelle Praktiken zurück, um den weiblichen Bereich zu schützen, was auf eine kulturelle Nähe zwischen den benachbarten Völkern hinweist. Am 4. Juli 1958 kam es in Njinikom, einem Dorf in der Region Bamenda in der heutigen Provinz Nordwest zu einer Folge beeindruckender Ereignisse. Von Gerüchten alarmiert, ihr Land solle an die Igbo im benachbarten Nigeria verkauft werden, und unzufrieden mit neuen, ihre Landwirtschaft betreffenden Gesetzen besannen sich die Frauen auf die jahrhundertealte Praxis des *Anlu*, um ihre Missbilligung kundzutun. Am Morgen versammelten sie sich vor dem Sitz des Dorfrates, wo Ratsmitglied Chia K. Bartholomew im Namen der indigenen Behörden verkündet hatte, das Gesetz über die Bestellung der Felder werde bald wirksam. Bevor die Ratsmitglieder nach ihrer Sitzung aus dem Gebäude kamen, begannen die Anführerinnen des *Anlu* ihren Protest mit einem durchdringenden Schrei. Das war eine Warnung. Zeugen bestätigten, dass ihr Gebrüll bei allen, die es hörten, für Angst und Schrecken sorgte. Von allen Seiten kamen Leute herbeigerannt, während die Frauen zu einem wilden Tanz ansetzten. Frisch geschnittene Äste schwenkend, ihre Gesichter mit Laub und alten Lappen bedeckt, stimmten sie einen bedrohlichen Gesang an.

Die Beschreibung stammt von Eugenia Shanklin, die in dem Band *Women and Revolution. Global Expressions*[53] von dem Ereignis erzählt. Die Frauen wollten sich auf Ratsmitglied und Lehrer Chia K. Bartholomew »setzen«. Als er das Ratsgebäude verließ, rannten sie ihm hinterher, beschimpften ihn und bewarfen ihn mit Steinen. Er flüchtete in das Badezimmer im Haus eines Priesters und verließ es erst wieder, als Ruhe eingekehrt war. Am Abend kamen die Frauen zu seinem Haus und verhielten sich noch bedrohlicher. Wie üblich bei dieser Praxis, die darin besteht, das Heim des Schuldigen zu beschädigen, um Schande über ihn zu bringen, beschmutzten sie die Hauswände, entleerten Blase und Darm und entblößten sich. Bald schlossen sich Frauen anderer Dörfer ihnen an. Dieser *Anlu*, den Shanklin als politisch bezeichnet, weil er sich gegen das Kolonialsystem und die traditionellen Autoritäten richtete, dauerte drei Tage, in deren Verlauf die Frauen die öffentliche Ordnung erheblich störten. Schulen und Märkte wurden geschlossen, Straßensperren errichtet, Anweisungen des *Fon* (König) ignoriert, Bestattungsrituale gestört. Wir erinnern daran, dass die

Landwirtschaft, die sowohl durch die Landübertragung an die Igbo als auch durch die neuen Gesetze bedroht war, in dieser Region den Frauen oblag. Zur Verteidigung ihrer Rechte trotzten die Frauen allen gegen sie verbündeten Mächten und schufen eine alternative Verwaltung, die von zwei Anführerinnen geleitet wurde. Sie regierten von der Ortschaft Wombong aus und widersetzten sich den traditionellen Institutionen der Männer. Als der Palast des *Fon* von einem Brand zerstört wurde, verboten die Teilnehmerinnen am *Anlu* seinen Wiederaufbau. Sie stellten tatsächlich die Welt auf den Kopf. Als sie ihre Aktion beendeten, verlor der bis dahin regierende Kamerun National Congress die Wahlen. Der lange Aufstand der Kom-Frauen hatte der Kamerun National Democratic Party 1961 zum Sieg verholfen.

Gewiss, das spielte sich in einer einzelnen Region Kameruns ab.* Doch die aufständischen Frauen der Kom, kolonisiert und von den traditionellen männlichen Strukturen im Stich gelassen, könnten den Aktivistinnen auf der ganzen Welt einiges beibringen. Nur selten dauert ein Aufstand drei Jahre und es ist nicht gerade üblich, dass Frauen eine rein weibliche Regierungsinstanz einsetzen – nicht um Gleichheit mit den Männern zu erreichen, sondern um ihre Souveränität zu bewahren. Und noch ein weiteres Merkmal dieses Kampfes nötigt uns Respekt ab: die Geschlossenheit der Gruppe die ganze Zeit hindurch und trotz der Auswir-

* Auch in anderen Provinzen Kameruns gab es Frauenorganisationen, aus unterschiedlichen Gründen und lange vor 1958. Siehe dazu Rose Ndenge, »Mobilisations féminines au Cameroun français dans les années 1940–1950. L'ordre du genre et l'ordre colonial fissurés«, *Le Mouvement social*, Bd. 255, Nr. 2, 2016, S. 71–85.

kungen auf das Familienleben. Der Krieg der Igbo-Frauen und der ihrer Geschlechtsgenossinnen im Kameruner Grasland führen zur Relativierung der männlichen Dominanz. Wie diese beiden Beispiele zeigen, können die Männer ihre Macht nur ausüben, wenn die Frauen mitspielen. Sobald sie sie infrage stellen, weil sie ihre eigene einschränkt oder ihnen schadet, gerät die Macht der Männer ins Wanken.* Auch kann man feststellen, dass das Vorgehen der Frauen keineswegs sanft ist und der Frauen gemeinhin zugeschriebenen Zartheit widerspricht. Davon könnten die Männer, die von den Frauen während des *Anlu* verdroschen wurden, sicher einiges berichten. In diesem Teil des Kameruner Graslands gab es immer schon solche Frauenzusammenschlüsse. Der *Anlu* und der *Fombuen***, die 1958 gemeinsame Sache machten, gehören zu den frühesten. Sie waren auf die ländlichen Regionen begrenzt und vereinten Frauen aus bestimmten Gemeinden. Für die heterogenen Städte mit ihren ständigen Veränderungen waren sie nicht geeignet. Der *Takumbeng*[54] hingegen, ein anderer Frauenbund im anglophonen Grasland, war eine Art Schnittstelle zwischen Land und Stadt und vereinte die Mitglieder unterschiedlicher Volksgruppen.

Der *Takumbeng*, der in der postkolonialen Periode wieder an Bedeutung gewann, war ebenfalls ein sehr alter und sehr

* Man kann sich also vorstellen, dass die berühmte neolithische Revolution, die die Macht der Männer in der Gesellschaft verankerte, mit Zustimmung der Frauen erfolgte. Bis dahin nämlich waren sie an allem beteiligt. Sie sind also grundsätzlich robust und imstande, sich zusammenzuschließen, um den Männern die Stirn zu bieten.

** Beim *Anlu* schlossen sich Frauen der Kom zusammen, beim *Fombuen* die der Kedjom. Beide Ethnien gehören zum selben geographischen und kulturellen Gebiet.

mächtiger Zusammenschluss, der sich auf die Bräuche der Frauen stützte, um deren Handlungsspielraum zu erweitern. Er vereinte Frauen reiferen Alters, die nach der Tradition den größten Respekt genossen, und befasste sich mit Fragen der Selbstverwaltung und der Einhaltung der Menschenrechte. In den 1990er Jahren, dem Jahrzehnt der Mehrparteiensysteme und großer Volksproteste in Kamerun, etablierte sich der *Takumbeng* als Frauen-Organisation, die in der Lage war, die Probleme der postkolonialen Ära anzugehen. Ihre Aktivistinnen, die aus etwa zwanzig Häuptlingstümern (*chiefdoms*) kamen, waren überwiegend Städterinnen. Der Tod mehrerer Menschen in der Zeit der sogenannten toten Städte – Aktivisten für die Demokratie forderten die Bevölkerung auf, alle Tätigkeiten einzustellen – gilt als Katalysator für das Wiedererstarken des *Takumbeng*. Gerade war in Bamenda die Social Democratic Front, eine im anglophonen Teil Kameruns verwurzelte Partei, gegründet worden. Die Frauen engagierten sich und riefen zum zivilen Ungehorsam und Widerstand gegen jegliche Behinderung des demokratischen Prozesses seitens der Regierungsmacht auf. Sie protestierten gegen die Ausgrenzung der in Kamerun minoritären anglophonen Bürger, die willkürlichen Verhaftungen und die Misshandlung von Menschen allein wegen ihrer politischen Orientierung. Hier ging es nicht darum, einen speziellen Frauenbereich zu verteidigen. Die Frauen rechtfertigten ihren Kampf für Demokratie mit ihrem Status als Mütter, ob nun real oder symbolisch. Als Frauen, als Beschützerinnen des Lebens erhoben sie sich gegen die Ungerechtigkeit:

Als Mütter konnten sie nicht anders, als sich mit ihren Kindern zu solidarisieren, die auf der Straße starben, weil sie echte Demokratie forderten. Der Schmerz der Geburt, der Schmerz ihrer Mutterherzen trieb die Frauen dazu, für Ordnung zu sorgen, wenn das Chaos drohte.[55]

Einmal mehr wird hier deutlich, dass der Einsatz der Frauen in den politischen Kämpfen nicht unbedingt der Gleichheit mit den Männern gilt. Sie ist nicht die Triebkraft ihres Handelns, aber das heißt nicht, dass die Demonstrantinnen nicht nach den Rechten strebten, die ihnen vorenthalten wurden. Ihr Kampf sollte vor allem die Rechte bewahren, die sie immer genossen hatten. Die Frauen der Subsahara nehmen sich selbst und ihre soziale Rolle grundsätzlich nicht in Konkurrenz zum anderen Geschlecht wahr. Sie haben ihre eigenen Institutionen und können sich durchsetzen, wenn eine Krise droht. Der *Takumbeng* zeigt die Fähigkeit der traditionellen Frauenzusammenschlüsse, sich der neuen Zeit anzupassen, ohne sich zu verbiegen. Er nutzte die alten Praktiken wie Gesang, Klage, Beschimpfung, Entblößung sonst verborgener Körperteile. Den am *Takumbeng* beteiligten Frauen sprach man größere Macht zu als den jungen Frauen, weil sie bereits die Menopause erreicht hatten, und sie genossen unangefochtene Autorität.

Dass diese Frauen ihre Körper entblößten, wurde und wird als Ausdruck einer Missbilligung verstanden, die einem Fluch gleichkommt. Es ist interessant, dass diese Methode der Frauen, ihre Wut kundzutun, in Subsahara-Afrika von West bis Ost bekannt ist. In Kenia zog zum Beispiel Mary Muthoni Nyanjiru, eine Aktivistin gegen den Kolonialismus, ihr Kleid über den Kopf und entblößte ihren Körper als Aufforderung an die Männer, den antikolonialen Kampf aufzunehmen. Die anwesenden Frauen waren so begeistert, dass sie das Gefängnis stürmten, in dem Harry Thuku, der Führer der East African Association, einsaß. Mary Muthoni Nyanjiru und viele ihrer Mitstreiterinnen wurden an diesem Tag erschossen. Sie verkörpert bis heute den antikolonialen Kampf der Frauen in Kenia. Generationen von Aktivistinnen haben das Lied *Kanyegenuri* gesungen, das an die Frauenproteste in Nairobi 1922 erinnert.[56]

Zurück zum *Takumbeng*. Er war entscheidend dafür, dass die Social Democratic Front, die größte politische Partei des anglophonen Kamerun, sich im Land verankern konnte. Dass die Frauen der Subsahara am politischen Leben immer beteiligt waren, muss nicht mehr bewiesen werden. Die individuellen Lebenswege lassen sich schwieriger nachzeichnen, aber es gibt sie, und sie stehen denen von Frauen anderer Weltregionen in nichts nach. Eines steht fest: Frauenkollektive waren auf dem afrikanischen Kontinent immer aktiv und folgten dabei ihrer eigenen Sicht der Dinge. Während der Kolonialzeit erhoben sich die Frauen vor allem zur Verteidigung ihrer Interessen, wie wir in Nigeria (1929) und Kamerun (1958–61) gesehen haben. 1933 kam es auch in Togo aus ähnlichen Gründen wie in Igboland oder im Grasland zu Frauen-Aufständen. Natürlich engagierten sich diese Frauen bei den antikolonialen Kämpfen nicht, um allein ihre besonderen Rechte zu verteidigen, sondern um die Nation vom Joch der Unterdrückung zu befreien. Oft waren sie in Frauengruppen aktiv, die mit den Unabhängigkeitsbewegungen verbunden waren. Das geschah in den Ländern der Subsahara sehr oft. Als Beispiel wählen wir hier die Frauen des Rassemblement Démocratique Africain (RDA) im damaligen Französisch-Sudan.*

In dieser wichtigen Kolonie von Französisch-Westafrika gab es harte Auseinandersetzungen zwischen einheimischen und ausländischen politischen Kräften. In den 1950er Jahren setzte sich der RDA als wichtigste Partei durch. Seine Säulen waren vor allem die Jugend und die Frauen. Modibo Keita, der von 1960 bis 1969 Präsident des unabhängigen Mali werden sollte, befürwortete die Schaffung von Frauensektionen innerhalb des RDA. Sie waren wesentlich für die gute Verwurzelung der Partei in den Regionen. Die durch Klassenschranken voneinander getrennten Frauen fanden einen Weg, ihre Kräfte zu vereinen und sich die Aufgaben zu teilen.

Die Hebamme Aoua Keita erzählt in ihren Memoiren, wie es ihr gelang, die Frauen in einem Frauenkomitee zusammenzubringen. Die Aufgaben wurden innerhalb des Komitees entsprechend den Fähigkeiten der Frauen verteilt: Die gebildeten übernahmen das Sekretariat und die Buchhaltung, während sich die »ungebildeten« um die Propaganda und die Kontrolle der »neuralgischen Punkte der Stadt« kümmerten.[57]

* Französisch-Sudan entspricht dem heutigen Mali. Die Kolonie hatte verschiedene Namen: Obersenegal und Mittlerer Niger (1898–1902), Senegambia und Niger (1902), Obersenegal und Niger (1904), dann Französisch-Sudan (1920). »Französisch-Sudan war bis 1946 französische Kolonie, dann bis 1958 Überseegebiet. Am 24. November 1958 wurde Französisch-Sudan zur autonomen Republik und am 22. September 1960 erhielt es als Republik Mali seine Unabhängigkeit.« Siehe Ministère des Colonies, Séries géographiques Soudan français, 1875/1911.

Tatsächlich standen die Frauen aus den einfachen Schichten bei den nicht eben seltenen Auseinandersetzungen immer ganz vorn. In dem Jahrzehnt vor der Unabhängigkeit des Landes machten sich die Frauen im öffentlichen Raum stark bemerkbar. Sie gingen auf die Straße, um ihren Propagandaauftrag zu erfüllen, beschimpften ihre Gegner und warfen sich ohne zu zögern ins Getümmel, wenn die Situation es verlangte. Ab 1954, als der RDA Frauensektionen gründete, taucht die Schlagkraft der Aktivistinnen auch in den Archiven der Polizei auf.[58] In ihren Aktionen schreckten die Frauen nicht vor Körpereinsatz und, sprechen wir es ruhig aus, Prügeleien zurück, aber sie nutzten auch frauentypische Methoden. Griottes begleiteten die Parteifunktionäre. Junge Mädchen schmückten ihre Tücher mit dem Namen des Kandidaten.

Man kann es nur immer wieder betonen, die Frauen der Subsahara waren in der Geschichte ihres Kontinents zu allen Zeiten präsent. Es wäre unmöglich, diese Geschichte zu erzählen, ohne ihr Wirken, ihre Stimmen, ihr Handeln zu allen Zeiten zu erwähnen. All diese weiblichen Erfahrungen mit dem Etikett »feministisch« versehen zu wollen, verrät eine eurozentrische Sichtweise, wie sie bei den jungen Frauen der Subsahara immer öfter anzutreffen ist. Das ist verständlich, denn der Feminismus hat sich mit seinem Namen ein Wort angeeignet, das allen gehört, weil es ein Synonym für Emanzipation ist. In den postkolonialen Ländern der Subsahara, wo die politischen Konzepte und Theorien nur Bezeichnungen in den Kolonialsprachen haben, bleibt die Assimilierung aufgrund von ungenauen Begriffen das Los der Frauen, die zwar ein Unbehagen spüren, aber Mühe haben, ihre Ausdrucksfähigkeit wiederzuerlangen. Obwohl der Feminismus, wie jede Protestaktion, ursprünglich von marginalisierten Personen getragen wurde, erscheint er heute, da er von den Medien, den akademischen Institutionen und der Politik stark unterstützt wird, wie ein Imperialismus. Was sich außerhalb seiner Grenzen ausdrückt, wird sofort als rückständig wahrgenommen und zum Schweigen gebracht. Welche Relevanz kann diese Doktrin dann für all jene haben, deren Erfahrung auf dem globalen Spielfeld der Beziehungen zwischen Frauen immer peripher bleibt? Zumal, wenn sich der Feminismus nun auch noch plural gibt und damit sicherstellt, sich auch der Spielarten bemächtigen zu können, die noch gar nicht existieren.

Frauen wollen über die Beziehung zwischen Mensch und Natur nachdenken, die Zugehörigkeit des Weiblichen zu dieser Natur beanspruchen, sich fragen, wie die Männer beides instrumentalisieren: Schon ist der Ökofeminismus geboren. Frauen wollen über die Beziehung zu den Männern nachdenken und postulieren, wie existenziell der Unterschied zwischen den Geschlechtern ist: Das ist differenzialistischer Feminismus. Frauen möchten ihre Fähigkeit unterstreichen, Mütter zu sein, wollen davon ausgehend die Gesellschaft wahrnehmen und ihr Handeln bestimmen: Dann spricht man von mütterlichem oder sogar maternalistischem Feminismus. Wenn die Frauen es angebrachter finden, die Geschlechterverhältnisse nach dem Modell der Antagonismen zwischen sozialen Klassen zu analysieren, wird der hier ohnehin schon radikale Feminismus materialistisch. Frauen stellen fest, dass neben dem Sexismus noch andere Formen der Diskriminierung, die Männer ebenfalls erfahren (Rassismus, körperliche Einschränkung, materielle Not) auch sie selbst treffen und ihre sozialen Interaktionen beeinflussen: Dann werden sie zu intersektionellen Feministinnen.

Die Aufzählung könnte noch lange weitergehen und zeigen, wie sehr manchmal die bloße Tatsache aufgeblasen wird, eine Frau zu sein. Als wäre das mitten in der Nacht passiert und ohne das Wissen der Betroffenen. Und als diese sich im Morgengrauen fassungslos selbst entdeckten, musste sogar das Ein- und Ausatmen »feminismisiert« werden. Seither wird den Frauen, sobald sie das Wort ergreifen oder handeln, das Attribut Feministin, auch wenn sie es gar nicht kennen, wie eine Zwangsjacke verpasst, und sie dürfen auf keinen Fall versuchen sie abzulegen, wenn sie sich nicht zum Feind des eigenen Geschlechts machen wollen. Der Zwang kann auch a posteriori, Jahrhunderte nach dem Tod der Betroffenen ausgeübt werden. Ist das etwas anderes als Dominanz und Hegemonie? Ist solches Verhalten nur zu kritisieren, wenn Männer es ausüben? Nigerianerinnen, Kamerunerinnen oder Malierinnen, die Frauen, an die wir uns bisher erinnert haben, nahmen einfach ihr Schicksal in die Hand, nutzten die Hilfsmittel, die verfügbar waren, stützten sich auf ihre Kultur und handelten nach ihrem Weltverständnis. Das ist anerkennenswert, das ist edelmütig. Das braucht kein Etikett.

Die berüchtigten Nana Benz

Außerhalb von Togo ist der Aufstand der Frauen von Lomé unbekannt, der im Januar 1933 seinen Höhepunkt erreichte. Wie 1929 in Nigeria wollen die Kolonialbehörden – hier die französischen – die Auswirkungen der Wirtschaftskrise durch die Erhöhung existierender und die Einführung neuer Steuern auf die Kolonien abwälzen. Eine der von Gouverneur Robert de Guise beschlossenen Maßnahmen trifft besonders die Händlerinnen auf dem Markt von Lomé. Der von der Kolonialverwaltung gegründete und ausschließlich männliche Rat der Notabeln erweist sich als unfähig zur Gegenwehr. Gemeinsam mit dem *Duawo**, einer Vermittlungsinstanz zwischen Rat und Volk, empören sich die Frauen. Der *Duawo* informiert die Bevölkerung über die neuen Steuern und führt auch Aktionen für ihre Verhinderung durch. Die Verhaftung von Kobine Ghartey und Michel Johnson, zwei Führern des *Duawo*, bringt das Fass zum Überlaufen. Am 24. Januar 1933, dem Tag ihrer Inhaftierung, kommen die Frauen zu Tausenden zum Gefängnis und erzwingen die Freilassung der beiden Männer. Am nächsten Tag erwirkt die Bewegung die Rücknahme der Steuern, zumindest dem Anschein nach. Denn wenn die

* Das Wort bedeutet in der Sprache der Ewe »Bevölkerung«.

Kolonialverwaltung der Bevölkerung wirklich nachgeben wollte, würde sie keine Truppen aus der Elfenbeinküste kommen lassen, um den Aufstand niederzuschlagen. Die brutalen Repressionen führen zu Verhaftungen, Blutbädern und Exil.

Einige Historiker sehen im Aufstand von Lomé 1933 die Geburtsstunde des Togoer Nationalismus.[59] Die Togoerinnen hatten einen entscheidenden Anteil an der Unabhängigkeit ihres Landes. Als der Kampf begann, kam das Geld, ohne das die Bewegung nicht möglich gewesen wäre, vor allem von den Händlerinnen. Sie versteckten auch Flugblätter unter ihren Tüchern oder zwischen den Lebensmitteln, die sie auf den Märkten verkauften, und verbreiteten Informationen. Sie verdienten nicht nur genug, um ihre Familien zu versorgen und die Unabhängigkeitsbewegung zu unterstützen, sondern waren auch die besten Verbindungsleute, um die Bevölkerung zu erreichen. Auf den Märkten spielt sich das Leben ab. Und die sind, wie wir gesehen haben, die Domäne der Frauen. Hierher kommen auch die Frauen, die uns jetzt interessieren. Die Entscheidung, sie in dieses Kapitel über weibliche Kollektive aufzunehmen, ist durchaus begründet, obwohl die Pionierinnen häufig als Einzelpersonen erwähnt werden. Die Nana Benz stehen in vorderster Reihe unter den lebendigen Symbolfiguren Togos und sogar ganz Westafrikas. Am Beispiel dieser wohlhabenden und mächtigen Händlerinnen werden wir sehen, dass sich die Frauen der Subsahara im kolonialen oder postkolonialen Kontext nicht immer gegen die herrschende Macht auflehnten, sondern auch mit ihr zusammenarbeiteten, um ihren Wohlstand zu wahren. Man mag sich darüber wundern, dass dieser Aspekt ihrer Geschichte ihnen keine Vorwürfe einträgt. Eine gute Gelegenheit, um an die in der Subsahara verbreitete Ehrfurcht gegenüber der Macht zu erinnern, egal, worauf sie beruht. Dahinter steckt nicht nur, dass man sich gern in den Mächtigen spiegelt und dass es wichtig ist, seine Zugehörigkeit zu einer wohlhabenden Familie zu reklamieren. Es ist auch blanker Pragmatismus der sozial schwachen Bevölkerung in einer stark hierarchisierten Gesellschaft, in der der Staat seinen Bürgern nicht einmal eine minimale soziale Absicherung gewährt. Unter solchen Umständen hütet man sich, diejenigen zu beschimpfen, die einem zu essen geben könnten, und die Vorstellung, sie anzugreifen, ist geradezu undenkbar.

Nana, eine Respektbezeichnung, die »Mutter« bedeutet, werden die Reichsten unter den Großhändlerinnen gedruckter Stoffe genannt. Wie die meisten Verkäuferinnen auf den Märkten stammen auch die sogenannten Nana Benz nicht aus wohlhabenden Kreisen. Sie haben keine Schulbildung genossen oder gar studiert, aber das Geschäft kennen sie seit frühester Jugend. Da der Markt der Bereich der Frauen ist, ist es nicht überraschend, dass sie wohlhabend werden. Die Nana Benz unterscheiden sich jedoch von den anderen Händlerinnen durch die demonstrative Art, mit der sie ihren Reichtum ausstellen. Vor allem mit ihren großen Autos heben sie sich von den anderen Leuten ab, die vor allem nach Immobilienbesitz streben, um ihren materiellen Wohlstand zu zeigen. Aber eine stattliche Villa lässt sich nicht bewegen, und nur wenige bekommen sie zu Gesicht. Die Luxuskarossen und die üppigen Körperformen, die bezeugen, dass man nicht an Hunger stirbt, können dagegen überall präsentiert werden. Sie lassen sich zur Schau stellen, ein Verhalten, das gemeinhin als männlich gilt. Der Wissenschaftler Comi Toulabour ergänzt:

> *Ein weiteres männliches Attribut, mit dem sich diese Händlerinnen schmücken, besteht darin, dass sie den Haushalt finanzieren und sich um die Erziehung der Kinder kümmern, die ihre Ausbildung an den besten Schulen und Ausbildungsstätten im In- oder Ausland erhalten sollen. In der allgemeinen Vorstellung sind sie zuhause auch die Autoritätspersonen, was traditionell die Männer zu sein haben. Damit ihr wirtschaftlicher Erfolg gesellschaftlich anerkannt wird, legen sie ihr soziales Geschlecht ab und schmücken sich in einer Gesellschaft, die vom gewöhnlichen Machismo geprägt ist, mit männlichen Attributen.*[60]

Wir haben es also mit maskulinen Nana zu tun, zumindest in den Augen eines Teils der Gesellschaft, und vielleicht wollen die Nana es auch selbst. Die Finanzierung der Familie durch die Frau ist jedoch nichts Neues. Viele Händlerinnen haben es so weit gebracht. Die Nana sind die Spitzenverkäuferinnen des *Dutch Wax*, eines in Europa für den subsaharischen Markt entworfenen Stoffes, der zu einem der mächtigsten Identitätsmarker des postkolonialen Afrika wurde. In den 1950er Jahren machten die Nana Lomé zur Hochburg des Handels mit den bedruckten Stoffen in Westafrika. Ihre Zusammenarbeit mit europäischen Firmen ergab sich nach Spannungen zwischen Togo und Ghana, wo die Frauen den Stoff anfangs eingekauft hatten. Seit der Unabhängigkeit Ghanas 1957 wollte das Land das einst unter britischer Verwaltung stehende Togo seinem Territorium angliedern. Wie so oft verlief die von den Kolonialherren gezogene Grenze zwischen den beiden Ländern ohne Rücksicht auf die Völker. Vor allem die ethnische Gruppe der Ewe, die in einem Teil der britischen Kronkolonie Goldküste (später Ghana) und im Süden Togos lebte, wurde richtiggehend auseinandergerissen. Die Ewe in Ghana und in Togo gehören zum selben Volk, besitzen heute aber unterschiedliche Nationalitäten. Kwame Nkrumah, der damalige Präsident Ghanas, und Sylvanus Olympio, der Togo regierte, waren beide panafrikanisch, hatten aber verschiedene Vorstellungen darüber, wie die regionale Integration zu erreichen sei.* Sie gelangten zu keiner Einigung, sondern überschütteten sich gegenseitig mit Komplottvorwürfen.[61] Die Auseinandersetzungen behinderten den Warenverkehr zwischen den beiden Ländern und schadeten dem Handel. Wenn man direkt mit den europäischen Unternehmen verhandelte, musste man nicht mehr nach Ghana fahren. Ein Dutzend Nana, erfahrene Geschäftsfrauen, legten ihr Geld zusammen, unterliefen die Kontrolle der Kolonialherren

* Damals standen sich bei den Panafrikanisten zwei Lehren gegenüber, aus denen zwei Gruppen hervorgingen: Kwame Nkrumah gehörte der Casablanca-Gruppe an. In ihr waren die Vertreter Ghanas, Malis, Marokkos, der Vereinigten Arabischen Republik und Algeriens versammelt. In der Monrovia-Gruppe, zu der Sylvanus Olympio gehörte, hatten sich einundzwanzig subsaharische Staaten zusammengeschlossen. Die erste Gruppe sprach sich für einen sofortigen Zusammenschluss, eine afrikanische Staatsbürgerschaft und einen gemeinsamen Markt aus. Die zweite befürwortete einen zeitlichen Aufschub dieser Ziele. Es schien ihr wichtiger, zunächst die Souveränität der Nationalstaaten zu stärken und durch die noch bestehenden Verbindungen zu den früheren Kolonialmächten ausländisches Kapital ins Land zu holen. Die Gruppen waren nach den Städten benannt, in denen ihre Konferenzen stattfanden.

und gründeten auf dem großen Markt von Lomé ein informelles Oligopol.[62] In der Folgezeit trafen sie ebenso riskante wie harte Entscheidungen, um ihre Macht zu erhalten:

> *Nach dem Staatsstreich, der Ganissingbé Eyadéma 1967 in Togo an die Macht brachte, machte er aus dem höchst einträglichen Textilhandel ein zentrales Element seines Rhizom-Staates. Eyadéma wurde für die Frauen zum unumgänglichen Gatekeeper, weil er die Einfuhrlizenzen kontrollierte und für ein günstiges Steuerniveau bei den Umsätzen und der Wiederausfuhr sorgte.*[63]

Die Nana, von denen man sich in den Straßen von Lomé erzählt, dass sie dem neuen Staatschef für seine ersten Reisen ihre Luxuslimousinen geborgt haben, müssen ihm ihre Unterstützung zusichern und in die Frauensektion seiner Partei eintreten. In den 1970er Jahren übersteigen die Einnahmen aus dem Textilhandel die aus dem Phosphatgeschäft, das dem togoischen Staat vorher die meisten Steuern eingebracht hatte.[64] Aber die Nana kompromittieren sich nicht vorrangig dadurch, dass sie ihren Reichtum zur Schau stellen – ein Bilderbogen von Épinal zeigt sie sitzend um einen Korb voller Geldscheine – oder mit dem herrschenden System und der deregulierten männlichen Ordnung gemeinsame Sache machen. Eine Gruppe von etwa fünfzehn Frauen führt den Wax-Handel an, aber am unteren Ende der Leiter, wo vor allem die jüngeren Weiterverkäuferinnen stehen, kommt vom Reichtum nichts an. Das ist der eigentliche Skandal. Sie sind, wie Comi Toulabour berichtet, häufig Bäuerinnen, die auf der Suche nach einer besseren Zukunft in die Stadt gekommen sind:

> *Sie erhalten oft nur einen Hungerlohn, leben in »übermenschlicher« Not und sind das hässliche Gesicht dieser Ökonomie. Insgesamt zählt diese Berufsgruppe zwischen zwei- und viertausend Personen. Am oberen Ende steht die Händlerinnenbourgeoisie, die sich durch den Stabwechsel von den Müttern an die Töchter fortpflanzt.*[65]

Der Markt als Domäne der Frauen ist auch der Rahmen für Beziehungen unter Frauen, in denen Dominanz durchaus vorhanden ist. Die berüchtigten Nana Benz geben zwar das angehäufte Vermögen, die Geschäftsbeziehungen und den Laden an ihre Töchter weiter, doch eine Identifikation mit den Frauen, die nicht aus ihrem Milieu oder ihrer Familie stammen, existiert nicht. Nirgends gibt es eine natürliche Schwesternschaft, erst recht nicht, wenn finanzielle Interessen auf dem Spiel stehen. Das neokoloniale Subsahara-Afrika hat in seinen urbanen Zentren die früheren Kasten und Hierarchien wieder erschaffen. Es hat seine Königinnen gekrönt und ihnen Sklaven besorgt, wie es sich gehört. *Nana*, das Wort für »Mutter« in der im Süden Togos gesprochenen Mina-Sprache, ist letztendlich eine eher ironische Bezeichnung. Die Nana Benz sind nicht für alle Mütter und scheren sich nicht darum, Frauen zu schützen, die nicht von ihrem Blut sind. Es heißt allerdings, Präsident Gnassingbé Eyadéma habe sie »Mütter« genannt und immer ein Ohr für sie gehabt.

Die Nana Benz der ersten Generation waren Frauen, aber sie haben – bewusst oder nicht – mit einem Verhalten, das man als männlich ansehen kann, ihre Macht gesichert und ihren Erfolg bekundet. Aber was für ein Erfolg war das eigentlich? Ihre Qualitäten bei der Ausübung ihres Berufes sind ebenso unbestreitbar wie ihre gewaltigen Gewinne. Es bleibt dennoch festzuhalten, dass es bei den Nana Benz nicht mehr um die Verteidigung einer weiblichen Domäne ging, sondern diese vielmehr in den Dienst einer politischen Macht gestellt wurde. Es handelt sich also um eine Form der Entfremdung, auch wenn es den betroffenen Frauen nicht bewusst war oder sie dachten, sie hätten keine andere Wahl. Ähnlich den schönen Geliebten mächtiger Männer in der Vergangenheit wurden sie zu Gehilfinnen einer männlichen Macht. Die Behandlung der kleinen Verkäuferinnen zeigt, dass die Frauen durch Klassenschranken voneinander getrennt waren und sind und dass sie diese vielleicht sogar selbst festschreiben. Was wir gern als Beispiel für weiblichen Erfolg ansehen würden, ist also durch das Leid befleckt, das Frauen anderen Frauen antun. Wenn Weiblichkeit die Stellung der Frauen als Unterdrückte in einer von Männern für Männer entworfenen Welt, aber auch ihre Kompetenzen diese zu überwinden, bezeichnet, soll sie für unsere Zwecke hier nicht herangezogen werden. Aus zwei Gründen: Die Frauen müssen sich ihrer Unterdrückung bewusst werden und sie eher ablehnen, als sich ihrer listig zu bedienen. Und sie müssen sich mit ihren Geschlechtsgenossinnen solidarisch fühlen, ihre Macht, ihre Privilegien nutzen, um sie zu fördern.

Klitoriskult

Geradezu im Gegensatz zu dem, was wir gerade gesehen haben, gab es auf dem Kontinent Praktiken der Liebe zu sich selbst und zu anderen Frauen, Praktiken der Entmystifizierung der männlichen Macht, wenn sie repressiv war. Vielleicht hätten die Nana ihre jungen Verkäuferinnen anders behandelt, wenn sie davon erfahren hätten. Eine gute Gelegenheit, die Frauen der Subsahara daran zu erinnern, wie notwendig es ist, dass sie sich mehr untereinander austauschen, dass sie voneinander lernen, die von den Nachbarinnen abgeschauten Bräuche übernehmen, wenn diese zum eigenen sozio-kulturellen Kontext passen. Besuchen wir also die Frauen des Fang-Beti-Volkes, das in Kamerun, Gabun und Äquatorialguinea lebt, um eine dieser alten Praktiken der Liebe zu sich selbst und zu anderen Frauen zu entdecken. In diesem Volk herrschte früher ein grausames Patriarchat, das den Frauen jede öffentliche Äußerung verbot – ihnen aber erlaubte, sich Liebhaber zu nehmen,[66] vor allem, wenn es viele Nebenfrauen gab. Wie andernorts hatten die Frauen ihre Aufgaben und einen festgelegten Platz, aber man kann sie durchaus als beherrscht ansehen. Erst im Alter der Menopause wurde ihnen eine vollständige Souveränität über ihr Leben gewährt. Doch schon bevor sie diese Freiheit erhielten, weil sie keine Kinder mehr bekommen konnten, hatten sich die Fang-Beti-Frauen einen Raum geschaffen, um sich selbst aufzuwerten und die Phallokratie zu dekonstruieren. Damit konnten sie zwar nicht das Steuer herumreißen, aber Beziehungen zwischen Frauen herstellen und eine Macht kennenlernen und erfahren, zu der die Männer keinen Zugang hatten.

Das *Mevungu*-Ritual, das die Frauen der Fang-Beti praktizierten, war ein Weiblichkeitskult, der das Ziel hatte, die Schönheit und Erhabenheit des weiblichen Geschlechts zu feiern und die den Frauen eigene Kraft zu stärken.[67] Sein Name setzt sich aus zwei Wörtern zusammen: *Mevul*, die Bezeichnung für das weibliche Schamhaar, und *Ngul*, was Kraft oder Stärke bedeutet.[68] Die oberste Zelebrantin, *Asuzoa* oder Mutter des *Mevungu* genannt, wurde vor allem wegen der imposanten Größe ihrer Klitoris ausgewählt. Einige Teile des Rituals bestanden darin, dass die Frauen das Geschlecht der Mutter ehrten, es fütterten, sich daran rieben, es massierten, dehnten und seine Schönheit rühmten. In anderen Phasen inspizierten die ältesten Eingeweihten unter Aufsicht der *Asuzoa* die Vagina der Teilnehmerinnen und jubelten jedes Mal, wenn ihr Blick auf eine Klitoris oder eine Vulva von beachtlicher Größe fiel. Nach einer besonderen Behandlung standen die am besten ausgestatteten Frauen auf und spreizten die Beine, unter denen die anderen hindurchkrochen. Bei diesem Ritual bewunderten sie das Geschlechtsorgan und gewannen dadurch neue Kraft. Dieser Beschreibung fügt der Anthropologe Jean-Pierre Ombolo den Hinweis hinzu, dass diese Verherrlichung der Weiblichkeit während des *Mevungu* mit einer rituellen Misshandlung des männlichen Geschlechts einherging.

Was auch immer man über den Einfluss dieses Rituals auf die Situation der Frauen in der Beti-Gesellschaft denken mag, auf jeden Fall besaß es grundlegende Vorzüge. Es erlaubte nämlich eine Intimität unter Frauen, eine Würdigung des Weiblichen und eine symbolische Zerstörung der männlichen Macht. Nur symbolisch, weil es nicht darum ging, auf die Männer zu verzichten oder deren Aufgaben zu übernehmen. Durch das *Mevungu* wurde die den Frauen eigene Kraft, wie sie in diesem Volk verstanden wurde, anerkannt und gefeiert. Sie entdeckten einen Raum der Souveränität, der nur ihnen gehörte. Weil es ihn gab, neideten die Frauen den Männern nicht ihre Vorrechte. Sobald die Menopause eintrat, überließen sie den Gatten den anderen Ehefrauen. Sie quälten sich nicht damit, dass er sie nicht mehr beachtete. Bei den Bakoko in Kamerun gab es das *Mevungu* unter der Bezeichnung *Ko*. Bei den Bassa, ebenfalls in Kamerun, hieß es *Koo*.* Bei allen wurde es mit leichten Abweichungen auf die gleiche Weise durchgeführt. Wenn das *Mevungu* stattgefunden hatte, erlebte das Dorf eine besondere Zeit des Überflusses. Manchmal wurde das Ritual sogar auf Wunsch der Männer durchgeführt, wenn die Jagd oder die Ernte nicht erfolgreich gewesen war. Die Fruchtbarkeit des Bodens und der Natur wurde mit der der Frauen in Verbindung gebracht. Die Wirkung des Rituals war also anerkannt. Es stärkte die Frauen in ihrer Einzigartigkeit und steigerte ihre wohltuende Macht für die Gemeinschaft. Ein Ergebnis war auch, dass die Identität von Personen aufgedeckt wurde, die der Gruppe geschadet hatten, und dass sie bestraft wurden.

* *Ko* und *Koo* heißen in den Sprachen dieser Völker »Schnecke«.

Die Frauen mussten verheiratet sein, um zum geheimen Zirkel zu gehören, Unverheiratete wurden in einen größeren Bund aufgenommen. Dieser Zusammenschluss stand allen Frauen offen. Wenn das *Mevungu* für die Gemeinschaft Fruchtbarkeit bewahren oder in schwierigen Zeiten zurückbringen sollte, wurde das Ritual von den Frauen durchgeführt, die Kinder geboren hatten:

> *Der Natur nah, vertraut mit dem Busch und seinen Geistern sind die Mütter, die sich bewährt haben, am besten imstande, die Natur wieder fruchtbar zu machen und die Erwachsenen mit Fleisch zu nähren, wie sie ihre eigenen Kinder genährt haben.*[69]

Die Mutterschaft wurde also besonders gewürdigt, auch von den Frauen. Es genügte nicht, mit einer stattlichen Klitoris ausgestattet zu sein. Dem Anthropologen Philippe Laburthe-Tolra zufolge wurde vor allem die der Mütter bewundert und gepriesen. Das könnte man ausgrenzend und ungerecht gegenüber den Frauen finden, die keine Kinder haben konnten. Dem *Mevungu* wurde allerdings auch die Macht zugesprochen, weibliche Unfruchtbarkeit zu heilen. Auffällig ist, mit welcher Hartnäckigkeit die Wissenschaftler diesem Ritual jeden Bezug zur Sexualität rauben wollten. Man fragt sich, was die »rituelle Masturbation« gewesen sein soll, von der Philippe Laburthe-Tolra spricht[70], wenn nicht eine sakralisierte, doch durchaus konkret sinnliche sexuelle Praxis innerhalb dieses Frauenkreises. Bestimmte Handlungen müssen stattgefunden haben, damit man überhaupt von Masturbation sprechen kann. Das Ritual bezieht immer den Körper ein, um kundzutun, was man mit der Sprache gar nicht oder nur unzureichend ausdrücken kann.

Es gibt zu diesem Thema keine Untersuchung, und die Forscher, die dieses Ritual erwähnen, stützen sich selbst nur auf Zeugenberichte und nicht auf eigene Beobachtungen. Wir erlauben uns daher, uns auf der Grundlage der am häufigsten beschriebenen Szenen unsere Gedanken zu machen. Wir sehen darin keinen mangelnden Respekt, sondern einen Versuch, uns der Bedeutung dieses Rituals für die Frauen (untereinander) zu nähern. Neben der Erwähnung der Sühne-, Heil- und Schutzfunktion für die Gemeinschaft verstehen alle Studien das *Mevungu* als Würdigung der Weiblichkeit und eine Art der Frauen, der Tyrannei der Männer zu begegnen.[71] Warum sollte es nicht auch ein Fest der weiblichen Lust sein? Die Zurückhaltung der Wissenschaftler soll jeden Verdacht von Homosexualität innerhalb der Geheimgesellschaft ausräumen. Im Hinblick auf die gesamte Bevölkerung behauptet Jean-Pierre Ombolo allerdings: »Die Beti kennen nur weibliche Homosexualität«[72], was natürlich lächerlich ist, aber bitte. Die Sexualität zwischen Personen desselben Geschlechts wurde in dieser ethnischen Gruppe – die sie also kannte – als von der Norm abweichend wahrgenommen, und das Begehren einer Frau für andere Frauen einem zu stark entwickelten erektilen Organ zugeschrieben. Dieses wurde im *Mevungu* gefeiert, weil die Frauen kein anderes hatten. Aber wie sollen sich die Frauen untereinander der Hegemonie der Männer widersetzen, wenn nicht dadurch, dass sie sich auch das erlauben, was die Gesellschaft verbietet? Die Funktion des Geheimnisses bestand vielleicht darin, solche Grenzüberschreitungen und womöglich auch den Spaß zu verhüllen, den sie daran hatten, diese zu begehen.

Es ist sicher beruhigend, das männliche Glied ausgiebig zu beschimpfen und Gegenstände zu malträtieren, die es darstellen, noch befreiender wirkt es aber zweifellos, dem eigenen Geschlecht zu huldigen. Genau das taten diese Frauen, und zwar sehr konkret, mit den entsprechenden Handlungen. Der Körper an sich wurde in Subsahara-Afrika nicht immer als besonders erotisch wahrgenommen. Anderenfalls hätte die ständige Fast-Nacktheit bei vielen Völkern dieser Region zu Dramen geführt. Die Genitalien, die im *Mevungu* bei diesem Volk ebenso wie anderswo eine große Rolle spielten, waren hingegen durchaus erotisch aufgeladen. Und selbst wenn nicht, hätte ihre wohlbekannte Empfindlichkeit zwangsläufig die erwartbare Wirkung gezeigt. Letztlich wissen es nur die Teilnehmerinnen des *Mevungu*. Bekannt ist auf jeden Fall, dass es auch außerhalb dieses esoterischen Rahmens die Aufgabe der Frauen war, die Mädchen zu entjungfern:

> *In einigen Beti-Stämmen (…) wurde dem weiblichen Neugeborenen das Hymen durch eine der erwachsenen Frauen durchstoßen, die um die Wöchnerin versammelt waren. Bei anderen wurde dem kleinen Mädchen das Häutchen durch eine Erwachsene zum Beispiel beim Fischen durchstoßen.*[73]

Obwohl es hier nicht so dargestellt wird, war das Durchstoßen des Hymens, das eher durch ältere Frauen als durch den Ehemann geschah, wie schon erwähnt, in anderen

Volksgruppen Gegenstand eines Rituals. Man kann es nach der Beschreibung durchaus als solches bezeichnen, denn nur Frauen waren anwesend und in einem Fall vollzog sich die Defloration im Kontakt mit Wasser, dem Element, das der Weiblichkeit zugeordnet wird. Obwohl darin keine sexuelle Bedeutung zu sehen ist, ging es doch darum, die Zugehörigkeit des Körpers der Mädchen zu ihrer Gruppe, also zu sich selbst zu unterstreichen. Das lässt sich auch aus bestimmten Handgriffen ablesen, die während des *Mevungu* ausgeführt werden. Wir dürfen auch nicht vergessen, dass die *Asuzoa* oft eine Frau war, die nach der Menopause nicht mehr sexuell aktiv war. Sie konnte auch eine Witwe sein, die beschlossen hatte, nicht erneut zu heiraten. Sie war also eine Frau, deren Körper nur noch von ihren Geschlechtsgenossinnen berührt wurde. Im Unterschied zu dem Ritual, das im Fall einer Hungersnot durchgeführt wurde, um die Fruchtbarkeit der Natur wiederherzustellen, musste die Mutter des *Mevungu* nicht viele Kinder geboren haben:

> *Wir müssen diese letzte Möglichkeit betonen: Diese große weibliche Verantwortung konnten auch Frauen übernehmen, die nie Kinder geboren hatten. Die einzige Bedingung war, in der Menopause zu sein und keine sexuellen Beziehungen mit Männern mehr zu haben.*[74]

Die *Asuzoa* wurde von ihrer Vorgängerin ausgewählt und zeichnete sich durch die Größe ihrer Klitoris und die Breite ihrer großen Schamlippen aus. Diese Eigenschaften galten als Zeichen einer mystischen Macht. Sie waren wichtiger als die Mutterschaft und Voraussetzung dafür, dass ihr die

Rolle der obersten Frau des *Mevungu* übertragen wurde. Die Verherrlichung der Weiblichkeit und ihrer Macht sowie die einzigartigen hellseherischen Fähigkeiten, die der *Asuzoa* zugesprochen wurden, standen also in keiner Beziehung zur Fruchtbarkeit, die allein mit der Fortpflanzung verbunden war. Die Autorität der *Asuzoa* wurde nicht mit der Begründung angezweifelt, sie sei nicht Mutter gewesen. Sie war allmächtig. Während des Tanzes im *Mevungu* schoben sich die Frauen manchmal ein Horn in die Vagina und imitierten damit den Geschlechtsakt. Diese rituelle Handlung gilt als extrem und selten und soll in besonders schwierigen Situationen alle Kräfte, die natürlichen ebenso wie die übernatürlichen, mobilisieren. Während das Ritual vollzogen wird, ist der weibliche Körper gleichzeitig Instrument, Träger und Gefäß. Die Kraft geht von ihm aus und wird von ihm empfangen. »Der Körper ist das Erste und das Letzte«, schreibt die Schriftstellerin Fabienne Jacob.[75] Die Frauen des *Mevungu* wussten das. Für sie wie für andere auf der Welt wurde die Geschichte, lange bevor man sie in Büchern festhielt, mit dem Leib geschrieben, mit Atem, Körpersäften, Bewegung, Schweiß. Uns interessiert hier weniger, was das Ritual für die Gesellschaft, sondern vielmehr was es für die Frauen bedeutete. In einem Umfeld, in dem sie schlecht behandelt und kaum ermutigt bzw. sogar daran gehindert wurden, sich zu äußern, war es für die Frauen nicht das Wichtigste, die männlichen Bastionen zu stürmen und darin einen Platz zu beanspruchen. Die Begründerinnen des *Mevungu* hatten das Ritual geschaffen, weil es Männerbünde gab, zu denen ihnen der Zugang verwehrt war. Sie beschlossen deshalb, ihre eigene Organisationsform zu etablieren und darin zu tun, was sie für wichtig hielten. In dem Ritual wollten sie vor allem würdigen, was sie waren, ihren eigenen Wert erkennen und mit Liebe auf die anderen Frauen schauen. Es ging nicht unbedingt um Zuneigung, aber um Wohlwollen, um Unterstützung so oft es möglich und nötig war. Wir sehen darin eine schöne Anregung für die Frauen unserer Zeit. In den gegenwärtigen Gesellschaften müssen sie ermuntert werden, Organisationen zu schaffen, die das Ziel haben, das Weibliche und seine Qualitäten kennenzulernen und zu würdigen, auf der Ebene der Intimität ebenso wie auf der der Spiritualität. Frauen müssen sich nicht untereinander ihre Klitoris zeigen, die der *Asuzoa* massieren, oder anzügliche Tänze mit ihren Gefährtinnen tanzen. Es steht ihnen frei, ihre eigene Form zu ersinnen. Wichtig ist, dass sie ein Mittel finden, um sich auf eine für sie selbst verständliche Weise vor ihren Schwestern nackt zu zeigen, ihnen zu offenbaren, was ihr Geheimstes ist und auf diese Weise ein Band des Vertrauens zu knüpfen. Diese Frauenbünde waren vielleicht nicht nur geheim, um die Männer fernzuhalten, sondern auch, um dieses Vertrauen zu ermöglichen. Beim *Mevungu* kam es vor, dass ein Teil der Zeremonie der Gemeinschaft offenstand, bevor sich die Frauen an einen dafür bestimmten Ort zurückzogen. Ihr Rückzug und der Teil des Rituals, den sie nur unter sich ausführten, kam der Gruppe zugute. Weil sie gestärkt daraus hervorgingen. Weil sie in einer Welt mit vielfältigen Zwängen ihr eigenes Universum geschaffen hatten. Weil sie an diesem Ort die Triebkräfte der männlichen Dominanz untersuchen und sie auf ihren einfachsten Ausdruck zurückführen konnten. Nicht die mächtigen Männer verspüren den Drang, Frauen zu unterjochen und zum Schweigen zu bringen. Meistens und überall sind es Männer, die wissen, dass sie die Frauen nicht wirklich beherrschen können. Was konnte man in der alten Fang-Beti-Gesellschaft den Frauen anhaben, deren Macht Fülle hervorbrachte? Es waren nicht die Männer dieses Volkes, die dem *Mevungu* den Krieg erklärten, weil sie es für obszön hielten, sondern die christlichen Missionare. So verschwand der Ritus schließlich. Wir wissen nicht, wie die allerersten *Mevungu*-Zeremonien aussahen, als die Gesellschaft geschaffen wurde. Frauen erträumten diese Einrichtung, bevor sie sie Wirklichkeit werden ließen. Sie entschieden, was sie darin würdigen, welcher Methoden sie sich bedienen, welche Ziele sie erreichen wollten. Weil sie in sich eine Kraft spürten, konnten sie sie entdecken und zum Ausdruck bringen. Das ist ihr kostbarstes Vermächtnis an die Gemeinschaft der Frauen: das Vorbild der Verankerung in sich selbst. Genau das ist die andere Sprache der Frauen.

Schlussbemerkung

In Afrika und jenseits der Meere

Die heutigen Bewegungen zur Befreiung der Frauen der Subsahara bieten nichts, was mit diesen alten Frauengemeinschaften vergleichbar wäre. Und es ist zweifellos ein Problem, den Monopolen der Männer ein Ende bereiten zu wollen, bevor die Frauen sich ihrer eigenen Stärke und Sprache bewusst geworden sind. Unsere Zeit liefert mindestens ein bekanntes Beispiel dafür, wie sich Frauen für die andere Sprache entschieden haben. Nämlich dafür, nicht den Männern gleich werden zu wollen, sondern sich nach den eigenen Wünschen ihre Freiheit und Entfaltung zu erobern. 1991 versammelte Rebecca Lolosoli einige Frauen ihres Dorfes um sich, um eine Gemeinschaft zu gründen. Ihr Ziel bestand darin, einen Ort zu schaffen, an dem die Frauen vor der Gewalt und Ungerechtigkeit geschützt wären, die ihnen die Männer antun: Vergewaltigungen* – nach denen die Frauen verstoßen wurden –, eheliche Gewalt, frühe Zwangsheirat oder Genitalverstümmelung. So ent-

* Die Geschichte der Frauen von Umoja begann mit einer Anklage wegen Vergewaltigungen durch britische Soldaten, die seit Jahrzehnten in der Region Übungen abhielten. Als sich Rebecca Lolosoli zur Wortführerin der Frauen machte, wurde sie wegen Ungehorsam von den Männern ihres Dorfes verprügelt. Als ihr Mann davon erfuhr, unternahm er nichts, um sie zu verteidigen. Daraufhin beschloss sie, ihn zu verlassen. Dann versammelte sie die ersten Bewohnerinnen des künftigen Dorfes um sich.

stand Umoja, das Dorf, das für die Frauen ein sicherer Hafen sein soll.[76] In Umoja – der Name bedeutet auf Swahili »Einheit« – konnten die Frauen des Volkes der Samburu (Kenia) die Phallokratie ihrer Kultur anprangern und mussten sie nicht mehr ertragen. Gemeinsam erarbeiteten die Bewohnerinnen Überlebensstrategien, förderten gegenseitige Hilfe und Gesprächsangebote, errichteten ohne andere Mittel als ihren Willen das Dorf und entwickelten Aktivitäten, um Einkommen zu generieren. Andere Frauen schlossen sich ihnen an, und die Gemeinschaft wuchs. In den ersten Jahren wurden die Frauen oft von Männern belästigt, die ihre Häuser zerstörten und sie immer wieder bedrohten, aber sie hielten durch und kauften sogar das umliegende Land, auf dem sich ihre Gegner niedergelassen hatten, um ihre Arbeit zunichte zu machen. Umoja, das 2021 seinen dreißigsten Geburtstag feierte, besteht bis heute. Die Gemeinschaft hat die Aufmerksamkeit der internationalen Medien und verschiedener Organisationen auf sich gezogen.

Rebecca Lolosoli ist heute eine international bekannte Persönlichkeit. In der Gemeinschaft, die sie mit anderen gegründet hat, üben die Frauen Kunsthandwerksberufe aus, von denen sie ganz unabhängig leben können. Ihre Kinder sind gut versorgt und gehen zur Schule. Die Mütter leben frei und sicher. Anders, als in westlichen Medien mitunter reißerisch behauptet wird, ist Umoja nicht grundsätzlich für Männer verboten. Wenn die Frauen Beziehungen mit Männern haben, dürfen diese sie besuchen. Über Nacht sollen sie allerdings nicht bleiben. Männer, die sich auf eine Beziehung mit diesen Frauen einlassen, müssen die traditionelle Sicht überwunden haben, was bessere Verhältnisse garantiert. Wenn die Frauen von Umoja Söhne bekommen, leben sie bei ihren Müttern in der Gemeinschaft, bis sie achtzehn Jahre alt sind.

An dieser Initiative der Samburu-Frauen, die sich aus eigener Kraft eine Zuflucht schufen, beeindruckt besonders das Vertrauen, das die Frauen in ihr Projekt hatten, und wie sie Mittel fanden, es umzusetzen und dann zu erhalten. Es handelte sich um arme, wenig oder gar nicht gebildete Frauen, die in einer rauen, von Dürre geplagten Umwelt lebten. Um Umoja zum Erfolg werden zu lassen, mussten sie in der Lage sein, nicht den Mann ins Zentrum zu stellen, wie es die Frauen machen, die sich von früh bis spät über das Patriarchat beklagen. Sie mussten in der Lage sein, ihr Schicksal selbst in die Hand zu nehmen und sich ein anderes Leben vorzustellen, eine Existenz, in der Entfaltung nicht dadurch geschieht, dass die Türen der männlichen Bastionen eingetreten werden. Die Frauen von Umoja erlangten ihre vollständige Souveränität und mussten, um zu bestehen, lernen, die Aufgaben zu erledigen, die traditionell den Männern obliegen. Das war unverzichtbar und geschah fast von selbst. Keine dieser Frauen brauchte politische Theorien, um ihre Situation und ihre Bedürfnisse zu erkennen. Ihre Initiative wurde zwar weit über die Grenzen Kenias hinaus bekannt, aber niemand nutzte sie, um daraus irgendwelche Lehren zu ziehen. Schließlich geht es nur um arme Frauen der Subsahara, die in den rückschrittlichen Sitten ihres Volkes gefangen sind. Was sollte man von denen schon lernen? Alles! Angefangen bei der konkreten Solidarität unter Frauen, die Umoja zu einem weltweit einzigartigen Ort gemacht hat.* Ebenfalls in Subsahara-Afrika, nämlich in Ghana gibt es Ladybird Logistics, das weltweit einzige Transportunternehmen, das von einer Frau, Felicia Payin Marfo, geleitet wird und nur Fahrerinnen und Mechanikerinnen für die Schwerlaster einstellt. Afrika ist der Kontinent *par excellence*, auf dem sich Frauen zusammenschließen, sich um ihre eigenen Angelegenheiten kümmern und die Gesellschaft voranbringen. Die Frauen der Subsahara haben keinen Grund, sich vor den anderen kleinzumachen. Sie sind alles, können alles, haben es unzählige Male bewiesen und tun es weiter.

Frauen, die materiell wie intellektuell viel bessere Chancen hatten und über die aus der Kolonisierung / Rassifizierung hervorgegangene symbolische und politische Macht verfügten, haben nichts zustande gebracht, was sich mit diesen beiden Initiativen vergleichen ließe. Trotzdem belehren sie die anderen vom Katheder einer Theorie herab, die so universell sein will, dass sie sich das für alle geltende Wort als

* In den 1970er Jahren gab es in den USA mehrere Lesbenkommunen wie das Woman Share Collective und den Oregon Women's Land Trust, die beschlossen hatten, aufs Land zu ziehen, um die patriarchalische Gesellschaft zu verlassen, naturnah zu leben und eine weibliche, oft antikapitalistische und antirassistische Kultur zu entwickeln.
Ende 2018 entstand im Nordosten Syriens das Frauendorf Jinwar, der Name bedeutet »Ort der Frauen«. Dort leben Frauen unterschiedlicher Herkunft, vor allem Kurdinnen und Araberinnen, die unter dem Krieg und der Gewalt der patriarchalischen Gesellschaft gelitten haben. Männer halfen zwar beim Aufbau von Jinwar, aber ihre Anwesenheit im Dorf soll strikt verboten sein. Dort leben nur Frauen mit ihren Kindern.
Diese beiden Modelle unterscheiden sich von Umoja, dem von Frauen errichteten Dorf, in dem Männer als Sexualpartner zugelassen sind. Außerdem hat Umoja keine so ausgeprägte politische Zielsetzung wie die separatistischen Lesben der 1970er Jahre.

Namen unter den Nagel gerissen hat. Überall, wo Frauen leben, wünscht man sich so etwas wie Ladybird Logistics. Umoja lässt sich nicht ohne Weiteres auf ein städtisches Umfeld und auf andere Regionen übertragen, auch nicht in Afrika. Trotzdem können wir uns von der Entschlossenheit dieser Samburu-Frauen inspirieren lassen, nicht nur um Unterdrückung zu beenden, sondern auch, um eine uns zufriedenstellende Wirklichkeit zu erschaffen. Diese Erfahrung wird nur deshalb nicht als beispielhaft für alle angesehen, weil der Universalismus, mit dem man uns ständig in den Ohren liegt, oft als Synonym für Verwestlichung zu verstehen ist und daher alles andere höchstens lokalen Wert erlangen kann. Doch ein Universalismus, der es ablehnt, sich aus allen Quellen zu speisen, und der nur eine einzige anerkennt, ist ein Partikularismus, der danach strebt, sich auszubreiten. Weil er sich in einer Welt durchsetzen will, in der die Wunden des Kolonialismus noch bluten, stoßen manchmal selbst seine beachtenswertesten und positivsten Vorschläge auf Ablehnung. Daran müssen wir etwas ändern. Zunächst müssten wir zweifellos über eine wirkliche zivilisationelle Solidarität nachdenken, die es uns ermöglicht, uns gegenseitig zu inspirieren, über Beziehungen der Frauen der Welt untereinander nachzudenken, ohne zu behaupten, es reiche aus, mit weiblichem Geschlecht geboren zu sein, um einander näherzukommen. Als sich 1929 die Frauen in Nigeria zum Kampf erhoben, hatten die englischen Suffragetten seit zehn Jahren das Wahlrecht erkämpft (6. Februar 1918). Die Bewegung der englischen Frauen, die Mitte des 19. Jahrhunderts begonnen hatte, erreichte während der Kolonialzeit ihren Höhepunkt. Man muss nur die Situation der

Frauen in Großbritannien und in Nigeria einander gegenüberstellen, um der Vorstellung einer auf dem biologischen Geschlecht beruhenden Fraueninternationale ziemlich schnell den Garaus zu machen. Vom sozialen Geschlecht reden wir nicht, denn Frauen haben alle möglichen sozialen Geschlechter. In den beiden hier erwähnten Fällen kümmerten sich die Frauen in ihrem Kampf kein bisschen um das, was die anderen erlebten. Diejenigen, deren Kolonialmacht die Sprache, die Ästhetik, die Religion, die Lebensweise und das Geschlechterverhältnis durchgesetzt hatte, dachten wahrscheinlich, das alles sei ein Fortschritt für die anderen. Das lässt sich zumindest aus ihrer Beteiligung an der Missionierung schließen. Die Kultur, die sie selbst unterdrückte, schien ihnen immer noch der der anderen Frauen überlegen. Sie wussten nichts von der Komplexität der subsaharischen Welten, von den Verlusten, die den Kolonisierten durch ein System zugefügt worden war, das die Macht der Männer bewaffnet und gestärkt hatte. Das Gespräch, das man sich zwischen den Frauen wünschen würde, muss diese Themen einbeziehen und eine Solidarität schaffen, die die historischen und identitären Besonderheiten achtet. Nur so können wir in einem neuen Rahmen, in dem sich die einen nicht als Vorbild für die anderen sehen, von Austausch sprechen. Ob Nigerianerinnen oder Engländerinnen, die Frauen haben ihre Kämpfe innerhalb der Gesellschaften geführt, zu denen sie gehörten, ohne zumindest in jenem Moment den Anspruch zu erheben, ihre Anliegen auf der ganzen Welt zu verbreiten.

Es geht nicht um das sinnlose Unterfangen, jenen Frauen den Prozess zu machen, die okzidental bleiben, weil sie der

Okzidentalität kein Ende bereitet haben. Wir wollen sie vielmehr zur Dezentrierung auffordern, wenn sie über Lebensläufe von Frauen in der Welt sprechen. Es wird Zeit, dass sie Bescheidenheit üben und die oft vermisste geistige Offenheit entwickeln, von den anderen zu lernen. Lernen heißt nicht unbedingt nachahmen, nicht einmal übertragen. Es kann auch kennenlernen, erfahren, wahrnehmen, sich auf etwas beziehen heißen. Eine konkrete Lehre, die die kollektiven Praktiken der Frauen der Subsahara bereithalten, liegt vor allem in deren Verbundenheit mit der Domäne des Weiblichen. Sich selbst kennenlernen, die eigene Macht entdecken und ausüben, imstande sein, ein einzigartiges Universum zu erschaffen – das ist unbedingt emanzipatorisch. Weit mehr jedenfalls als der Ansatz, sich nur durch die Grenzen und Störungen wahrzunehmen, die das andere Geschlecht den Frauen auferlegt.

Das *Mevungu* und ähnliche Praktiken bringen keine unmittelbare Lösung für die Probleme, vor die uns die Phallokratie stellt. Das ist auch nicht das Ziel. Wir wollen nicht behaupten, dass das weibliche Erbe der Subsahara vollkommen ist, sondern deutlich machen, dass die sozialen und kulturellen Grundlagen der Subsahara-Frauen im postkolonialen Afrika nicht dieselben sind wie anderswo und dass ihr Emanzipationswunsch sich auf alte Erfahrungen stützen könnte. Zumal in jeder Situation, in der Frauen subsaharischer Herkunft den Kampf um Emanzipation führen, sichtbar wird, dass sie sich von denen abgrenzen wollen, die andere Erfahrungen haben als sie. Für die Frauen der afrikanischen Diaspora wie für ihre Vorfahrinnen auf dem Heimatkontinent stellte sich nie die sehr bürgerliche Frage nach dem Recht auf Arbeit, umso mehr aber die nach dem Recht zu lernen und zu studieren. Durch die Sklaverei waren sie von vornherein gezwungen, nicht nur zu arbeiten, sondern oft dieselben Aufgaben zu verrichten wie die Männer, zusätzlich zu anderen, die die Männer nicht ausführten. Die Knechtschaft setzte sie auch ständigen Vergewaltigungen durch die Herren aus, was die Männer ebenfalls traf. Die Gleichheit mit ihnen, die gleichen Rechte waren zu keinem Zeitpunkt ihr Problem. Die Frage nach der eigenen Art weiblicher Identität angesichts des durch die Herrin vorgestellten Frauenbildes und die Frage nach dem Rassismus, der die kolonialen Gesellschaften strukturierte, waren hingegen sehr viel wichtiger und sind es bis heute. Die afrobrasilianische Philosophin Sueli Carneiro erinnert daran:

Die Schwarzen Frauen haben eine eigene historische Erfahrung, die im klassischen Diskurs über die Unterdrückung der Frauen nicht vorkommt. Von welchen Frauen spricht man, wenn man vom Mythos der weiblichen Zerbrechlichkeit spricht, die historisch das paternalistische Beschützen der Frauen seitens der Männer gerechtfertigt hat? Wir, die Schwarzen Frauen, gehören zu einer Kategorie von Frauen, wahrscheinlich der Mehrheit, die in sich selbst nie einen Widerschein dieses Mythos wahrgenommen haben, weil sie niemals als zerbrechliche Geschöpfe behandelt wurden. (…) Wir gehören zu einer Kategorie verdinglichter Frauen. Gestern im Dienst zerbrechlicher Herrinnen und edler, schwachsinniger Herren. Heute Hausangestellte befreiter Frauen.[77]

Hinzu kommt, dass im Plantagenregime, das die sexuelle Identität der Versklavten zum großen Teil aufhebt, die versklavten Frauen kein Geschlecht, kein Volk begründen. Sie können nur ihre Verhältnisse weitergeben: Rassifizierung und Sklaverei. Eine solche Situation, in der die Negation der Menschlichkeit ihren Höhepunkt erreicht, drängt zur Auflehnung. Wie bei den Frauen der Subsahara gab es auch unter den Afrobrasilianerinnen in der Geschichte ihrer Aufstände gegen die Unterdrückung zahlreiche Kämpferinnen, die sich in ihrer Weiblichkeit von den Sklavinnen unterschieden. Einige dieser afrobrasilianischen Kriegerinnen verdienen es, hier genannt zu werden, allen voran Tereza de Benguela*.[78] Sie war die Anführerin des Quilombo Quariterê im heutigen Mato Grosso, unweit der bolivianischen Grenze. Ein Quilombo ist ein Dorf, das von Menschen gegründet wurde, die sich von der Sklaverei befreit und eine alternative Gesellschaft errichtet hatten. Im Quilombo Quariterê lebten afrodeszendente und indigene Menschen zusammen. Natürlich waren solche Strukturen in der Kolonialzeit ständig bedroht, war ihre Zerstörung zum Erhalt der Sklaverei notwendig. Den Sklaven musste jeder Gedanke an eine eventuelle Flucht ausgetrieben werden. Das Überleben der Quilombolas, der Gemeinschaften, die die Quilombos bewohnten, war also nur um den Preis ständiger Kämpfe möglich. Tereza de Benguela gelang es, ihr Rebellendorf militärisch zu organisieren, seinen Wohlstand zu mehren und den Kolonialherren über zwei Jahrzehnte die

* Benguela ist der Name einer angolanischen Provinz und der Provinzhauptstadt. Das Herkunftsland von Tereza ist aber unbekannt.

Stirn zu bieten. Sie schuf auch ein Parlament zur Abstimmung innerhalb der Gruppe. Seit 2014 ist der 25. Juli in Brasilien Gedenktag für Tereza de Benguela und mit ihr für alle Schwarzen Frauen.

Es gab auch Dandara dos Palmares.[79] Sie war die Frau von Zumbi dos Palmares, dem berühmtesten Helden Brasiliens afrikanischer Herkunft. Dandara war ein junges Mädchen, als sie nach Palmares, in den größten Quilombo Brasiliens kam, in dem bis zu zwanzigtausend Menschen lebten. Es ist unbekannt, woher und ob sie in Begleitung kam. Ihr Vorleben bleibt im Verborgenen. Innerhalb der Gemeinschaft verrichtete Dandara diverse Haushalts- und Landwirtschaftsaufgaben. Sie jagte auch, praktizierte die afrobrasilianische Kampfkunst Capoeira und leitete die Frauensektion der Armee. Sie war eine aktive Kämpferin gegen die Kolonialmacht und eine leidenschaftliche Verteidigerin ihres Dorfes. Sie führte eher Krieg gegen die Kolonialherren, als mit ihnen zu verhandeln. Über ihren Tod kursieren zwei Versionen: Eine erzählt, sie sei im Februar 1694 mit anderen bei der Zerstörung von Cerca Real dos Macacos, einem der Dörfer von Palmares, getötet worden. Die andere behauptet, sie habe sich das Leben genommen, um der Gefangenschaft zu entgehen.

Vor Tereza und Dandara gab es bereits Aqualtune[80], eine versklavte Prinzessin aus Kongo, die zu einer der wichtigsten Figuren des afrobrasilianischen Widerstands wurde. Aqualtune hätte auch einen Platz unter den Kriegerinnen-Königinnen des afrikanischen Kontinents einnehmen können, denn eine solche war sie schon in ihrem Geburtsland. Es heißt, sie habe an der Seite ihres Vaters mehrere tausend

Soldaten angeführt und das Königreich vor den Portugiesen und vor Angreifern aus der Umgebung, Angolanern nach der oralen afrobrasilianischen Tradition, verteidigt. Nach heftigen Kämpfen verloren sie den Krieg, der König wurde enthauptet und die Prinzessin nach Amerika deportiert. Um sie zu brechen, wollte man aus ihr eine Reproduktionssklavin machen. Sie wurde vergewaltigt und geschwängert. Man brachte sie nach Recife, wo sie von Aufständen hörte und sich ihnen sofort anschloss. Sie setzte sich an die Spitze einer Gruppe von Rebellen, floh mit ihnen und kam nach Palmares. Aqualtune begründete ein Geschlecht großartiger, frei geborener Kämpfer, die man als die Herren des afrobrasilianischen Kampfes bezeichnen könnte, als Repräsentanten eines Adels, der nicht auf Vermögen beruht, sondern auf dem Mut und der Entschlossenheit, ein würdiges Leben zu führen. Sie war die Mutter von Ganga Zumba und die Großmutter von Zumbi do Palmares. Diese Frau war dazu bestimmt, zu herrschen.

Man muss sich Aqualtune nur vorstellen, wie sie, im sechsten Monat schwanger, mit anderen Aufständischen die Flucht ergriff, um zu verstehen, dass die afrodeszendenten und die subsaharischen Frauen ganz eigene Erfahrungen gemacht haben, so dass ihr Selbstverständnis die vorgegebenen Schemata sprengt. Sie haben nicht etwas vollbracht, was anderen unmöglich wäre.* Aber sie kommen aus be-

* Wir wissen heute, dass das 1878 in Birka (Schweden) entdeckte Grab eines großen Wikingerkriegers, von dessen kostbarer Ausstattung die Archäologen sehr beeindruckt waren, das Grab einer Frau war. Wir wissen auch, dass im Norden Indiens Lakshmibai (1828–1858) an der Spitze einer Truppe aus vierzehntausend Männern und Frauen gegen die englische Kolonialmacht kämpfte, dass Shen Yunying (1624–1660)

sonderen Welten, und ihre Lebenswege, die steiniger waren als die anderer, ihre Kulturen und ihre Spiritualitäten haben sie dazu geführt, auch ihre Weiblichkeit auf besondere Weise zu leben. Amerika wurde von diesen Frauen und ihren Kämpfen geprägt. In Jamaika lebte zum Beispiel Nanny, genannt »Queen Nanny of the Maroons«, aus dem heutigen Ghana, wo sie 1680 geboren wurde. Sie war Kämpferin und spirituelle Führerin. Durch ihre afrikanische Herkunft hatte sie viele Aspekte der Kultur ihrer Vorväter bewahrt und verdient es, wie Aqualtune ihren Platz im Gedächtnis der Subsahara einzunehmen. In Jamaika ist sie eine Nationalheldin, ihr Bild schmückt den jamaikanischen Fünfhundert-Dollar-Schein. Der Urheber dieses berühmtesten Porträts von ihr zeigt sie mit ernsten Zügen, ebenso stolz wie einschüchternd. Das war sie zweifellos, und mehr als das, denn sie konnte Vertrauen einflößen, den Ihren Zusammenhalt geben, sie schützen, leiten, in den Kampf führen.

Mit anderen Aschanti, wie sie eine war, flüchtete Nanny von der Plantage, auf der sie als Sklavin arbeitete, um Gemeinschaften von Maroons, geflohenen Sklaven, zu gründen. Sie waren zu fünft: Captain Kojo (auch Cudjoe), Accompong, Quao, Johnny und Nanny. Jeder trat an die Spitze einer Gruppe von Maroons. Die bekanntesten waren die von Nanny und von Captain Kojo, die Windward Maroons und die Leeward Maroons. Das Gebiet von Nanny, Nanny Town genannt, lag in den Blue Mountains oberhalb der Plantagen. Die Kriege der jamaikanischen Maroons dauerten mehr als

in China den Platz ihres Vaters einnahm und Generalin der Ming-Armee wurde. Andere Beispiele ließen sich anfügen, die Geschichte der Frauen der Welt ist reich an erstaunlichen Persönlichkeiten.

neunzig Jahre.[81] Das zeigt die Zähigkeit der ehemaligen Sklaven, die ihre Freiheit errungen hatten. Sie gaben sich nicht damit zufrieden, ihre Dörfer zu verteidigen, sondern griffen auch regelmäßig die britischen Siedler an. Nanny, *The mother of us all*, entzog sich wieder und wieder dem Zugriff der Sklavenhalter. Zwischen 1730 und 1734 konzentrierten die Engländer all ihre Anstrengungen darauf, sie zu schlagen. Sie zerstörten Nanny Town, konnten Nanny aber nicht fangen.

1739 kämpften Maroons und Briten seit dreiundneunzig Jahren gegeneinander. In jenem Jahr unterzeichnete Captain Kojo einen Friedensvertrag mit den Briten für die von ihm angeführten Leeward Maroons. Nanny lehnte ein Friedensabkommen ab. Ein Jahr später stimmte sie jedoch einer Gebietsüberlassung zu und konnte New Nanny Town gründen. Ihr Charisma, ihre Hartnäckigkeit im Kampf, aber auch ihre mystischen Kräfte machten sie zu einer zentralen Figur in den langen Maroon-Kriegen. Sie starb in den 1750er Jahren. 1976 wurde sie offiziell zur Nationalheldin Jamaikas ernannt. New Nanny Town heißt heute Moore Town. In Jamaika gab es neben den Maroon-Kriegen noch eine beeindruckende Zahl weiterer Revolten von Versklavten. Und Jamaika war nicht das einzige Land. Der ganze amerikanische Raum, in dem sich die koloniale Sklaverei ausbreitete, war Schauplatz solcher Aufstände. Oft waren an diesen Kämpfen Frauen beteiligt, zuweilen wurden sie von ihnen angeführt. So erinnert sich Kuba an Carlota Lucumi, auch La Negra Carlota genannt, eine Yoruba-Frau, die den Aufstand der Versklavten auf der Plantage Triunvirato in Matanzas (1843–44) anführte. Die orale Tradition erzählt von einer Liebesgeschichte mit Fermina, einer anderen Sklavin.

Gemeinsam entwarfen die beiden Frauen einen Plan zur Revolte, aber Fermina wurde verraten und festgenommen. Die spanischen Sklavenhalter folterten sie. Carlota gab ihr Vorhaben jedoch nicht auf. Am 3. November 1843 befreite sie ihre Freundin. Das war der Beginn eines Aufstands, der bald auf andere Zuckerrohrplantagen übergriff. Die Bewegung dauerte fast ein Jahr, die Aufständischen befreiten andere von ihren Ketten, griffen Zuckerrohr- und Kaffeeplantagen, aber auch Viehzüchter an. Die Rebellion wurde niedergeschlagen, die beiden Frauen 1844 hingerichtet. Carlota wurde von Pferden zerrissen, Fermina totgeschlagen. Carlota Lucumi ist bis heute eine der zentralen Figuren des afrokubanischen Kampfes gegen die Sklaverei. Ihr Denkmal erhebt sich über den Resten der Plantage Triunvirato, die heute Gedenkort und Museum ist. Zwischen 1975 und 1976 führte Fidel Castro in Angola die Operation Carlota durch, die zu einer wichtigen Episode des Kalten Krieges in Subsahara-Afrika wurde. Die kubanische Malerin Lili Bernard malte, von Eugène Delacroix inspiriert, Carlota Lucumi als Freiheitsfigur, die das Volk anführt.

Auf den Jungferninseln, wo die Dänen koloniale Sklaverei betrieben, erinnert man sich an drei Königinnen.[82] Drei Frauen stellten sich an die Spitze der Fireburn-Aufstände im Oktober 1878, die während eines Fests von versklavten Arbeitern ausbrachen. Ein Polizist, der die Feiernden überwachen sollte, hatte einen der Arbeiter getötet. Die Aufständischen setzten daraufhin die Stadt Frederiksted in Brand, die zur Hälfte zerstört wurde. Sie zündeten um die fünfzig Plantagen an. Die Frauen, die den Aufstand anführten, waren Mary Thomas, Mathilda McBean und Axeline Elizabeth

Salomon, genannt Agnes Salomon. Sie wurden lebendig verbrannt, nachdem die Dänen sie gefangen hatten. Ein Denkmal, das die drei zeigt, erinnert in Charlotte Amalie, auf der Insel Saint Thomas, an sie. In Kopenhagen thront gegenüber des früheren West Indian Warehouse, in dem Zucker und Rum gelagert wurden, eine sieben Meter hohe Statue zu Ehren von Mary Thomas, genannt Queen Mary. Sie wurde 2018 errichtet und ist das Werk von zwei Frauen, La Vaughn Belle (von den Jungferninseln) und Jeannette Elhers (dänisch-trinidadisch). Unter dem Titel *I Am Queen Mary* symbolisiert sie den Kampf gegen Kolonialismus und Rassismus. Eine Autobahn in Saint Croix heißt Queen Mary Highway.

Auf Saint John, einer anderen Jungferninsel, auf der die Dänen ihr Unwesen trieben, spricht man bis heute von Breffu, der Queen of Saint John. Sie spielte eine führende Rolle in dem langen, von November 1733 bis August 1734 dauernden Aufstand, in dem sich die versklavten Akwamu gegen ihre Unterdrücker erhoben. Die auf diese Insel deportierten Subsahara-Afrikaner waren in der Mehrheit aus dem Volk der Akwamu, einem Zweig der Akan-Volksgruppe, zu der auch die bekannteren Aschanti und Baule gehören. Der Aufstand von Saint John, mehrere Jahrzehnte vor den Revolutionen in Nordamerika, Frankreich und Haiti, war die erste große Protestaktion in Amerika. Diese Revolte ist durch die Beteiligung von versklavten Adligen des Akwamu-Reichs geprägt, die berühmtesten unter ihnen waren König June und Prinz Aquashi. Der Aufstand trägt deutliche Spuren der subsaharischen Kultur und hätte zur Gründung eines subsaharischen Staates in Amerika führen können.

Auf Saint John sind die Maroons so zahlreich, dass sich bald eine Gemeinschaft der Geflüchteten bildet, die in den Wäldern Zuflucht findet. Die Zahl der subsaharischen Menschen, die noch Ketten tragen oder auf der Flucht sind, ist fünfmal so hoch wie die der Kolonialherren. Im Herbst 1733 entfliehen June und Aquashi und beginnen, ihr Volk um sich zu versammeln. Sie benutzen Trommeln, um sich auf der Insel über Entfernungen hinweg zu verständigen. Die Revolte beginnt mit dem Ziel, Saint John sowie einige umliegende Inseln zu erobern. Die Aufständischen besetzen das Gebiet. Die Dänen müssen die Franzosen von der Insel Martinique zu Hilfe rufen. Breffu kämpft an der Seite des Königs mit einer solchen Unerbittlichkeit, dass man sich anfänglich wundert, wenn man sie als Frau erkennt. Einige Chronisten behaupten, sie stamme aus dem Akwamu-Adel. Während des monatelangen Krieges gegen die Kolonialherren stellt sich Breffu an die Spitze einer Truppe und übernimmt die Kontrolle über einen Teil der Insel. Die durch ihre gemeinsame Herkunft verbundenen Akwamu wollen die Lebensweise ihrer Vorfahren aufleben lassen. Das wird ihrem Projekt zum Verhängnis, denn dieser Tradition sind die Sklaven, die nicht zu ihrem Volk gehören, keineswegs wohlgesonnen. Tatsächlich wollen die Akwamu sich selbst von den Kolonialherren befreien, aber die anderen Subsahara-Afrikaner beherrschen. Die ihnen seit jeher vertraute soziale Hierarchie ist ihnen wichtiger als die Vorstellung von einer rassischen Solidarität, die in Afrika keine Bedeutung hatte. Sie sind nicht die Einzigen, für die die Hautfarbe kein einendes Element ist, denn die Europäer lassen von anderen Inseln eine bewaffnete Truppe freigelassener Sklaven kommen, die die Aufständischen jagen sollen.[83] Mit Hilfe der Franzosen schlagen die Dänen den Aufstand nieder. Breffu nimmt sich gemeinsam mit König June und anderen Aufständischen das Leben. Der kollektive Suizid, der von einigen Wissenschaftlern als rituelle Handlung interpretiert wird, symbolisiert sowohl die Verweigerung, sich zu unterwerfen, als auch die Rückkehr nach Subsahara-Afrika. Auch in Haiti haben viele Frauen die Revolution geprägt. Da die Informationen über sie leichter zugänglich sind als die über die Afrobrasilianerinnen oder die Frauen auf den nichtfrankophonen Karibik-Inseln, nennen wir hier nur drei der berühmtesten: Suzanne Belair, genannt Sanité Belair, deren Gesicht den Zehn-Gourdes-Schein auf Haiti ziert, war kaum erwachsen, als sie in die Armee von Toussaint Louverture eintrat, in der sie Unteroffizierin und später Leutnantin wurde. Der Name von Catherine Flon ist für immer mit der ersten haitianischen Fahne verbunden, die sie im Mai 1803 nähte. Seit dem Jahr 2000 wird ihrer mit anderen Helden der Unabhängigkeit auf dem Champ de Mars in Port-au-Prince gedacht, auch mehrere Schulen und Straßen tragen ihren Namen. Cécil Fatiman, eine Mambo (haitianische Voodoo-Priesterin), leitete 1791 mit Boukman Dutty die Zeremonie im Bois Caïman, die für die Aufständischen den spirituellen Beginn der Revolution bedeutete. Die ganz unterschiedlichen Frauen, die die Haitianer verehren und als Symbole ihrer Identität ansehen, waren nicht alle Kämpferinnen. Die drei hier erwähnten Haitianerinnen zeigen einige der vielfältigen Facetten der weiblichen Kraft in ihrer Bedeutung für die Gesellschaft: Verteidigung der Gemeinschaft, Kommunikation mit dem Unsichtbaren, Kreativität.

Seit Jahrhunderten ist das Leben für die Frauen aus der Subsahara ein Kampf. Sei es, dass sie in Afrika oder wegen der Versklavung ihrer Völker anderswo geboren wurden, sie waren niemals nur Zuschauerinnen der Geschichte. Es gibt noch viele andere, die es verdient hätten, erwähnt zu werden, und die geeignet wären, diese andere Sprache zu inspirieren, in der die Frauen zunächst für sich selbst existieren. Nicht der Macht zum Trotz, die sie unterdrückt, sondern weil ihr Leben und der Sinn dieser Sprache der Dominanz voraus- und über sie hinausgehen. Auch misshandelt, zum Schweigen gebracht, aus dem Licht verjagt verdienen sie mehr, als beinahe naturgemäß als Opfer angesehen zu werden. Die Gewalt, die die Männer ausüben, bedeutet nicht, dass sie imstande wären, die Frauen zu beherrschen. Sie besagt das Gegenteil. Das sieht man besonders an den Frauen der Subsahara: In den Kellern der Geschichte, in ihren toten Winkeln lebten sie voller Glut und Leidenschaft. Dass die anderen beschlossen haben, nicht von ihnen zu sprechen, sagt nichts über sie aus. Sie waren der Ursprung von allem, man muss es ihnen nur ins Gedächtnis rufen. Auch in den unruhigen Zeiten, die wir durchleben, haben einige von ihnen nicht die Spur ihrer selbst verloren. Von allen unbemerkt sind sie auf dieser Welt, und deren Aufregung erschüttert sie nicht.

Im Morgengrauen geht eine Frau allein auf einem der großen Boulevards von Lomé, der Hauptstadt Togos. Ihre Füße und Brüste sind nackt, mit Kaurimuscheln besetzte Lederstreifen kreuzen sich über ihrer Brust und ihrem Rücken. Sie kommt wahrscheinlich aus einem Voodoo-Tempel oder aus einem heiligen Wald mitten in der Stadt. Weiß sie, interessiert es sie überhaupt zu wissen, dass ihre Art, sich zu kleiden, als ein Zeichen von Wildheit angesehen wurde? Sie geht. Was in ihr ist, bringt sie voran. Ruhig, ohne die zu sehen, die sie beobachten. Sie ist die Schnecke, deren langsame und geräuschlose Bewegung eine Spur auf der Erde hinterlässt. Nachher wird sie sich zeitgemäß kleiden, ihren Stand aufbauen, ihre Orangen oder Papayas feilbieten. Vielleicht macht sie auch etwas anderes. Sie wird in der Welt sein, wie sie ihr gegeben wurde, und in sich ihre eigene bewahren. Weiß sie, dass sich in der Ferne Nachfahrinnen deportierter oder ausgewanderter Frauen aus der Subsahara über Bilder beklagen, die ihre Vorfahrinnen mit nackten Füßen und Brüsten zeigen? Das sei ein Zeichen von Minderwertigkeit, von Erniedrigung. Wir wissen nicht, was sie weiß. Sie strahlt eine seltene Zartheit und zugleich eine unerreichbare Kraft aus. Wie viele Massaker gab es, um sich der Reichtümer dieses Kontinents zu bemächtigen, und wie viele Worte, um seinen Wert in Abrede zu stellen? Das alles ist null und nichtig: Hier stirbt man nie genug, um aufzuhören zu leben. Eine Frau geht durch den anbrechenden Tag, die nackten Füße auf der ersten Erde der Menschen, die Brüste dem Atem des Universums dargeboten. Keine Autorität ist ihrer überlegen. Alle Worte sind in ihrem Schweigen, alle Lebenden in ihrem Körper. Der Morgenvogel widmet ihr sein Zwitschern. Die Wellen des Ozeans grüßen mit ihrem Rauschen. Langsam geht die Sonne auf, um ihr zu huldigen, sie in ein sanftes Licht zu kleiden.

Literatur

1. Yann Le Bihan, *Construction sociale et stigmatisation de la »femme noire«. Imaginaires coloniaux et sélection matrimoniale*, L'Harmattan, Paris 2007, S. 87–95.

2. Société Africaine de Culture, *La civilisation de la femme dans la tradition africaine*, Kolloquium in Abidjan vom 3. bis 8. Juli 1972, S. 13, Présence Africaine, 1975.

3. Entschließung des Europäischen Parlaments vom 26. März 2019 zu den Grundrechten von Menschen afrikanischer Abstammung in Europa.
   https://www.europarl.europa.eu/doceo/document/TA-8-2019-0239_DE.html
   Entschließung des Europäischen Parlaments vom 19. Juni 2020 zu den Protestkundgebungen gegen Rassismus nach dem Tod von George Floyd.
   https://www.europarl.europa.eu/doceo/document/TA-9-2020-06-19_DE.html#sdocta11

4. Françoise Braun, »Matriarcat, maternité et pouvoir des femmes«, *Anthropologie et Sociétés*, 11 (1), 1987, S. 45–55.

5. Jacques Petijean Roget, »Les femmes des colons à la Martinique au XVIe et XVIIe siècle«, *Revue d'histoire de l'Amérique française*, 9 (2), S. 176–235.

6. Léopold Moume-Etia, *Tete Iyo Ba Mbambe. La saga des Douala et apparentés*, April 1979 – Oktober 1992, S. 46. (Es handelt sich um eine Broschüre, die sicher vom Autor auf eigene Kosten publiziert und in der Sawa-Gemeinde verteilt wurde, deshalb ist kein Verlag und Erscheinungsort genannt.)

7. Werewere Liking, *L'enseignement de l'éveilleuse d'étoiles*, Panafrika, Paris 2013, S. 162.

8. Ferdinand Ezémbé, *L'enfant africain et ses univers*, Karthala, Paris 2009, S. 203.

9. Fatou Sow, »Les défis d'une féministe en Afrique«, *Travail, genre et sociétés*, Bd. 20, Nr. 2, 2008, S. 5–22.

10. Fabienne Le Houérou, »Les femmes érythréennes dans la guerre d'indépendance 1971–1991. L'émergence de nouvelles actrices politiques«, *Revue d'Histoire moderne et contemporaine*, Nr. 47/3, 2000, S. 604–615.

11. »Feminism, a term conceptualized and adopted by White women, involves an agenda that was designed to meet the needs and demands of that particular group (…) the fact remains that placing all women's history under White women's history, thereby giving the latter the definitive position, is problematic. In fact, it demonstrates the ultimate of racist arrogance and domination, suggesting that authentic activity of women resides with White women.« Clenora Hudson-Weems, *Africana Womanism. Reclaiming Ourselves*, Bedford Publishers Inc., 2004, S. 21. (Erstausgabe 1993.)

12. Clenora Hudson-Weems, op. cit., S. 20.

13. Stephanie E. Jones-Rogers, *They Were Her Property*, Yale University Press, London 2019.

14. Sami Tchak, *La sexualité féminine en Afrique*, L'Harmattan, Paris 1999, S. 22.

15. Birgit Tanner und Carsten Gutschmidt, Mächtige Männer – Ohnmächtige Frauen, 2020, 43 min, gesendet im ZDF am 12. Juli 2020.

16. »Révolution néolithique. Comment l'homme a pris possession du monde«, *Le Point*, 12. Dezember 2017. Interview mit Jean-Paul Demoule von Baudoin Eschapasse.

17. Kimberly Foster, »Why I Will Not March for Eric Garner«, *For Harriet*, 22. Juli 2014.

18. »As a people, we should most certainly work together to end our common oppression, and toward a future which is viable for us all. In that context, it is shortsighted to believe that Black men alone are to blame (…) in a society dominated by white male privilege. But the Black male consciousness must be raised so that he realizes that sexism and woman-hating are critically dysfunctional to his liberation (…)« Audre Lorde, »Meine Worte werden da sein« in *Ein strahlendes Licht.*

Reden und Gespräche, deutsch von Pasquale Virginie Rotter, AKI Verlag, Zürich 2021, S. 26.

19. Prince Dika Akwa nya Bonambela, *Les descendants des pharaons à travers l'Afrique*, Éditions Osiris-Africa (gedruckt in Brüssel), 1985, S. 249.

20. Der Mythos von Moremi wird erzählt in Sola Adeyemi, *Visions of change in African Drama. Femi Osofisan's Dialectical Reading of History and Politics*, Cambridge Scholars Publishing, Cambridge 2020, S. 83.

21. Daniel Beresniak, *La légende d'Hiram et les initiations traditionnelles*, Éditions Detrad, Paris 1987, S. 17.

22. Awa Thiam, *Die Stimme der schwarzen Frau. Vom Leid der Afrikanerinnen*, Rowohlt, Reinbek 1981, S. 9 f.

23. René Allou Koumé, »Confusion dans l'histoire des Baoulé à propos de deux reines. Abraha Pokou et Akoua Boni«, *Journal des africanistes*, 73-1, 2003, S. 137–143.

24. Michelle Perrot, »Les femmes ont une histoire«, in *Le chemin des femmes*, Robert Laffont / Bouquins, Paris 2019, S. 616.

25. Jean Vercoutter, »Un palais des ›Candaces‹ contemporain d'Auguste (Fouilles de Wab-ban-Naga 1958–1960)«, *Syria. Archéologie, Art et Histoire*, Nr. 39-3-4, 1962, S. 263–299.

26. Claude Rilly, »Le royaume de Méroé«, *Afriques* [online], Varia, online seit 21. April 2010, http://journals.openedition.org/afriques/379

27. Linda M. Heywood, *Njinga. Histoire d'une reine guerrière*, La Découverte, Paris 2018, S. 150.

28. Donatien Alphonse François de Sade, *Philosophie im Boudoir*, anderseitig Verlag, Dresden 2015, S. 85.

29. Linda M. Heywood, op. cit., S. 226.

30. Ibid., S. 83.

31. M. Plancquaert, S. J., *Les Jaga et les Bayaka du Kwango. Contribution historico-ethnographique*, Institut royal colonial belge, section des sciences morales et politiques, Mémoires – Collection in-8°, Bd. III, Heft 1, Librairie Falk fils, Brüssel 1932, S. 46.

32. W. G. L. Randles, »De la traite à la colonisation. Les Portugais en Angola«, *Annales. Économies, sociétés, civilisations*. 24. Jahrgang, Nr. 2, 1969, S. 289–304.

33. Linda M. Heywood, op. cit., S. 235–236.

34. Ibid., S. 85.

35. Dossier pédagogique de l'Unesco (online): Femmes dans l'histoire de l'Afrique, https://fr.unesco.org/womeninafrica/njinga-mbandi/pedagogical-unit/3

36. Sylvia Serbin, *Königinnen Afrikas*, Hammer, Wuppertal 2006, S. 46.

37. Guilda M. Jackson, *Women Rulers Throughout the Ages*, ABC CLIO, Santa Barbara, CA 1999, S. 399.

38. »Zazzau first came to prominence among the Hausa city-states under the rule of Amina's mother Bakwa (of) Turunku, who was the twenty-second ruler of Zazzau and probably the first woman to hold the office.« Pamela D. Toler, *Women Warriors. An Unexpected History*, Beacon Press, Boston, MA 2020, S. 91.

39. »Zaria. Historical Kingdom and Province, Nigeria«, *Encyclopedia Britannica*, https://www.britannica.com/place/Zaria-historical-kingdom-and-province-Nigeria

40. Frank A. Salamone, *The Hausa of Nigeria*, Rowman & Littlefield, Lanham, Maryland 2009, S. 108.

41. Oluwatoyin Olatundun Ilesanmi, »Efunsetan Aniwura. A Psycho-Historical Exploration of Women's Psychopathology«, *International Journal of Information and Education Technology*, Bd. 4, Nr. 2, April 2014.

42. Yamba Tiendrebeogo, genannt Naba Abgha, verfasst von R. Pageard, »Histoire traditionnelle des Mossi de Ouagadougou«, *Journal des Africanistes*, Nr. 33-1, 1963, S. 7–46.

43. Anne Retel-Laurentin, »Évasions féminines dans la Volta noire«, *Cahiers d'Études africaines*, Nr. 73–76, 1979, S. 253–298.

44. *Der Kampf der schwarzen Königin*, Drehbuch: Med Hondo, 1986. Der Film ist eine Adaptation des Romans *Sarraounia* von Abdoulaye Mamani, L'Harmattan, Paris 1980.

45. Elara Bertho, »Med Hondo, une voix anticoloniale«, *Cahiers d'histoire. Revue d'histoire critique*, Association Paul Langevin, 2019, *Que fait l'ONU? Droit d'inventaire*, S. 139–144. ffhal-02272501

46. Pierre Cherruau, »Guinée Bissau. L'archipel où les femmes sont reines«, *Ulysse Mag*, 20. April 2010.

47. Rémy Bourdillon, »À la recherche du matriarcat perdu et fantasmé des Bijagos«, *La gazette des femmes*, 19. Juni 2018.

48. Linda M. Heywood, op. cit., S. 121.

49. Élodie Descamps, »Taytu Betul, chef de guerre et ›lumière‹ de l'Éthiopie«, *Jeune Afrique*, 7. März 2018.

50. Michèle Fiéloux, »›Femmes invisibles‹ et ›femmes muettes‹. À propos des événements ibo de 1929«, *Cahiers d'études africaines*, Nr. 65, 1977, S. 189–194.

51. »If women's political mandate to their communities were ignored, they launched a boycott or a strike to force men to police themselves or they might decide to ›sit on‹ or ›make war on‹ the offender (…) To ›sit on‹ a man involved gathering at his compound, sometimes late at night, dancing, singing scurrilous songs that detailed the individual's offense and challenged his manhood, banging on his house with pestles, demolishing his house or plastering it with mud, and beating the individual.« Ndubueze L. Mbah, »Judith Van Allen, ›Sitting on a Man‹, and the Foundation of Igbo Women's Studies«, *Journal of West African History*, Bd. 3, Nr. 2, Herbst 2017, S. 156–165.

52. Vincent Hiribarren, »La guerre des femmes«, *Libération Africa 4*, 19. Oktober 2016.

53. Eugenia Shanklin, »Anlu Remembered. The Kom' Women's Rebellion of 1958–61«, *Women and Revolution. Global Expressions*, M. J. Diamond (Hrsg.), Kluwer Academic Publishers, Dordrecht u. a. 1998, S. 133–171.

54. Charles C. Fonchingong und Pius T. Tanga, »Crossing Rural-Urban Spaces«, *Cahiers d'études africaines*, Nr. 185, 2007, S. 117–143.

55. »(…) as mothers, they could not be unsympathetic to their children dying in the streets for want of a genuine democracy. The pains of childbirth and pangs of motherhood urge women to create order where chaos is imminent.« Charles C. Fonchingong und Pius T. Tanga, op. cit.

56. Kathleen E. Sheldon, *Historical Dictionary of Women in Sub-Saharan Africa*, The Scarecrow Press, Lanham, Maryland 2005, S. 180.

57. Ophélie Rillon, »Quand les militantes de quartier ›jouent les gros bras‹. Genre et violences politiques au tournant de l'indépendance du Soudan français«, *Le Mouvement social*, Bd. 255, Nr. 2, 2016, S. 87–101.

58. Ibid.

59. Messan Adimado Aduayom, »Un prélude au nationalisme togolais. La révolte de Lomé, 24–25 janvier 1933«, *Cahiers d'études africaines*, Nr. 93, 1984, S. 39–50.

60. Comi Toulabour, »Les Nana Benz de Lomé. Mutation d'une bourgeoisie compradore, entre heur et décadence«, *Afrique contemporaine*, Bd. 244, Nr. 4, 2012, S. 69–80.

61. Philippe Decraene, »Les difficultés de M. Nkrumah peuvent expliquer la tension survenue entre Accra et Lomé«, *Le Monde diplomatique*, Januar 1963, S. 4.

62. Nina Sylvanus, »Commerçantes togolaises et diables chinois. Une approche par la rumeur«, *Politique africaine*, Bd. 113, Nr. 1, 2009, S. 55–70.

63. Ibid.

64. Ibid.

65. Comi Toulabour, op. cit.

66. Jeanne-Françoise Vincent, »La ménopause, chemin de la liberté selon les femmes beti du Sud-Cameroun«, *Journal des Africanistes*, n° 73-2, 2003.

67. Jean-Pierre Ombolo, *Sexe et société en Afrique noire*, L'Harmattan, Paris 1990, S. 348.

68. Pierre Alexandre, »Proto-histoire du beti-bulu-fang. Essai de synthèse provisoire«, *Cahiers d'études africaines*, Nr. 20, 1965, S. 503–560.

69. Philippe Laburthe-Tolra, *Le mevungu et les rituels féminins à Minlaaba*, https://horizon.documentation.ird.fr/exl-doc/pleins_textes/pleins_textes_7/b_fdi_03_05/23856.pdf

70. Ibid.

71. Marie-Paule Bochet de Thé, *Rites et associations traditionnelles chez les femmes bëti (sud du Cameroun)*, https://horizon. documentation.ird.fr/exl-doc/pleins_textes/pleins_textes_7/b_fdi_03_05/23857.pdf

72. Jean-Pierre Ombolo, op. cit., S. 156.

73. Ibid., S. 84.

74. Marie-Paule Bochet de Thé, op. cit.

75. Fabienne Jacob, *Corps*, Buchet-Chastel, Paris 2010, S. 14.

76. François de Roubaix, *Kenia. Das Dorf der Frauen*, Dokumentarfilm 43 min, Produktion: MedienKontor, Arte / WDR, 2007.

77. Sueli, Carneiro »Noircir le féminisme«, *Nouvelles Questions Féministes*, Bd. 24, Nr. 2, 2005, S. 27–32.

78. *Tereza de Benguela. A escrava que virou rainha et liderou um quilombo de negros e índios*, Biblioteca do Cecult – Universidade federal do Recôncavo da Bahia, https://www1.ufrb.edu.br/bibliotecacecult/noticias/220-tereza-de-benguela-aescrava-que-virou-rainha-e-liderou-um-quilombo-de-negros-eindios

79. Kleber Henrique, »Dandara, a face femina de Palmares«, www.geledes.org.br, 20. Oktober 2011.

80. Équipe HuffPost, »Quem foi Aqualtune, avó de Zumbi dos Palmares, homenageada pela Mancha Verde?« www.huffpostbrasil.com, 5. März 2019.

81. »The Jamaican Rebellions«, *Encyclopedia Britannica*, https://www.britannica.com/topic/maroon-community/The-Jamaican-rebellions

82. The Three Rebel Queens: www.virgin-islands-history.org

83. »Saint-John's Slave Revolt«, *Moments in Time*, Folge 10, Regie: James Woods, Produktion: Terra Nova Television für Discovery Channel, 2003.

Emilia Roig
Why We Matter
Das Ende der Unterdrückung
397 Seiten. Gebunden
ISBN 978-3-351-03847-2
Auch als E-Book lieferbar

Emilia Roig deckt die Muster der Unterdrückung auf und leitet zu radikaler Solidarität an. Sie zeigt – auch anhand der Geschichte ihrer eigenen Familie –, wie Rassismus und Black Pride, Trauma und Auschwitz, Homofeindlichkeit und Queerness, Patriarchat und Feminismus aufeinanderprallen.

»Radikal und behutsam zugleich. Dieses Buch ist ein heilsames, inspirierendes Geschenk.« Kübra Gümüsay

»Die Antwort auf viele Fragen unserer unsicheren Zeit heißt: Gleichberechtigung aller. Und dieses großartige Buch ist ein Schritt auf dem Weg dahin.« Sibylle Berg

»Dieses Buch wird verändern, wie Sie die Welt wahrnehmen und Sie verstehen lassen, was Gerechtigkeit wirklich bedeutet.« Teresa Bücker

Regelmäßige Informationen erhalten Sie über unseren Newsletter.
Jetzt anmelden unter: www.aufbau-verlage.de/newsletter

aufbau

Robin Wall Kimmerer
Geflochtenes Süßgras

Die Weisheit der Pflanzen
Aus dem Amerikanischen von Elsbeth Ranke
461 Seiten. Gebunden mit Schutzumschlag
ISBN 978-3-351-03873-1
Auch als E-Book lieferbar

Als Botanikerin ist es Robin Wall Kimmerer gewohnt, mit den Werkzeugen der Wissenschaft Fragen an die Natur zu richten. Als Angehörige der Citizen Potawatomi Nation vertritt sie die Auffassung, dass Pflanzen und Tiere unsere ältesten Lehrer sind. In »Geflochtenes Süßgras« bringt Kimmerer diese beiden Arten des Wissens zusammen, um uns auf eine »Reise zu führen, die ebenso mythisch wie wissenschaftlich, so heilig wie historisch, so klug wie weise ist.« (Elizabeth Gilbert).

Auf der Grundlage ihres Lebens als indigene Wissenschaftlerin zeigt Kimmerer, wie andere Lebewesen – Astern und Goldruten, Erdbeeren und Kürbis, Salamander, Algen und Süßgras – Geschenke und Lektionen für uns bereithalten, auch wenn wir vergessen haben, ihren Stimmen zu lauschen und sie zu verstehen. Kimmerers Buch kreist um ein zentrales Argument: Das Erwachen des ökologischen Bewusstseins erfordert, dass wir unsere wechselseitige Beziehung zum Rest der lebenden Welt anerkennen und wertschätzen. Denn nur wenn wir die Sprachen anderer Wesen hören können, können wir die Großzügigkeit der Erde verstehen und lernen, im Gegenzug unsere eigenen Gaben zu geben.

Regelmäßige Informationen erhalten Sie über unseren Newsletter.
Jetzt anmelden unter: www.aufbau-verlage.de/newsletter

aufbau

Gisèle Halimi, Annick Cojean
Seid unbeugsam!
Mein Leben für die Freiheit der Frauen
Aus dem Französischen von Kirsten Gleinig
140 Seiten. Gebunden mit Schutzumschlag
ISBN 978-3-351-03895-3
Auch als E-Book lieferbar

Gisèle Halimi war eine entscheidende Wegbereiterin und Ikone der internationalen Frauenbewegung. Wofür hat sie gekämpft? Was hinterlässt sie uns? Im Gespräch mit Annick Cojean kehrt Gisèle Halimi zu den Schlüsselmomenten ihres Lebens zurück: Mit 16 verweigert sie die tunesisch-jüdische Heirat, geht zum Jura-Studium nach Paris und gehört zu den ersten Frauen am Gericht. Als Anwältin setzt sie sich unter anderem für die Legalisierung von Schwangerschaftsabbrüchen ein und für die Begnadigung der algerischen Aktivistin Djamila Boupacha. Simone de Beauvoir, Jean-Paul Sartre und Simone Veil unterstützen sie dabei mit allen Mitteln. Gisèle Halimi kämpfte für die Freiheit und die Rechte der Frauen – unerschrocken und mutig wie keine andere. Ein bewegender Rückblick auf ein Jahrhundertleben und der Appell an die Frauen dieser Welt: »Seid unbeugsam!«

»Eine große Kämpferin für die Emanzipation der Frauen!« Emmanuel Macron

Regelmäßige Informationen erhalten Sie über unseren Newsletter.
Jetzt anmelden unter: www.aufbau-verlage.de/newsletter

aufbau